資賦優異教育概論

吳昆壽　著

第三版

作者簡介

吳昆壽

學　　歷： 美國俄亥俄州立大學哲學博士（主修資優教育）

國立彰化師範大學碩士、學士

省立臺東師範專科學校

現　　任： 國立臺南大學特殊教育學系兼任教授

經　　歷： 中華民國特殊教育學會理事長

國立臺南大學教授兼特殊教育學系主任

國立臺南大學教授兼特殊教育中心、視障教育與
重建中心主任

國立臺南大學教授兼重度障礙、輔助科技研究所
所長

國立臺南師範學院副教授兼教務處註冊組組長

國立臺南師範學院講師兼進修部註冊組組長

臺中市、臺中縣國小主任、級任老師

美國普渡大學、俄亥俄州立大學、華盛頓大學訪
問學者

吳

序

　　「資賦優異學生」是社會甚至是全人類的資產，絕對值得教育投資。世界上許多先進國家都以各種不同的方式辦理資優教育，以培養為國所用的人才。辦理資優教育首先要定義何謂「資賦優異」？資賦優異的學生在哪裡？他們有哪些需求（教育的、心理的、社會的、生涯的）？然後，老師、學校、社會甚至是整個教育系統要思考如何教育他們，以使其發揮最大潛能，成己、成人，為社會、國家甚至全人類造福。

　　我國的資優教育與其他資優教育先進國家相較，實在不遑多讓。經過萌芽期、實驗期、發展期、穩定期，自 2006 年以後進入重整階段；資優教育的實施方式和法規制度，都已頗具規模，也培養了不少人才，值得欣慰。當然，還有許多有待改進的地方，例如方案的擴充、師資的培訓、經費的挹注、支援系統的強化、資優生生涯輔導及資優教育研究的加強等。其中，最值得重視的是資優教育師資的養成與在職進修，十多年來乏善可陳，以致資優教師的合格率偏低，影響到資優教育的素質，亟需通盤檢討，大力改進。

　　很高興看到資優教育界的老夥伴，國立臺南大學特殊教育學系吳昆壽教授在資優教育這塊園地長期投入之餘，以多年的資優教育師資培育經驗，完成《資賦優異教育概論》這本鉅著。本書的體例完整，首先於第一章談到資賦優異和智力的觀念；第二章說明資賦優異學生的身心特質，含認知特質、情意特質以及創造力特質；第三章說明如何鑑定資賦優異學生，也就是如何找出合於資格的資賦優異學生；接著第四章、第五章分別論及資優教育的兩種主要方式：加速制和充實制；第六章到第十章則是談到幾個非常重要的教學重點，分別是創造思考教學、領導才能教學、獨立研究指導、情意與道德教育、諮商與輔導等；第十一章談到雙重特殊學生的教學；至於資優班的老師以及如何經營資優班級則呈現在第十二章；第十三章則在提醒學校如何規劃資優班級和之後的內部和外部評鑑；第十四章則提醒普通班老師如何為班內資優學生提供適性的教育；第十五章依據我國資優教育發展的歷程，整理出我國實施資優教育的法令基礎，也稍微談到美國的資優教育法令；第十六、十七、十八章則分別談到資優低成就學生、其他國家的資優教育和資優學生父母的親職教育。這些主題涵蓋了認識「資優學生」和「資優教育」的各項實際問題，內容充實，不但是一本非常好的資優教育入門書籍，對已入門的資優教育教師，也可以從中得到許多新知和啟發。

　　吳昆壽教授利用教授休假的這一年，增補、修訂原書各章節，內容更為充實，這種與時俱進的精神令人感佩。有幸看到這本書第三版的出版，也很樂意在出版之時綴上數語，表示衷心致賀，並鄭重推薦。

吳武典

國立臺灣師範大學特殊教育學系

2016 年 6 月

作者序

　　我國的資優教育從 1973 年的資優教育實驗開始，至今已經歷了四十多年。四十多年來也培育了不少的優秀人才，除了發展其個人潛能之外，對於國家的進步發展也貢獻他們的聰明才智。所以，國家需要資優教育。

　　在資優教育這塊園地裡，有許多前輩努力為它耕耘，使得這園地開出美麗的花、結出美麗的果。前輩努力的方式很多，有的是著書立說，建立典範；有的是扮演經師與人師，直接帶領資優學生學習。不管是以何種方式為資優這塊園地灌溉，前輩的努力都值得肯定、值得效法。

　　個人忝為資優教育領域的一分子，從事資優教育的師資培育工作。多年來開設多門有關資優教育的課程，如：「資賦優異教育研究」、「資賦優異兒童教育」、「資賦優異教材教法」、「資賦優異教育課程與教學研究」、「特殊族群資優教育研究」、「領導才能教育」和「資賦優異兒童教學實習」等。這些年來非常希望資優教育界

能有更多的參考書籍，一方面作為師資培育，另方面也給關心資優教育的家長或社會大眾了解資優教育。

　　個人不揣淺陋，於 1999 年出版《資賦優異兒童教育》一書（國立臺南師範學院特殊教育中心）。這本書主要在介紹資賦優異的觀念、資優兒童的特質、如何鑑定資優兒童、有哪些符合他們需要的教育措施，也談到資優學生的創造思考教學、領導才能教育、諮商與輔導、雙重特殊學生、資優教育法令基礎等。經過多年之後，覺得還有一些主題需要加入，於是陸續增加有關情意與道德教育、獨立研究指導、資優學生的老師與班級經營、資優教育的規劃與評鑑、普通班級的資優生、低成就的資優學生、八大工業國組織及芬蘭的資優教育以及資優學生父母親職教育等，全書共十八章，更名《資優教育概論》。

　　隨著時代的變遷及新的研究結果的推陳出新，2016 年全書各章節都做了部分的補充、調整與修改，也因應師資培育課程名稱的修正，更名為《資賦優異教育概論》。希望本書的出版有助於灌溉資優教育這塊園地。

　　多年來個人兼任行政工作，業務繁忙；教學、研究與推廣服務亦不敢稍怠。深知個人所學、所知有限，勉力完成此書，不足和疏漏之處在所難免，祈求方家不吝指正。本書之完成受到我所敬重的前輩吳武典教授（有臺灣資優教育教父之暱稱）、蔡典謨教授之鼓勵，心理出版社前總經理許麗玉女士和現任副總經理兼總編輯林敬堯先生之邀約才得以完成。當然，本書的前執行編輯林怡倩小姐、第三版的執行編輯林汝穎小姐，他們的細心編輯與校對令人敬佩，實在功不可沒，特別向他們表示敬意與謝意。

吳昆壽

國立臺南大學特殊教育學系

2016 年 6 月於西雅圖

目錄
CONTENTS

Contents

Contents

第一章

資賦優異的意義和智力觀念

佳佳是一名國小資優班六年級學生，今年十二歲，智商140，在家排行老大，下有一個妹妹（念五年級）、一個弟弟（念二年級）。

　　據母親描述，佳佳小時候和一般小朋友並無太大差異，沒有感覺比較聰明，沒有長得比較高，一樣唱兒歌，一樣吃點心，只不過比其他的小孩子愛看書，常常就一個人靜靜地在一旁翻著書，不大會吵媽媽。

　　剛進小學時，成績還不錯，快升二年級時，導師推薦她去參加資優班甄試。當時媽媽也沒特別在意，就讓佳佳去試試看，沒想到就這樣進入了資優班。佳佳是一個相當內向的小孩，導師對她的評語是「沉靜寡言」；不過，寫起文章來相當流暢，情感與想像力豐富，用字遣詞都在水準以上。平時最大的興趣便是閱讀，讀的書範圍很廣，但又以文學類、科學類為大宗。此外，三年級時父親已經教她電腦，現在上網查資料已沒問題。

　　父母親對於佳佳並未刻意栽培，只說一切順其自然，他們認為父母在孩子的成長過程中只是個協助者，無權主導一切，所以未給佳佳太大的壓力，希望她能快樂地成長、學習。

壹、資優的定義

　　誰是資優兒童？怎樣才算資優？這是所有關心資優教育的人首先會思考的一個問題。這個社會各行各業頂尖的人是不是就是所謂的資優者？他們帶領整個社會文明的進步，所以我們需要資優教育？這是所有關心社會進步的人會思考的一個問題。事實上，我們之所以需要資優教育乃基於三個理由：國家育才的需要、個人發展的需要及教育革新的需要（吳武典，2003）。那怎樣才是資優呢？

◉ 一、官方的定義

　　資優的定義（或者說資優的概念）可能會受到社會文化／社會價值、對於教育的研究，甚至於政治因素所影響（簡茂發、蔡崇建、陳玉珍，1997）。在過去封閉的時代裡，或許只有少數的貴族或菁英分子被視為「具社會貢獻的人」而加以重視，但隨著觀念的開展以及社會的多元，對於人的研究也朝向多樣化，所謂「具社會貢獻的人」也就不再那麼狹隘。最顯著而且也最常被引用的一個官方定義，就是 1972 年美國教育部長馬蘭（L. Marland）所提出的定義：「資優和才能兒童是指那些經過鑑定，證明其具有卓越的能力，經由特別提供的教育，能達成高度成就，貢獻於社會的人，包括下列領域：(1)一般智能；(2)特殊學業性向；(3)創造思考；(4)領導才能；(5)視覺與表演藝術；(6)心理動作能力。」我國《特殊教育法》（1997）所稱資賦優異，係指在下列領域中有卓越潛能或傑出表現者：(1)一般智能；(2)學術性向；(3)藝術才能；(4)創造能力；(5)領導能力；(6)其他特殊才能。

　　馬蘭的定義有幾個值得注意的地方：(1)這些兒童需要有別於普通教育的特殊教育方案；換句話說，如果我們不對於他們的教育做某種程度的改變，對他們而言是不適當的；(2)他們有卓越的能力（或潛能），能達成高度成就，但是需要去發現並加以激發；(3)我們期望這些資優兒童能達成自我實現並貢獻於社會；也就是說，資優教育不只是關心資優兒童，也期望他們能改善社會。1988 年，美國國會通過了《資優和才能學生教育法案》（附屬於初等和中等教育法案），補充強調資優和才能學生是國家的未來及其安全與福祉的重要資源，必須及早發現其潛能並加以培養，否則他們貢獻於國家的興趣可能消失。本法案中也特別注意到經濟不利的家庭或地區，以及有限美語能力的資優兒童。基本上，我國的特殊教育法所臚列的資優的定義，也是經過相當的討論，頗符合時代的脈動。比起 1984 年的法案，資優的定義擴大了，而且也注意到身心障礙及社經文化地位不利的資優兒童。

◎ 二、其他的定義

　　如果依據歷史年代，許多研究者所提出資優的定義可真是百家爭鳴：

1. 1920 年代，推孟（L. Terman）對於資優（天才）的研究，界定他的研究個案以智力商數（IQ）為主。

2. 1950 年代，基爾福（J. P. Guilford）的智力結構論（Structure of Intellect, SOI）雖然與資優的定義沒有直接關係，不過他所提出的智力的操作，如評價、聚斂思考、擴散思考，也對資優的研究產生某種程度的啟發作用。

3. 1960 年代，泰勒（C. W. Taylor）提出多元才能圖騰柱（Multiple Talents Totem Pole）的觀念，認為才能包括：(1)學業才能；(2)生

產性思考；(3)溝通才能；(4)預測才能；(5)做決策才能；和(6)計畫才能。後來（1984 年）他又增加了(7)執行才能；(8)人際關係才能；和(9)洞察機會才能（Taylor, 1988）。多元才能概念是指每個人或多或少都有上述才能，如黛黛在學業才能和計畫才能是不錯的，但在生產性思考和預測才能較為偏低（參見圖 1-1）。

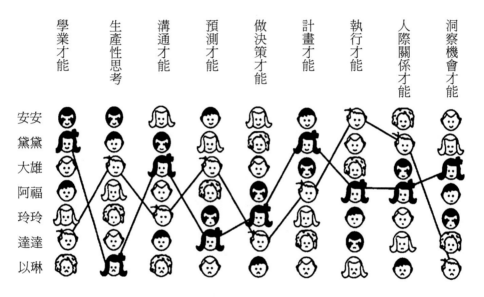

學業才能　生產性思考　溝通才能　預測才能　做決策才能　計畫才能　執行才能　人際關係才能　洞察機會才能

安安　黛黛　大雄　阿福　玲玲　達達　以琳

圖 1-1　泰勒的多元才能圖騰柱

資料來源：Taylor（1988）。

4. 1970年代，阮儒里（J. S. Renzulli）提出資優觀念的三環論（Three-Ring Conception of Giftedness），指出資優是三種基本的人類特質的互動，包括平均以上的智力（above average intelligence）、高度的工作專注（task commitment）和創造力（creativity），參見圖 1-2。具備這三個特質的資優和才能兒童，需要有別於普通教育系統的多樣化教育服務機會。

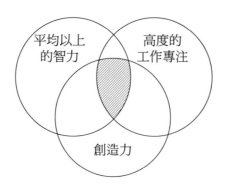

圖 1-2　阮儒里的資優三環論

資料來源：Renzulli（1978）。

5. 1980 年代，克拉克（B. Clark）的腦功能理論（Brain Function Theory）指出資優者會更有效地運用腦的功能，包括認知的、情感的、直覺的和身體的四方面。葛德納（H. Gardner）從多元智能（Multiple Intelligences）的觀點看資優，這多元的智能包括語文智能、邏輯數學智能、空間智能、身體動覺智能、音樂智能、人際智能、知己智能和自然智能等。蓋聶（F. Gagné）清楚的區辨出天賦（gifts）和才能（talents），他定義天賦為天生的、未經訓練的能力；而才能為後天的、經過學習的能力。天賦包括四大領域：智力、創造力、社會情意以及感覺動作；才能包括七大領域：學業、藝術、商業、休閒、社會活動、運動以及科技。但這些才能的發展必須有個人因素如動機、人格，和環境因素如機會及重要他人等之互動，才能顯現其成效。

上面所提到的一些清楚又明確的資優的理論，學者們都各有所本，就好像大家對於美的概念，沒有對或錯。史騰柏格（R. T. Sternberg）和他的研究夥伴們都不否認其重要性。但他們對於「資優」更提出一個五邊形的意含理論（Pentagonal Implicit Theory），主要目的是在抓住和系統化人們對於資優的直覺。他們認為判斷資優，要符合五個標準：(1)卓越的標準，

也就是在某些向度或組合向度相對而言超越同儕，例如創造力、智力，或其他技巧或概念；(2)稀有的標準，也就是相對於同儕，其個人屬性是相當高而且稀少，加上卓越的標準；(3)生產力的標準，個人必須是導致或潛在性導致有生產力的；(4)可驗證性的標準，也就是可透過有效度的評量工具，一次又一次、以某種或多種方式的驗證；(5)價值標準，也就是其個人優異的表現，對於他（她）的社會是有價值的（Sternberg, Jarvin, & Grigorenko, 2011; Sternberg & Zhang, 2004）。

　　在探討資優的定義時，雖然學者各有所本地提出他們的主張，不過主要的觀念似可以分成兩方面：其一視資質優異為一種潛在能力，當兒童擁有這種潛能時，他（她）就較有可能在學校及日常生活上達成高度成就；另一種資優的概念則是代表著有真正卓越成果表現者。這兩種差異不純粹只是抽象的爭論或哲學的思辯，事實上，它也影響到誰有資格參與資優教育方案的問題；或者說，資優教育方案要服務的對象是誰的問題。如果某個資優教育方案選才的標準是有傑出表現或成果者，那麼，那些只具潛在能力但當前並無具體的成果表現者，可能就被排除在外。

　　當前國民中小學資優班鑑定的標準大都採用智力測驗和學業成就測驗，學業成就測驗是一種學習的具體成果表現，那麼智力測驗是不是一種潛在能力測驗呢？或者也是學習成果的具體表現？

貳、智力的觀念

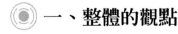

一、整體的觀點

智力到底代表著什麼樣的能力？史騰柏格（Sternberg, 1982）曾經詢問

過近五百位一般民眾，大多數的人認為智力無法由單一能力來解釋，它是一組能力的總和，包括語言能力、解決實際問題的能力、社會能力和適應環境的能力等。

十九世紀初，法國政府委託心理學家比奈（A. Binet）發展一種客觀的評量方法，以便能鑑別出需要特殊服務的智能不足學生。比奈認為智力行為是一組複雜的功能，例如記憶力、判斷力和抽象思考能力等。比奈和他的同僚西蒙（T. Simon）於是發展出一套測量普通心理能力的測驗，包含語文和非語文推理作業，此即吾人熟知的「比西量表」，比西量表可以成功地預測學業成就；後來在史丹佛大學的推孟應用它且修正成美國版本，稱為「史丹佛—比奈智力量表」（Stanford-Binet Intelligence Scale），簡稱「史比量表」。

◉ 二、因素分析的觀點

智力測驗的應用日廣，但是心理學家和教師們也逐漸懷疑：單一的分數是否可以適當地代表人類的心理功能？研究人員要面對的一個問題是：智力是一種整體特質或許多不同能力的集合？因此，研究者使用「因素分析」來分析個人在智力測驗上的表現，也就是將眾多測驗題目中有共同特質的，將它們歸納、簡化為數個因子，然後賦予該因子一個名稱。例如可能將題目中有關數的計算、數的推理和數的應用歸納為「數學能力」，而將字彙、語文理解和語文推理歸納為「語文能力」。

首先是英國的心理學家斯皮爾曼（C. Spearman）提出二因素論，斯氏認為人類的智力可分為普通因素（general factor，簡稱 g 因素）和特殊因素（specific factor，簡稱 s 因素）。普通因素代表某種抽象推理能力，凡是受試者在智力測驗中能形成關係，應用一般原則的，都是普通因素的功

能，它也最能預測測驗情境外智力的表現；特殊因素並非每個人皆有，乃因人而異，它是解決某種特殊問題才發揮作用的能力。美國的塞斯通（L. Thurstone）則分析大量的智力測驗，他認為智力是由七種因素所組成；換言之，智力是七種不同的心理能力，包括語文推理、知覺速度、推理、數字、機械記憶、語文流暢和空間視覺。

　　基爾福的智力結構模式（Structure of Intellect Model）更將智力分析成一百八十種能力因子；他以三個向度來解釋智力的功能，包括心智操作的內容（五種）、心智操作的方法（六種）和心智操作的結果（六種）（$5 \times 6 \times 6 = 180$）。雖然基爾福如此複雜的心智結構論已廣為人知，但是其他的研究者仍然質疑這麼多的因素，是否能精確地代表人的智力，因為他們尚無法獲得清晰的因素分析來支持它。最近，基爾福建議他的這一百八十個因素可以再減化為少數的幾個高層次心理能力。

　　卡鐵兒（R. B. Cattell）定義智力為兩個因素，即所謂「晶體智力」（crystallized intelligence）和「流體智力」（fluid intelligence）。晶體智力與語彙、普通常識和數的問題有關，它是經由感官或經驗而習得；流體智力則是一種能解釋複雜關係和解決問題的能力，例如數字系列、空間視覺和圖形矩陣。卡氏認為，如果文化和教育背景都很類似的兒童，晶體智力和流體智力很難區分出來，這可能是因為流體智力高的兒童較容易獲得特殊的訊息；當兒童的文化和教育背景差異極大時，這兩種智力就很容易區分出來，即使兒童有相當的流體智力，但在強調晶體智力的測驗上可能表現極大的差異。卡氏的理論對於智力測驗中文化的偏見，有很重要的啟示作用。

◎ 三、最近的研究

　　因素分析論者最受到詬病的地方，是他們太過專注於要找出因素，但

卻忽略了澄清人類的認知歷程。認知論者認為，人們不應太在意於誰在智力測驗上表現得好或不好，而是應該進一步了解，為什麼他（她）在智力測驗上表現得好或不好；也就是說，哪些技巧的運用影響其表現。

　　為了克服因素分析的限制，許多研究者結合了心理計量和訊息處理理論，他們一方面進行成分分析，另方面經由實驗設計來評量訊息處理的速度和效能，以便提供心理測量結果以處理為導向的解釋。許多研究顯示，思考的基本效能和普通因素有關；反應的速度不是唯一和心理測量的結果有關，策略的運用也造成測驗結果的差異。善於運用策略的兒童，在普通智力的評量以及數學能力、空間能力的分測驗上，比不善於運用策略者要好（Geary & Burlingham-Dubree, 1989）。也有研究指出，一個具普通心理能力，但在有關問題解決的後設認知知識上特強的兒童，在完成形式操作問題的能力上，比高智力但問題解決技巧較弱的同儕要好（Swanson, 1990）。從認知的角度而言，似乎逐漸分隔了成分分析，主張認知技巧是可以訓練的，而且受到文化和情境因素相當的影響。

　　史騰柏格主張智力是由內部與外部因素共同形成的，而且可以從三種層面來解釋智力，也就是智力的三元論（Triarchic Theory of Intelligence）。第一個層面是有關後設成分（meta-components），它說明了智力行為中有關訊息處理的技巧，包括用於計畫、監控和評估一個人訊息處理的執行過程，也就是後設認知、策略應用。影響此一層面智力運作的不單是內在能力，外在的情境安排例如智力測驗的方式，也會影響其運作功能。第二個層面是表現成分（performance components），用於真正執行或設定任務。此一部分說明個人能適應他們原有的訊息處理技巧，以便能符合個人所需及日常生活的要求；若原有的訊息處理技巧無法適應要求，則須試著去改變它；若再無法改變，則須選擇新的架構以便符合個人的目的。第三個層面是知識獲得成分（knowledge-acquisition components），這個能力關係到

成就，或者關係到專家與生手成就的差別。此一部分可以說明一個聰明的人在處理問題時，能夠運用舊經驗，迅速有效地解決複雜的問題。根據智力三元論，資優是透過所有三種型態的智力，用來處理新奇的事物以及具洞察的能力（insight）的人，這裡所謂的洞察力包含選擇性的解碼（selective encoding）、連結（combination）和比較（comparison）。Shore 和 Dover（2004）根據史騰柏格的理論，認為後設認知水準與認知水準的可用性和彈性，彼此之間的互動是資優很重要的特徵。不過，史騰柏格後來稍做一點修正，認為資優或成功的人形成／決定（shape）環境，智商多少反而不太重要。他稱之為「成功智力」（successful intelligence），也就是人們在真實世界所擁有實際的、創造的和分析的技能的聯合（引自 Viadero, 2008）。這也是包括史騰柏格在內的許多學者批評現有智力測驗無法測得真正智商的原因（例如 Farmer, Floyd, Reynolds, & Kranzler, 2014）。

　　葛德納的多元智能論（Theory of Multiple Intelligences），提出智力行為之下訊息處理的另一個觀點。他相信智力應該是根據不同的訊息處理操作，以便個人能解決問題、創造產品，以及發現新的知識。葛氏摒棄單一心理能力的觀念，認為人的心理能力至少有八種：(1)語文智能（linguistic intelligence），即能巧妙運用語言文字的音韻、意義及功能的能力。(2)邏輯數學智能（logical-mathematical intelligence），即能善於運用數字並做邏輯推理的能力。(3)音樂智能（musical intelligence），即能產出以及欣賞音律節奏的能力。(4)空間智能（spatial intelligence），即對於視覺空間能精確地覺知，並再創視覺經驗的能力。(5)身體動覺智能（bodily-kinesthetic intelligence），即能技巧地支配身體做有目的的表現的能力。(6)人際智能（interpersonal intelligence），即能知覺他人情緒、動機及意念，並做適當反應的能力。(7)內省智能（intrapersonal intelligence），即能辨識自己內在的感覺，並對自己的行為做適當的引導，了解自己的長、短處的能力。(8)

自然智能（naturalist intelligence），即能辨認以及分類植物、礦物和動物的能力，喜歡自然、觀察大自然的現象。葛德納認為，如果智力測驗都能測得這些能力的話，因素分析的結果，這些能力之間的相關也是很低的，但它們之間的存在確有神經學的支持；研究指出，人腦的某個部位受傷，影響的只是單一能力如語文或空間能力，其餘的能力還是存在的。此外，某些人在單一領域如數學或音樂有早慧發展的，亦適合以葛氏的理論來說明。葛德納也認為，每一種智能有它獨特的生物學潛能，長期的教育可以改變原生的智力潛能，成為成熟的社會角色，所以，文化價值以及學習機會可以增強一個人的長處。葛氏的研究特別有助於了解以及培育兒童的特殊才能。不過，葛氏的理論也並非全無可議之處，例如前面提到他的智力論，神經學的支持是薄弱的，特別是邏輯數學能力，它是由腦的數個區域所共同支配的，而非單一能力；此外，特別資優的個案，他們的能力是非常廣泛且優秀的，難道這些能力之間的相關也低嗎？

參、智力測驗

目前有許多測驗可用來評量兒童的智力，這些測驗依施測的方式可分團體實施和個別實施兩種。團體測驗一次可以施測多位學生，施測者的訓練較為簡單；個別測驗一次只能施測一名學生，施測者需要經過相當長的訓練且要求較多施測的經驗，因為施測者不只考慮兒童的回答，還需對兒童的行為加以細心的觀察，此種觀察有助於了解測驗分數是否準確或低估兒童的能力。有兩種使用廣泛的個別智力測驗，常作為資優兒童的鑑定之用。

◉ 一、史比智力量表

如前面所言，史比智力量表是比奈所成功發展出的第一個智力測驗的現代版本，它適用於測量二到十八歲的兒童和青少年。此一智力測驗已經被多個國家所翻譯和採用（我國改稱為「比西智力量表」，可惜目前無法使用），它也常常作為其他智力測驗的參照標準。1986 年的版本是測量普通智力以及四種智力因素：語文推理、數量推理、空間推理和短期記憶。總共有十五個分測驗，可作為每個兒童心理能力的細節分析。語文和數量因素強調的是晶體智力，例如兒童的字彙知識和句子理解；空間推理因素則與流體智力有關，一般認為它較沒有文化偏見，因為它比較不需要特殊的訊息。

和其他現代的測驗一樣，史比智力量表盡可能設計適合於少數群體兒童、身體障礙的兒童，並減少性別偏見。

◉ 二、魏氏兒童智力量表

魏氏兒童智力量表（Wechsler Intelligence Scale for Children, WISC）適用於六到十六歲十一個月；此一測驗可測量普通智力，並可得到各種不同的因素分數。在過去的一、二十年裡，心理學家和教師比較喜歡用魏氏智力量表作為個別兒童評量的工具。

魏氏兒童智力量表（第三版）評量兩種智力因素：語文的智力和作業的智力。每一種包含六個分測驗，共可產生十二種個別的分數。作業量表要求兒童操作一些測驗材料而不是和施測者對話，此一量表對於即使是語言不利或說話和語言障礙者，亦可證明他們的智力優勢。魏氏量表也已建

立了以年齡作為分層的全國性常模，對於兒童智力的評定提供參照的標準。一個智商在 130 以上的兒童，其智力表現優於同年齡 97%的兒童。

　　魏氏兒童智力量表（第四版）在我國於 2007 年開始使用。該量表適用六歲到十六歲十一個月，包含十個核心分測驗，除了可得到全量表智商（Full Scale IQ, FSIQ）及十項分測驗分數外，亦可得到四項指標分數：(1)語文理解指標（Verbal Comprehension Index, VCI），包含詞彙、類同、常識、理解。(2)知覺推理指標（Perceptual Reasoning Index, PRI），包含圖畫概念、圖形設計、矩陣推理。(3)工作記憶指標（Working Memory Index, WMI），包含算術、記憶廣度、文字—數字序列。(4)處理速度指標（Processing Speed Index, PSI），包含數字符號替代、符號尋找。研究者證明它有穩定的測驗結果，因素分析的結果，四個因素是相當穩定的（例如 Watkins, 2010）；但也有研究者不認為再測有穩定效果（例如 Watkins, Smith, & Reynolds, 2013），不過他們是隔了兩、三年所得的結果。值得注意的是，魏氏第四版對於重度障礙者會有「地板效應」（floor effect），因為實務上在轉換原始分數成量表分數時，會排除低智力者顯現的一些變異性，因此無法獲得 40 以下的分數（Orsini, Pezzuti, & Hulbert, 2015）。魏氏智力量表也發展出學前量表（Wechsler Preschool and Primary Scale of Intelligence, WPPSI），適用於二歲六個月到七歲十一個月，以及成人量表（Wechsler Adult Intelligence Scale, WAIS），適用於十六歲到八十四歲。

◉ 三、托尼非語文智力測驗

　　基於考慮到不同社經文化背景及身心障礙學生的作答限制，托尼非語文智力測驗（Test of Nonverbal Intelligence, TONI）是以抽象圖形為主，目的在評量受測者問題解決的能力。TONI 是於 1982 年由美國 Brown、Sherbenou 及 Johnsen 三位學者所編製，而第四版中文修訂版本（TONI-4）則由國內學者林幸台、吳武典、胡心慈、郭靜姿、蔡崇建、王振德等人完成。

　　原測驗以個別方式實施，中文修訂版分為幼兒版（含甲、乙兩式，適用四歲至七歲十一個月）及普及版（含甲、乙兩式，適用七歲六個月至十五歲十一個月），以個別或團體施測。測驗時間為三十分鐘。本測驗以非口語或文字方式進行，如手勢等。本測驗的用途為：(1)預估智力水準、認知功能與學業性向；(2)確認可能缺陷，尤其在無法分辨是智能還是語言、動作影響表現時；(3)作為一般智力評量的工具；(4)可利用本測驗的兩個複本測驗，進行前後測研究之用。

◎ 四、智力測驗的預測功能

　　心理學家和教師使用測驗分數作為兒童教育安置的決定，基本上是假定這些分數可作為未來智力和學業成就的良好指標。前面提過，比奈發展的智力量表原先是用於找出和安置智能障礙的兒童，而且也具有預測學業成就的功能。今日使用比西智力量表或魏氏智力測驗作為鑑定和安置資優學生的依據，基本上也是假設篩選出來的資優生有足夠的能力，可以適應未來的學習生活。智力測驗要能做精細的預測，測驗分數的穩定性是必要的要求，包括信度和效度。信度是指測驗分數前後的一致性，效度是指測驗的準確性，準確性（效度）愈高，表示測驗結果愈能解釋所要測量的心理特性；效度是選用測驗時最重要的考量。

　　研究者最常用智力測驗作為下列的預測：

(一) 預測學業成就

有相當多的研究顯示智力測驗可作為學業成就的預測，其相關值從.40
到.70都有，即平均值約為.50（Brody, 1992）。智力之所以能預測學業成
就，有些人認為是因為智力測驗和學業成就都跟抽象推理過程有關，都有
如斯皮爾曼的「g」因素；兒童具有「g」因素愈多，愈能獲得學校所教的
知識和技巧。另有些人認為，智力測驗和成就測驗題目的取樣，都跟相同
的文化涵養有關；從這個觀點來看，智力測驗是成就測驗的一部分，而且
都受到兒童過去經驗的影響，卡鐵兒的晶體智力支持這個觀點。認為智商
較受遺傳因素影響的人，可能較傾向於喜歡前一種說法；而認為智商較受
環境因素影響的人，可能傾向支持後一個論點。不過，從預測值不是很高
的情形來看，顯然地，學業成就還受到其他因素的影響，例如成就動機、
人格特質、學習方法等。

(二) 預測職業成就

嚴格說起來，用兒童時期的智商來預測成人時期的職業成就有點冒
險，一方面太遙遠了些，另方面有相當多的因素不可忽略，例如之後的學
校教育、父母的影響、生涯的楷模、家庭的背景、工作的環境，以及個人
的其他因素。不過，有研究指出，高智商的人較有可能進入聲望較高的職
業，例如醫生、科學家、律師和工程師等（McCall, 1977）。推孟對於高
智商兒童的追蹤研究結果指出，樣本中的男性有超過86%的人進入高階的
專業領域，但並非每一個人都有成功的表現；推孟發現高度成功者大都有
邁向成功的特殊的驅力（drive）、成就的欲求、居家生活提供較多的智力
的刺激，以及較少的家庭問題等。雖然如此，目前並無明確的證據指出，
智商對於職業的成就比其他因素更重要。

(三) 預測心理適應

智商對於社會和情緒適應有那麼重要嗎？推孟對於那群高智商兒童的研究指出，資優兒童有較佳的社會和情緒適應。克拉克（Clark, 1992）也指出，如果有健康的發展機會，資優兒童的社會情緒適應傾向於發展得較好。何林伍斯（Hollingworth, 1926; 引自 Clark, 1992）發現智力和良好的品行和氣質有強的相關。不過，也有研究者指出，兒童的社會能力與照顧者的養育態度及方法、健康、外表、人格特質等都有關，高智商者並不保證都是快樂和滿足的（Berk, 1994）。

肆、智力與創造力

在人的心理能力當中，最常被拿來和智力一起討論的就是創造力。例如前面提過的阮儒里，他認為資優必須是平均以上的智力、創造力和工作的專注等三者的交互作用。基爾福的智力結構論指出，人們會以各種不同的方式表現其聰明（bright），例如，智力的運作就包括認知、記憶、聚斂思考、擴散思考和評價，而擴散思考常被認為是創造力的表現。雖然智力的運作包括上述五種（其後又將記憶分為短期記憶和長期記憶），但並非所有的能力其潛能都充分被使用。這就是為什麼有些兒童在智力測驗得高分，但在創造力評量上未能表現良好；而在創造力評量上表現良好者，他在聰明程度上必然是平均以上。

如果阮儒里的資優三環論和基爾福的智力結構論都可以接受的話，一個具有高智力的人未能在創造力表現優異，我們不能認為他沒有創造的處理能力，或許他只是沒有足夠的機會或未被鼓勵使用創造力；而假如一個在創造能力表現優異的人未能同時在智力測驗上獲得高分，或許可以說智

力測驗上未能提供機會以證明其創造處理能力（Khatena, 2000）。

史騰柏格（Sternberg, 1996）提出創造的投資理論（Investment Theory of Creativity），他認為創造的人就如同一位成功的證券投資者，成功的證券投資者通常都是「買低賣高」（buy low sell high），也就是在低檔的時候買進，高檔的時候賣出，這樣就會獲利。創造者的創意想法在開始的時候通常都不被看好，如同證券在低檔的時候乏人問津，但創造者的創意想法一旦被接受，也就是證券高檔的時候，他終究要「賣出」，然後再去追求下一個創意。

依據創造的投資理論，創造需要有六個不同但彼此有關的因素共同匯流而成，其中之一就是智能，這智能包括：(1)綜合的能力，也就是掙脫聚斂思考的限制，將相關問題變成新的概念；(2)分析的能力，也就是辨明哪些主意是有用，哪些是沒用的；(3)實用的能力，也就是協助創造者將主意的價值「賣出」。其他五個因素是：足供創造者運用的領域知識、喜好新奇的思考風格、創造的人格特質、先天的或任務導向的創造動機，以及支持和鼓勵創造的環境（Khatena, 2000）。

伍、智力與智慧

高智力的人（例如資優）是否也是具有高智慧的人？史騰柏格（Sternberg, 2004）對此也提出質疑，他認為像甘地、德蕾莎修女、馬丁路德、曼德拉等，顯現的是有智慧的人，但無法用傳統或現代智力理論來定義他們，就連他的「智力三元論」中有關實用智力，也無法完全解釋他們。《韋氏辭典》對智慧的解釋是「一種基於知識、經驗和理解，能做正確判斷且跟隨最明智行動的力量」。但史氏認為這樣的解釋對於心理的理解是不足夠的，他認為「智慧」始於個人無可言喻的知識（tacit knowledge）的

建構，加上情境脈絡（situational contexts）的連結，而形諸於外的東西。無可言喻的知識包含一生的功課，無法明確的教，也無法用言語來表述，但包括三個主要特徵：(1)它是程序性的；(2)它與目標人們價值有關；(3)基本上是透過經驗或引導，而不是透過教室或教科書教學而獲得。

以傳統智力測驗所界定而測得的資優，或許在個人的學業成就很高，未來的職業成就也很高，也可能透過實用智力而造福人群，但不全都是「有智慧」的人。有智慧的人會以不可言喻的知識，以達成共好（common good）為目標，努力在個人內心（intrapersonal）、人與人間（interpersonal），以及人與人外（extrapersonal）等多個面向求取平衡，重要功能是在尋求整體環境的最大利益。

從官方的定義或學者的研究，對於資賦優異的定義不再是以智力為唯一的考量，逐漸由單一概念轉向多元。而資優教育的目的除了發展資優學生的潛能外，也希望培養一群能為人類社會所用的人才。因此，只要是對人類社會有用的才能，都是資優教育關心的對象，需要大家一起來支持。

第二章

資賦優異學生的特質

閔閔是國小資優班四年級的學生，家裡除了爸、媽之外，還有一個弟弟；不過，爸媽都相當忙，閔閔放學後大部分的時間都待在離家不遠的祖母家度過，直到晚上十點後才由媽媽接回家。

　　閔閔在班上的學業表現相當突出，好學的閔閔對學校的課業每一科都有興趣，各科平均發展；但體育和美術則稍有落後的現象。閔閔思想比較早熟，平時乖乖靜靜的，很少會犯錯，老師形容她是一個「小女人」；她和班上的女同學關係良好，常會關照、體貼好朋友，但和班上的男同學則呈「絕緣」的狀態。同學形容「閔閔和男同學說話是一件非常稀奇的事」。是不是已開始步入「兩性尷尬期」了呢？

　　在父親、母親都很忙碌的情況下，閔閔的嗜好相當單純，看書、看電視、聽音樂是她的消遣，不喜歡做戶外活動。因為閔閔真的相當懂事，生活起居不用特別叮嚀也能處理得很好，也會幫忙帶弟弟。母親最滿意的地方是：閔閔不會讓父母操心。

　　看過了資賦優異的定義，也大致了解目前我國在中小學資優學生甄試時，主要是以智力和學業成就及性向測驗為主，但這些並不足以給讀者一個明確的輪廓：資優學生到底是怎樣的不同於普通學生？智商 130 以上、學業成就百分等級 98、具有藝術天分……等，凡此皆只是進入資優班的表面數據、必要條件；但是要廣泛、深入地了解資優學生的種種「內外在跡象」，則必須從認識資優學生的身心特質開始。也就是說，父母和老師可以從哪些現象來發現資優和才能學生。本章所討論的資優學生的特質，是學者經過長時間對大量樣本的研究所得的普通現象，但並不表示這些普通現象都必然出現在某個資優和才能學生身上，它們也無法像石蕊試紙般地絕對檢測出資優和才能學生，但任何一個或多個特質值得吾人做進一步的探討。因此，老師和父母可視之為觀察的一般性指引。

壹、推孟的研究

　　人之不同，各如其面。資優學生在許多特徵上與普通學生有所不同，即使是資優學生此一群體，彼此之間也可能在諸多方面有所差異，例如體型大小、長得好不好看、語言能力、認知長處、興趣、學習風格、動機、精力、人格、心理健康、自我觀念、習慣、經驗背景等。研究資優學生的特質，最常被引用的是推孟（L. Terman）對於 1,500 位高智商兒童的追蹤研究結果，此項結果包括：

1. 出生時平均體重較一般兒童為重，早一個月學會走路，早三個半月學會說話。
2. 比一般兒童健康、較少生病，打破天才都體弱多病的迷思。
3. 閱讀得早且閱讀得多，語言的運用純熟，較常使用高級語彙。
4. 數學推理及科學表現優異。

5. 興趣廣泛，舉凡文字、科學、藝術都可涉獵。

6. 心理與社會適應良好，不只兒童時期如此，成年後亦大多能維持良好的適應，且情緒穩定。

7. 較不會吹噓或過分誇大他們的知識。

8. 有追求成就的欲望，而且是目標導向的，能堅持到底。

9. 在學術領域有較好的成就，在專業領域亦表現成功。

10. 表現自信，較能容忍挫折。

11. 顯示較低的自殺率、心理疾病、人格異常、酗酒或離婚。

12. 女孩在可信賴度、情緒穩定和社會態度上的得分優於男孩（Terman & Oden, 1947; 引自 Davis & Rimm, 1994）。

　　推孟的研究對象是以學校學生，其學科成績被評為前 1%、史丹佛—比奈測驗 IQ140（中學部分是以推孟團體智力測驗 IQ135）為主。大約同時，推孟的一個同事（Catherine Cox, 1926; 引自 Passow, 2004）以 301 位傑出人士為對象（平均智商超過 160），研究其智商與相關因素，她觀察這些在後來人生上有傑出成就的青少年，獲得三項結論：

1. 具有平均以上的良好遺傳和早期優異的環境。

2. 兒童期顯示不尋常的高 IQ 行為。

3. 不只是高的智力特質，而且顯示動機和努力的堅持、對其能力的自信，以及有優異的品格特性。

　　何林伍斯（L. S. Hollingworth）在紐約市也熱中研究資優，她定義的資優也是以普通智力在同齡人口的前 1%，這樣才有高的能力達成文化成就，並處理抽象知識和符號。這些較大的教育可能性者還包括在藝術、音樂及繪畫領域，對其個人和整體社會有益。福特基金會所贊助的奧勒岡州波特蘭（Portland）公立學校系統（1959 年）研究，聲明資優以學業才能太過狹隘，他們認為至少應該是前 10%，並應包括藝術、音樂、創造性寫

作、創造性戲劇、創造性舞蹈、機械的才能和社會領導（引自 Passow, 2004）。

歐柏格（Walberg, 1982）曾研究從十四世紀到二十世紀，在藝術、科學、宗教以及政治領域有傑出表現的 200 位男性，發現下面的特質是很普遍的：

1. 雖然研究的是某一專業領域，但他們大都表現多才多藝。
2. 這些人在從事某一件工作時都能專心一致，全神貫注。
3. 他們大都表現目標導向的堅持力，不達目的絕不終止。
4. 表現出優異的溝通能力。
5. 就智力而言，至少是中高以上的智力。
6. 大多數人是表現高道德標準的。
7. 他們對人、對事、對物較為敏感。
8. 這些人生性較為樂觀、豁達大度。
9. 較有吸引力，同時是受人歡迎的。
10. 在兒童時期，家庭能提供較為刺激的教育和文化環境。

就第 10 點而言，吳昆壽（1987）亦曾調查中部地區 145 名資賦優異兒童，發現資優兒童的家庭所能提供的教育和文化刺激，包括：(1)課外讀物；(2)益智玩具及遊戲；(3)參加社區的才藝班；(4)造訪社區圖書館、文化中心或美術館；(5)旅遊。

歐柏格亦曾研究 771 位在科學比賽、藝術比賽得過獎的高中學生，根據他們的自我陳述，有一些共同的特徵：

1. 喜歡學校、讀書非常用功；能以較快速度完成工作。
2. 有良好的閱讀習慣，經常造訪圖書館；比較喜歡閱讀專業的書籍，例如科學、藝術。
3. 對於科學和藝術的事物，從小就表現出極高的興趣。

4. 對於工作能注意其細節末微之處。

5. 在執行任務的時候能堅持到底。

6. 喜歡動動腦，充滿好奇和想像。

7. 認為在生命當中，創造力比財富和權力都重要；不過，他們也都希望能獲得較高的薪水以及學位。

推孟對於資優兒童做長期的追蹤研究，其貢獻有其歷史的地位，打破歷來對於資優（天才）兒童似是而非的觀念；不過，推孟所選出來的都是事先經由老師推薦的高智商兒童，在當時以智力為導向的資優（天才）定義自是無可厚非，那麼資優學生的其他特質如何呢？以下就以克拉克（Clark, 1992），以及戴維斯和瑞姆（Davis & Rimm, 1994）對資優學生的特質的描述為本，介紹資優學生的認知、情意和創造力特質。

貳、資優學生的認知特質

從認知科學、資訊科學，甚至有機體（如人）和無機體（如電腦）結構與系統的連結的研究，大都支持一個觀點：人類社會的繼續生存，整個社會體系在知識、經驗和技巧的累積與傳遞扮演一個重要角色。以教育理論和教學實務的觀點，知道人們如何學習、如何思考、如何解決問題、如何記憶、如何與人溝通，甚至如何與環境互動，這是一個大家都關心的問題（Woolcott, 2013）。

就資優教育的立場與觀點，大家都希望資優學生是知識的生產者，也就是希望他們能累積更多的社會文化、提升與傳遞更文明的社會文化。從訊息處理的觀點，我們就會關心資優學生的認知特質與行為、訊息的新奇與處理技巧。

其實在 1970 年代就有學者（例如 J. H. Flavell）提出後設認知（metacognition）的觀念。他認為後設認知是一個人對自己認知過程的知識（knowledge）與覺察（awareness），這個對於區分資優和一般人在思考品質上的差異是有幫助的。後設認知知識通常透過語言表現的方式來評量一個人的學習特質、知識的狀態，或對可能影響表現的任務特徵的了解。而後設認知技巧包括檢核、計畫、選擇、自我提問和反思、監控或解釋正在進行的工作（引自 Shore & Dover，2004）。

資優學生的認知特質包括：

(一) 早熟的語言和思考能力

說話和語言能力的發展超乎其生理年齡的兒童，表現出來的不只是語彙和知識的快速增加，而且也表現在抽象的思考能力，例如空間推理、問題解決、後設認知思考、了解別人反應，和連結不同觀念，綜合歸納出自己的結論。

(二) 超前的閱讀和理解力

資優兒童學習抽象的文字並開始閱讀，可以提前到四歲，甚至三歲，他們可能會抓住很多機會，要求父母或家人指出文字的發音，並了解其意義。由於閱讀得早，他們擁有大量的工作字彙（working vocabulary）和儲存大量的訊息，所以有助於理解複雜和抽象的概念，增進學習的效果。

(三) 合理的邏輯思考

資優學生思考過程快速而且合於邏輯，他們好奇且好問，喜歡打破砂鍋問到底，但也無法接受不完全或不合邏輯的回答；他們能很快洞悉事件的因果關係，對於問題解決常有變通且獨特的想法。

(四) 優異的動機和堅持力

資優學生和有成就的成人最大的特徵之一，就是學習和做事的動機強，而且能堅持到底。在推孟的研究當中，成功與否主要的差異之一在於他們的動機水準。亞伯特（Albert, 1975）的研究亦指出，傑出的科學家、音樂家、藝術家和心理學家之所以具生產力，在於他們的努力投入工作。

(五) 優異的集中力

對於有興趣的主題，資優學生通常能集中精神一段很長的時間，不容易受到外界的干擾而分心，所以常有忘我的現象；不過，對於沒有興趣的事情，他們也很容易表現出缺乏耐性，例如重複、單調的練習工作。

(六) 多樣化的興趣

資優學生由於有較高的好奇水準，他們對於周遭環境常表現出高度的興趣，且對於有興趣的主題也有能力很快地學會它，所以有些資優學生的興趣是多樣化的，而且每一樣都會表現得很好；不過，有些資優學生可能只專精於一、兩樣。

(七) 不尋常的記憶力

資優學生由於閱讀得多、閱讀得廣，對於相關訊息處理有條不紊，所以他們不僅知道，而且易於回憶事實；資優學生通常知道得很多，尤其是對於有興趣的主題更是知道得深入，常常是超乎其年齡水準的。

(八) 自主性的學習

資優學生比較不喜歡被限定的學習方式，他們也比較不受別人意見或環境左右，喜歡自由自在地學習，按著自己的興趣學習，此一特質正可以引導他們做獨立的研究，因為資優學生也較願意為自己的想法負責。不

過，獨立研究並不一定限定在個人，有相同興趣的小組也可以合作，共同研究，共同產出。

參、資優學生的情意特質

資優學生的社會、情緒問題一直是資優教育研究者、教師及其父母關注的問題。許多研究認為資優學生是情緒穩定的、高度敏感的、過度激動的、堅持、獨立、自信；但也有研究認為資優學生或成人認為他們與「同儕」不同，特別是影響到他們的社會關係（如Rimm, 2002）；也有研究認為資優學生很難相處、古怪、不快樂（如 Freeman, 2001），甚至導致輟學、自殺、青少年犯罪等（引自 Bain, Choate, & Bliss, 2006）。這些似乎與人際之間（interpersonal）的互動有關，例如了解別人的行為與動機、敏於覺察別人的需要與感覺等。

當然，資優教育研究者、教師及其父母也會關心資優學生的情意問題可能影響到其學習成就、價值和道德的問題。這些是指個人內在（intrapersonal）的能力，例如對自己的了解、感覺、情緒以及能運用知識的能力。個人內在的能力和人際之間的互動息息相關，例如良好的自我概念、對於自己的學習保持熱情與動機、了解與管理自身情緒；與人合作時能保持適當的傾聽、溝通與協商、團隊合作、對團體做出貢獻等，都是不可或缺的情意特質。

下面舉出一些較為顯著的情意特質：

(一) 個人和社會適應方面

前面提過推孟的研究，一般說來資優學生的個人和社會適應良好，情緒穩定，較少神經質的傾向；但與推孟差不多同時代的何林伍斯，認為中

度資優生（IQ120～145）的確如此，但高於此一水平的（例如 IQ145 以上），可能與同學間的關係就不那麼平順，他們或許需在教育方案上加上諮商或情緒教育（引自 Davis & Rimm, 1994）。

(二) 自我觀念方面

對於資優學生自我觀念的研究相當多，許多研究者肯定資優生有較好的自我觀念（例如吳武典、陳美芳、蔡崇建，1985；Colangelo & Kelly, 1983），有些研究發現資優學生與普通學生並無差異（例如洪有義，1982；Loeb & Jay, 1987）；但也有研究者指出資優學生有較低的自我觀念（例如郭為藩，1979；黃堅厚，1983）。其他研究也顯現年齡、性別、年級、高低成就或研究者所謂的「自我」而有不同的結果。一般認為，資優學生的學業自我觀念是不錯的。

(三) 制握信念

制握信念簡單講就是指自己能掌握自己的程度，可分為內控與外控兩種類型。

資優學生很重要的人格特質是獨立、自信和內控傾向。高度內控的人是較有自信的人，他們覺得成功和失敗都是自己應該負責的，例如把失敗歸因於自己努力不夠，而不是缺乏能力。失敗只是暫時的挫折，從失敗中學習到經驗，會激勵他下次更加努力；外控傾向的人把成功或失敗歸因於運氣、機會、工作的難易、生病等，失敗之後常常怨天尤人，不會更加努力。

(四) 學習風格

比較非資優的同儕，資優者傾向於是自動自發型的學習者，他們較喜歡非結構化和彈性的學習工作、喜歡主動的參與而不是支配性的參與，他

們善於利用策略組織學習的材料（吳昆壽，1993）。資優學生也比較喜歡安靜的學習場所，獨自學習，或與知心的同儕學習，喜歡自我決定和自我選擇的學習經驗。

(五) 道德發展

如同語言能力，道德發展和智能發展有關；一般而言，資優學生對於道德和價值的問題較為敏感，哪些行為是好的，哪些行為是不好的，他們有比較清楚的認知。皮亞傑和尹黑德（Piaget & Inhelder, 1969; 引自 Davis & Rimm, 1994）認為，發展超前的小孩比較不會自我中心，他們會從另一個人的角度來看問題，因此資優學生較能了解別人的權力、別人的感覺和別人的期望。

資優學生也比較早發展和內化一種價值系統，有正義感，此種內化的價值系統導致行為和態度的一致性。資優學生不只對自己如此，也以此標準要求別人也如此，他們在道德的判斷上無灰色地帶，常無法忍受不合理的事物。由於對別人的要求過高，也很容易引起人際關係不良的現象。

(六) 完美主義

前面提到，資優學生是傾向於內控型的，內控加上個人責任，常導致個人設定較高的目標、追求完美。完美主義有可能產生兩極化的結果，一種是因追求完美而導致高的成就，另一種可能會因害怕失敗而一事無成。

(七) 敏感性

資優學生對自己、別人，以及周圍環境相當敏感；他們很在意別人對他的批評和看法，有時候感情也特別脆弱，感情的深度與專注常超乎同齡兒童的水準。資優學生對於環境中的人、事、物，很容易感受出別人所無法體會出的差異性，例如別人的喜、怒、哀、樂，或者教室或校園內的改變。

(八) 幽默感

資優學生的幽默感和他們思考敏捷、能很快地看出事情間的關係、有自信心及社會練達有關。此種幽默感會表現在社會互動、藝術、創造性的寫作及其他領域；他們極易了解老師的玩笑或雙關語，喜歡使用俏皮話，也喜歡自我解嘲。不過，有時也會使用幽默感來捉弄別人。

肆、創造力優異學生的特質

創造力是一組複雜的概念，基本上很難有單一的定義符合其深度、複雜度和廣度。創造力需要觀察一段時間，而無法簡要描述（snapshot）。創造力需要維持其興趣、熱情和強度。創造的想法或實體要有益於群體和個人（Treffinger, 2004）。就特質而言，崔芬格（Treffinger, 2004）也綜合多人的研究，認為創造的特質多元，包含熱切維持個人興趣、堅持和努力很重要。創造力要擴大傳統上對於擴散思考的認知觀點，它可能表現在各種不同的方式、場合和時間，能有機會與別人分享其想法或產品。創造力也包含喜好風格，而不只是認知能力或人格特質。根據他的觀察，他認為最近許多研究者對於創造力特質的研究包含四個廣泛類別：(1)產生主意；(2)對於主意的深入挖掘；(3)對於主意的探索保持開放和鼓勵；(4)傾聽個人內在的聲音（inner voice）。創造的過程對於資優學生情緒上的健康和智力的成長都是有價值的（Smutny & Fremd, 2009）。不過有研究者（例如Winner, 1996）指出，很少有資優兒童變成有創造力的成人，這個問題值得我們探究。

筆者試著綜合一些研究，提出下列幾個創造力特質。

(一) 水準以上的智力

智力和創造力之間的關係是長久以來討論的問題。有人認為智力和創造力是分開的能力，彼此的相關很低，如果根據智力分數選擇最高的 1% 至 5%進入資優教育方案，則有大量的高創造力學生可能被遺漏掉（Davis & Rimm, 1994）；在教室裡，創造力的學生是較不易被認為是資優生的。但也有人認為智力和創造力是相關聯的，例如前面提過的歐柏格和他的同僚赫比（Walberg & Herbig, 1991）對於傑出男性的研究指出，智力和創造力是有關係的。

不過，逐漸被接受的說法是門檻觀念（threshold concept），這個觀念指出智力的基本水平對於創造的產品是必要的，高於那個門檻，測得的智力和創造力之間是沒有關係的（Mackinnon, 1978），重要的是獨立和自信、活力充沛、精力旺盛、勇於改變和挑戰傳統。

(二) 獨立思考

創造力的學生不會滿足於權威的話或既有的思考模式，他們會有自己的想法和思考邏輯，這個可能導致新的主意的產品，但也會對權威構成威脅。值得注意的是，我們的教育的確太過於限制學生個人獨立思考的機會，重視齊一、標準的答案，有損於創造主意的產生。

(三) 挑戰傳統

創造力的本質是產生新的觀念，因此，創造力學生常會挑戰既有傳統，也因此他們常會被認為是鄙視權威，所以他們常困擾老師、父母、手足或同儕，在教室裡常被老師或同學認為是調皮或頭痛人物。

(四) 好奇與冒險

對於兒童而言，好奇是他學習的原動力，而對於事情都想知道其原委、想一探究竟的心，常迫使他們以行動尋求答案，也因此常會有意想不到的收穫；而此種過程有時帶有些冒險心。不過，具創造力的人有高度的自信，可以接受挑戰，甚至承擔失敗。

(五) 容忍曖昧不明

創造性的問題解決，本質上包含相當的曖昧不明，例如觀念的不完全、相關事實的缺乏，或規則的不明確。所以，不論是創作一件藝術品、解決一個工程問題，或寫小說，從主意的引發、經過一系列的修正和改良，都需克服種種的不確定感和渾沌未明。

(六) 抗拒社會壓力

當創造者想出一個主意，或創作出一件他自認為偉大的作品時，常常需面對一般社會或同儕質疑的眼光：「它可行嗎？」或「它是有價值的嗎？」甚至於必須忍受一陣冷嘲熱諷。在任何一個領域，新的觀念在被接受之前常常是受到質疑者所批判的，例如哥白尼的地球繞日說在當時甚至被認為是異端邪說。所以，創造者必須有抗拒社會壓力的勇氣。

傳統的觀念認為創造力是一種內在的歷程，只有藝術家、作家或科學家才有；最近，創造力被認為是特殊環境和內在思想互動的表現（Greeno, 1989），這種與環境的互動會導致個體重組（修正）現有的觀念和產生獨特的結果。所以從另一種角度來看，能抗拒社會的壓力也正是能適當地傳達個人的創作（或發現）的理念，重組（或修正）社會的觀念。

其他常被提到的創造力特質還包括：

1. 幽默感：具創造力的人對於問題常有新鮮的、好玩的看法。

2. 理想主義：具創造力的人常常是沉溺於個人化、理想化的目標。

3. 沉思型的：具創造力的人對於其工作和決定都傾向於非常謹慎且深思熟慮。

4. 知覺敏銳型的：具創造力的人傾向於有良好的知覺，能很快地察覺事件之間的微妙關係。

5. 語言流暢的：具創造力的人喜於傳達其創造理念，樂於告訴別人他的發現。

6. 喜歡獨自工作、思考彈性化、不怕嘗試新的東西。

　　然而，創造力的兒童、青少年和成人有時也令父母、老師、同儕、行政人員感到頭大，他們常有些負面的特質，例如對於傳統禮俗不感興趣、固執、抗拒支配、不參與班級活動、不合作，或尖酸地質問法律、規章和權威，自我中心、作白日夢、情緒化，有時不易溝通等。

伍、資優學生的類型

　　對資優學生特質的研究，以智力、認知、情意、行為、生理、創造力等方面居多。以上所談的（包括第一章）不必然都出現在同一位資優學生身上，他們可能會形成多種組合。不過，資優學生確實是不同於普通學生的一個群體。貝茲和奈哈特（Betts & Neihart, 2004, p. 99-105）做了一個很有趣的分類，他們把資優學生分成六類：

(一) 成功型資優
大約有 90% 被鑑定為資優的是屬於此類型，他們聽從老師、父母的

話，表現適當的行為，努力學習求取好成績，他們很少出現問題行為，希望能獲得父母、老師或其他人的讚賞。他們遵行學校的教導，因此也較依賴老師和父母。他們的成績大多不錯，有良好的自我觀念；他們也受同儕喜歡，能融入同儕群體。他們在教室是能力不錯的，但缺乏有創意的父母，使得他們失去創造力和自主性，成人之後也可能缺乏終身學習技巧、觀念和態度，所以對多變的社會挑戰較少準備。

(二) 偏離型資優

　　這種類型資優在許多學校很少被鑑定出來，除非學校老師有很好的在職經驗。他們有很好的創造力，但可能是倔強的、易得罪人的或喜歡挖苦別人。他們可能會質疑權威、挑戰老師、不遵從學校規定，常常和學校或家庭起衝突，也因此較少受到肯定與讚賞。這些兒童的才能較少受到肯定，所以在學校是挫折的、缺乏自尊的，在同儕間的人緣也不好，分組活動時較不受歡迎。但這類型學生也可能因為有創造力、喜歡搞笑，對同學有吸引力，可是在教室常因受到挫折而有負向的自我觀念。這些學生在中學時很可能輟學或青少年犯罪。

(三) 隱藏型資優

　　這類型資優較可能出現在中學女生，但也有可能是男生隱藏其資優。這類型資優通常隱藏他們的才能，為的是融入非資優群體。雖然他們有很強的動機和興趣在學業或創造力上，但總得忍受先前的那種熱情，因此感覺很沒有安全感和焦慮。這種改變常常與老師或父母的期望相衝突，如果老師或父母對他們有所牢騷，只有更加造成他們的堅持和拒絕。似乎只有接受其現狀才能在教育上獲益，或者探索其他有興趣的才能，引導其發展替代性才能，幫助他們轉向其需求，以達成長遠目標。

(四) 輟學型資優

這類型資優因為多年來教育系統無法滿足其需求，所以他們對大人以及他們自己失望、生氣，他們以沮喪、孤僻、防衛表達其生氣。這類型資優因為他們無法在學校獲得對其不尋常才能和興趣的支持與肯定，他們較有興趣的是正規學校以外的課程。他們對學校而言是一點興趣也沒有，甚至懷有敵意。他們偶爾到學校，多數時候是情緒性的輟學。他們對於被拒絕、被忽略是痛苦的、懷恨的、自尊心低的。他們需要與可以信任的成人密切的工作關係，傳統資優方案不太適合他們。家庭諮商、個別諮商或者適當的診斷測驗是必要的。

(五) 雙重特殊型資優

這類型的資優通常伴隨有心理上或生理上的障礙，多數的資優方案很少鑑定出來，給予特殊教導，以符合他們的特殊需要。有幸的是，最近對於雙重特殊（2E）的研究有愈來愈多的趨勢。雙重特殊學生由於身、心理的障礙，學校常常忽略他們才能的另一面，以至於讓他們感到挫折、沮喪、無助、孤立甚至被拒絕。其實他們很需要被了解，避免失敗、不快樂。雙重特殊資優也能以自己的方式，發展出彌補其弱點的策略，在學習或其他方面成功，學校也應該培養其優勢與才能，以發展其自尊。

(六) 自主型學習者

這種類型的資優較少在年紀小的時候看出來，但他們像成功型資優的學生一樣，在學校系統能有效地學習。他們能為自己創造新的學習機會，他們有很強的、積極的自我觀念，因為他們的需要是自己創造出來的，因此也比較容易成功，他們的成就受到正向的注意和支持。他們受到成人和同儕的尊敬，在學校或社區也比較具有領導能力。自主型學習者是獨立和

自我導向的，他們會設定自己的教育或個人目標，他們接受自己，也願意
冒險。很重要的是，他們有很強的個人能力感，知道可以為自己的人生創
造改變，而不必等待別人協助他們改變。

　　了解資優學生的特質及上述的分類，對於鑑定及提供適當的教育方案
是有助益的，特別是那些容易被忽略的群體。

第三章

資賦優異學生的鑑定

碩良是一位資優班三年級的學生，今年八歲。上有一位哥哥（目前在美國就讀高中二年級），兩人足足差了七歲。

碩良在幼兒園就讀時，該幼兒園聲稱是以蒙特梭利教學法為主，碩良的母親認為，可能因此有助於其空間觀念和邏輯思考。

碩良參加資優班的甄選經過三次的考試，第一次是沒有預告的全年級考試，他和班上另一位同學考滿分，於是進入第二次的初檢，他獲得第一名；複檢是和一群包含他校的學生一起考試，獲得第三名，因此就進入資優班就讀，到目前為止，碩良仍然維持在班上的前幾名。

碩良很喜歡看書，也很會利用時間看些課外書，尤其喜歡有關自然科學和環保方面的書籍，並將所讀到的加以身體力行；例如他常常要求不要開冷氣，因為這樣會破壞臭氧層，他的父親說不差我們這一家，但是他說可以從自己做起。小小年紀就懂得體貼大自然。

碩良在班上和同學相處融洽，不會和人爭吵、計較；學習主動，勇於發表、發問，有自己的思考，對自己的要求很高，所以是老師較不用操心的學生。

在第一章中，我們提到 1972 年美國教育部長馬蘭（L. Marland），在向國會所提出的報告中，提到資優和才能兒童是指那些經過專家鑑定，證明他們有卓越的能力，需要有別於普通兒童的教育方案的兒童。第二章中，我們也就推孟（Terman）等人對於所謂資優兒童的特質，做了一番描述。可以說，鑑定乃是基於兒童在某些方面（例如智力、認知、情意、創造、領導等）的需要，將那些有特殊需要的人找出來施以資優教育。鑑定是資優教育的一環，也是落實資優教育方案功能的第一步，它反映對資優學生的期待與辦理資優教育的方向（林幸台，1997）。換言之，要辦理什麼樣的資優教育方案，就選擇適合該方案的學生，此種選擇需透過專家為之。

壹、 鑑定的方法

如何在一群學生當中找出資優學生，的確是一件困難的事。雖然我們在第二章中舉出資優兒童的各種特質，例如認知的、情意的和創造的；但並不表示每一位資優學生都有相同的這些特質，他們彼此之間的差異性雖然不是很大，但還是存在。如何在存在的差異性當中找出共同性較多的特質，尤其是需要性較同質的資優學生，這是鑑定的專家們所必須面對的挑戰。例如，要找出所謂的一般智能優異學生，鑑定人員必須從記憶、理解、分析、綜合、推理、評鑑等方面，去發現那些較同年齡具有卓越潛能或傑出表現者；若要找出具領導才能優異的學生，就要考慮具有優異的計畫、組織、溝通、協調、決策、評鑑等能力，而在處理團體事務上有傑出表現者（教育部，2013）。

從教育的觀點，鑑定的目的在於達成一群學生和特殊教育方案之間的有效契合。換言之，鑑定不只是在解釋測驗或觀察資料，而是在決定以後

可以提供什麼教育機會給資優學生。鑑定是一個連續的過程，而不只是執行單一事件的測驗就能決定誰是資優，誰不是資優，或者說要同時考慮認知成熟和情意成熟。

　　就資優學生的鑑定階段而言，有人主張兩個階段：篩選和鑑定（Hall, 1993; Swassing, 1985）；有人主張三個階段，即是在篩選和鑑定之前增加招募（recruitment），也就是發掘孩子（child-finding/search）（Burn, Mathews, & Mason, 1990; Clark, 1992; Karnes, Shwedel, & Kemp, 1985）。現行我國資優學生的甄選也主張多元多階段，目前大致上也分為三個階段：(1)初選，也就是推薦階段；(2)複選，事實上包含篩選和鑑定兩個步驟；(3)遴選，就是由各縣市的鑑定及就學輔導委員會認定合於資格者（林幸台，1997）。

◉ 一、初選

　　鑑定的第一個步驟就是在發現學生，讓學區內（甚至跨學區）的每一個學生都有被發掘的公平機會，父母、老師和學生都能知道資優生甄選的訊息。因此，除了辦理資優教育的學校主動行文到各校外（當然，學校應公告周知各老師及學生），應選擇適當的方式讓關心的社會大眾知道，例如報紙、海報、宣傳單、廣播電臺或電視（限於經費或許很困難）、各種演講或宣導場合（例如家長會、里民大會等）。透過宣傳，可以使父母、老師和學生了解該資優教育方案的性質與教育的目標，而將「有希望的候選人」（the prospective candidates）加以推薦。推薦的方式有下列各種：

(一) 教師推薦

　　教師通常會根據學生的學業成就，平常在教室的各種表現，如發言、作文、創造力、動機、專注、領導等做綜合研判。有資格做推薦的是充分

了解學生的老師，但應避免受到高社經的、穿戴漂亮的、聽話的、非障礙的、很會說話的等無關因素的影響；最好配合評量表或檢核表使用。

(二) 父母推薦

沒有人會比父母更了解他們的小孩，尤其是在學齡前階段，例如多早開始講完整的句子、什麼時候開始閱讀、都讀些什麼書、都問些什麼問題、有無特殊的創作等。可惜的是父母推薦常常被忽略，事實上除了上述問題外，父母所提供的訊息也有助於老師規劃教學，例如孩子的特殊興趣、不尋常的成就、特殊的才能、獨處時喜歡做些什麼與友伴的關係等。

(三) 同儕推薦

同儕之間相互的了解或許僅次於老師及父母，他們知道在班上誰的主意最多、誰故事說得最好、誰最先把數學問題做好、誰回答問題最正確、有問題找誰就對了、誰最會逗樂大家等。同儕推薦或許可以協助挑選出一些可能被忽略的對象，例如少數群體、文化偏異、社經不利，或障礙的資優（Banbury & Wellington, 1989）。不過，同儕推薦在使用上可能不適合於四年級以下的學生（Banbury & Wellington, 1989）。在用語上也要注意適合年齡水準，並問些較直接的問題。

(四) 自我推薦

中國人有所謂的「毛遂自薦」，但在資優生甄選能自我推薦的或許不多；不過，如果學生自認為在學科、藝術、科學、創造力，或其他興趣或才能領域有強烈的動機，願意接受挑戰，即使老師或父母沒有發現，也可以自我推薦。國中升高中或高中升大學的推薦甄試或許是較佳的時機。

不管是教師、父母、同儕或自我推薦，如果能提出具體證據則更具說

服力，例如：

(一) 學業成就

對於一般能力優異的學生而言，在推薦階段，例如國小三年級的成班、跳級甄試，或國中的甄試（含國小跳級國中），老師大抵會以學生目前的學業表現作為依據，而此種學業表現大都是依據學生在教師自編測驗上（如月考、期考）的結果。也許有些學校會規定成績在全班前三名或前五名的才可以推薦；其實，讓更多的人有接受下一步的篩選是必要的。

(二) 作品評量

對於藝術才能、創造力、科學才能或領導能力，學業成就也許不那麼重要，倒是學生已經有的或正在做的成果的品質是一個良好的指標。例如美術或勞作老師對於學生的藝術才能及創造力的評估，在選擇美術班學生時具有相當的參考價值。其他像學生的詩作、科學研究、戲劇表演、電腦成果、語文競賽或活動策劃等，也都是很好的才能「指示器」。這種評量是非正式的，而且帶有主觀的成分，所以較多的評量者，並注意評量者間的一致性是必要的。

◎ 二、複選

當被推薦的學生送到辦理資優教育方案的學校之後，有關人員可能先對這些學生做資格上的審查，然後進入兩階段的複選。

(一) 篩選

事實上，前面的推薦階段已經對於有特殊學習需要者做了第一次篩選，而此次的篩選依照國內特殊班的做法，大抵上是實施標準化的團體成

就測驗及團體智力測驗。

1. 團體成就測驗

學業能力是一般智能優異者非常重要的表現，而學業能力的高低可以由標準化的成就測驗來評定。通常這種標準化的成就測驗都有全國性或地區性的常模，學生在此測驗上的成績可以換算成相當年級分數或百分等級。不過，此學業成就分數若用於成班的篩選，也許只比較原始分數，但也可以換算成標準分數，再與其他測驗加權後篩選之；若用於跳級則大多換算成相當年級分數或百分等級。

2. 團體智力測驗

團體智力測驗在篩選過程是一個重要的參考指標。很多學校大多會在固定年級（例如二年級、五年級）對學生做團體智力測驗。團體智力測驗雖然花費較低，也方便實施，但缺點是正確性比個別智力測驗稍差，兒童的表現可能比平常觀察的要低一些。團體智力測驗的設計是用來區辨鐘形曲線下中間的部分，對於高智商階層的較不具可信度，一些機會誤差可能降低聰明學生的智力分數（Davis & Rimm, 1994）。雖然如此，兒童在團體智力測驗上獲得高分的，比較有可能被選入資優班。

(二) 鑑定

在篩選階段，學校通常會擇優錄取比預定成班人數多一倍的學生再做進一步的鑑定，這一階段的鑑定通常包括：

1. 個別智力測驗

對於每一個資優教育方案而言，從個別智力測驗上所得的智力分數，可能是它們最感興趣的部分，而且也是該方案的基本要求。相對於團體智

力測驗，個別智力測驗是花費較高、實施較費時的測驗，但可信度也比較高。不管是國內或國外，「史丹佛─比奈智力量表」和「魏氏兒童智力量表」，是兩個較受注意的個別智力量表（目前我國修訂有魏氏兒童智力量表的第四版，適用於六歲至十六歲十一個月年齡層使用）；我國自編的「新編中華智力量表」也是一個可供選擇使用的個別智力量表，本量表適合於五至十四歲兒童及青少年使用。個別智力量表在施測時，對於受試相關行為的記錄是必要的，例如注意、自信、堅忍、焦慮、對於挑戰題的反應、對於失敗題的反應等，這些行為有助於認識測驗成績（Glutting, Oakland, & McDermott, 1989）。

2. 性向測驗

「性向」是心理能力的一種，可大別為「一般性向」和「特殊性向」兩種。測量一般性向的測驗就是智力測驗，而測量特殊性向的測驗則可了解受試者某一方面的特殊潛力，如語文、數學（學術性向）、音樂、美術、舞蹈（藝術才能）（張春興，1997）、創造力、領導才能等。國內音樂資優班、美術資優班和舞蹈資優班的性向測驗，就屬特殊性向測驗。

3. 創造力測驗

雖然高智力的學生不必然都具有高的創造力，要了解學生是否有創造的潛能，創造力測驗還是可供運用的方式；它也是鑑定過程的一項重要參考指標，尤其是有些學生在智力或成就測驗上不是很突出，但介乎選取標準，此時創造力測驗或可作為參考。不過必須強調的是，目前的創造力測驗還不是很完美，在已出版的創造力測驗中，效度係數（即測驗分數和其他創造的效標之間的相關）只介於.25到.40之間（Davis & Rimm, 1994），所以如果只靠一個創造力測驗分數，可能無法正確描述有傑出創造產品的學生。

創造力測驗有二種主要類別：擴散性思考測驗和人格特質評量表。陶倫斯創造思考測驗（Torrance Tests of Creative Thinking, TTCT）是被廣泛使用的擴散性思考測驗，它可評量受試者思考的流暢、變通、獨創和精密。威廉斯量表（Williams Scale）是一種創造人格特質量表，可由老師或父母評估學生的創造能力和特質，例如好奇、想像、冒險和挑戰等。

(三) 行為觀察

　　過去資優生的鑑定太過於偏重一次的成就測驗和智力測驗，如果學生在這一次的測驗中有失常的現象，他（她）可能就失去被選上的機會，或者有些學生因為事先練習過某種測驗，得出與其實際能力不相稱的成績而被錄取，兩者都不是我們在鑑定資優學生時所願見到的現象；前者造成遺珠之憾，後者不但占了名額，且可能形成學習的不適應及老師教學的困擾。因此，學者認為宜在複選階段，篩選之後和鑑定之前，就選出的學生進行一段時間的行為觀察。由梁仲容、蘇麗雲和吳昆壽（2005）所編的「資優行為觀察量表」是一個可供選擇的工具。此時由於學生仍然散布在各個班級，甚至在他所學校，因此觀察的重責大任就落在普通班老師身上，甚至是科任老師。這樣的觀察最要擔心的是評分者間一致性的問題，因此，學者建議宜集中辦理數日的研習活動，集合這些學生共同參與，由幾個專家共同來觀察評分。行為觀察的重點應至少包含下列數項：(1)學習特質，例如口語表達、常識、問問題、觀察力、閱讀書籍、理解、推理等；(2)動機特質，例如堅持力、追求完美、獨立工作、自我要求、擇善固執等；(3)創造特質，例如好奇、好問、不尋常的主意、冒險、想像、幽默、敏感等；(4)領導特質，例如負責、自信、受歡迎、善溝通、善組織、思考及行動的彈性、精力充沛等；(5)情意特質，例如適應力、情緒穩定、自我統整、挫折容忍力、道德敏感、善體人意等；(6)其他，例如解決問題

的策略、批判性思考。

　　以上的觀察除做成質的敘述之外，如果能形成客觀的量化資料，配合個別智力測驗、特殊性向測驗及創造力測驗，對於精準的鑑定會有實質的助益。

　　圖 3-1 是○○市政府所制訂的一般智能資優班鑑定流程，圖 3-2 是○○市政府所制訂的數理學術性向資優班鑑定流程。數理學術性向資優班鑑定多了管道二「書面審查」，也就是學生參加由政府舉辦的國內或國外數理學科競賽獲得前三等獎項的，提出證明並經縣市鑑輔會審查通過者，可以直接入班。未通過審查者，還是可以進入管道一參加資優鑑定。

(四) 鑑定資料的統整

　　資優學生的鑑定採取多元化的評量是已有的共識。多元化的評量包含標準化和非標準化的資料，標準化的資料較客觀，非標準化的資料主觀性較濃，但兩者不可偏廢，應是相輔相成。至於各種鑑定資料的統整，郭靜姿（1997a, 1997b）指出，目前國內常用的方式有加權方式和截斷標準。加權方式是將各種測驗分數轉換成標準分數，再給予固定的比重，然後求取加權總分；多元截斷標準是對於各種測驗先訂一個標準，然後挑選合乎各個標準的學生。另外尚有矩陣方式，係將測驗結果化為等第後相加；也可利用多元迴歸方式，求取各種測驗對於成就分數的迴歸預測值，以迴歸係數作為訂定各種測驗比重的依據，求取加權總分。

◉ 三、遴選

　　經過初選、複選程序之後，各縣市的鑑定委員會將從學生們的各種資料遴選出合格的三十名資優學生。鑑定委員會通常由教育局及學校行政人

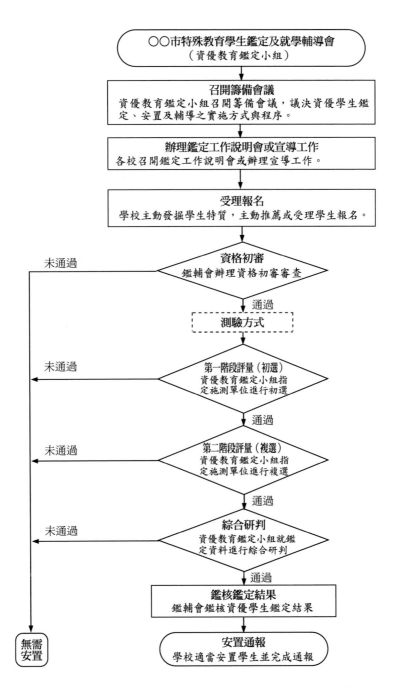

圖 3-1　一般智能資優班鑑定流程

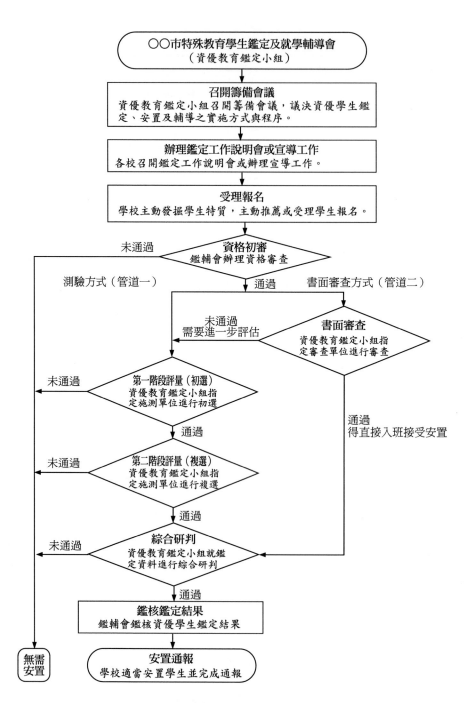

圖3-2　數理學術性向資優班鑑定流程

員、學者專家及教師代表所組成，不過當前行政導向似乎較濃，宜多考慮教師代表，甚至家長的意見。而委員會對於資料的討論大多偏向標準化的測驗，標準化測驗的限制已如前述，故在遴選時宜慎重參考教師的行為觀察，以及學生平時的表現成果，俾選出最需要、最合乎資格的資優學生。有些比較「熱門」的學校，礙於現有的規定，只能招收三十名學生，而且要分散於普通班，但有些還是符合資優的鑑定標準，只能說優先安置於區域資優方案。有些學校在招生簡章就訂有遇缺遞補辦法。

貳、 鑑定的原則

　　任何一個資優教育方案都希望能找出最合乎資格的資優學生，所以大都經過如上述的初選、複選和遴選等階段，所用的甄選工具也都可能多樣化；然而，當前的鑑定程序仍無法達到百分之百的準確，因此常有許多資優兒童未能被發掘（Swassing, 1985）。美國有一份全國鑑定報告（The National Report on Identification）（Richert, Alvino, & McDonnel, 1982）檢討其原因，認為從事鑑定工作的人員：

1. **對於資優的定義不是很清楚**：雖然美國教育部對於資優的定義很早就提出，但一般學校所用的鑑定工具傾向於只選出學業上有成就的資優學生。此外，有些地區只找出白人及中等階級以上的資優者，對於少數族群的資優生，其代表性是相當低的。

2. **對於鑑定的目的不是很了解**：鑑定不應只是資優能力的分類而已，它應是為安置學生於適當的教育方案而做的需求評估。有些父母只樂於他們的孩子得到「資優」的標記，甚至於有些老師、行政人員或家長把進入資優班當作是好成就、好行為的酬賞，忽略了鑑定的主要目的。

3. **對於鑑定工具的誤用或濫用**：有些鑑定人員使用某種工具，去測量並非測驗編製者所想要測量的那種能力；或者在不適當的時機使用測驗，例如史丹佛成就測驗適用於安置時決定課程之用，或作為評量進步的參考，但有人卻用之作為篩選的工具。

4. **對於多元標準的不適當使用**：在鑑定的時候多方蒐集資料絕對是必要的，例如智力測驗、成就測驗、教師觀察、父母觀察、學生作品等，這些資料有助於正確的鑑定。然而，若參與鑑定的老師未經訓練，或所用的檢核表未經實證研究、所得資料的可信度是存疑的；此外，以各種矩陣或加權方式結合多種資料，若無堅強的統計實務或理論基礎，所結合的資料可能扭曲學生真正的潛能，有可能是測驗做得愈多，愈不利於學生。

5. **限制嚴格的資優教育方案**：由於資源有限，致使許多應接受資優教育服務的學生被排除在外，例如社經文化不利者、身體障礙者、少數族群者；因此，中等階級白人學生就較有可能進入資優教育方案。有些父母甚至擔心，若納入其他少數群體者，他們原先在資優方案就讀的子女可能被排擠掉。

在該份報告中，專家小組建議幾個在鑑定上應注意到的原則：

1. **使用多元能力的資優概念**：資優並非單指智力上的資異，多元能力的資優概念不只認知各種特殊能力的存在，它也不至於傷害或限制特殊學生的潛能發展。例如有些人對於資優學生有不適當的期待，認為他們必能長期維持高的學業表現，這種想法投射在鑑定上就是要求高智商、高學業成就的鑑定結果。然而，多元能力的資優鑑定乃著眼於資優潛能的發現和需求的評估。

2. 合理地使用測驗資料：首先就是依據不同的能力、對象和鑑定階段，選取適當的測驗工具，其次就測驗所得資料做合理的解釋及運用；例如在推薦、篩選階段，對於文化不利者平常的作品表現或行為檢核表，可能較有利於提供他們特殊才能被發現的機會。

3. 公平的鑑定機會：鑑定時應避免歧視，保證每一位學生不被忽略，即使是經濟不利、少數種族或文化群體、有限語文能力，或障礙學生等，都有機會被發掘，並接受特殊的教育服務。另一方面，學校所選用的測驗，可能其常模是不利於少數群體的，造成該群體的低代表性，那也是另一種形式的不公平，所以再建立適合學區的常模是必要的。

4. 多樣化的資優方案：基於多元能力的資優概念以及多元的需求評估，學校應盡可能提供多樣化的資優方案，以服務更多資質優異的學生。雖然同一個學校不太可能提供多種資優教育方案，但興趣團體、良師指導（mentorship），或聯合學區鄰近學校發展特色，則是可行的方式。鑑定和方案的提供應是基於學生的興趣，而不是方案規劃者的方便。

5. 實用性的鑑定程序：必要時，鑑定的工具和程序應允許做某種程度的修正和運用，例如現有的鑑定工具可能不適用於視障、聽障的資優學生，所以測驗程序的縮短或項目選擇可能是必要的，或者使用替代性的評量，如非標準化的資料及個案研究等。

第四章

資優教育的加速制

士傑是一位九足歲的孩子，身高一百五十一公分，體重三十八公斤，目前就讀國小資優班六年級。士傑是獨生子，也是早產兒。父親是牙醫師，母親是家庭主婦。據母親描述：士傑在嬰兒期未經爬的階段就直接會走路了，六個月大時就能很專注看圖畫書，在開始學說話時，也同時學會了ㄅㄆㄇ和少許英文，未上小學就會背九九乘法。小時候很好動也很好問。

　　在資優班甄選的時候，是由母親為他報的名，智力測驗分數相當於智商150。在士傑讀完三年級時，老師又鼓勵他參加跳級甄試，成績達到跳級標準，所以就直接讀五年級。

　　在老師的眼中，士傑是個數學天才，是班上的數學小老師；可是他的運動能力很差，也帶有緊張性口吃，這兩點影響到他與同學的相處。雖然以較小的年紀和「大哥哥」、「大姊姊」一起學習，學業上大致都能保持班上前五名。他最喜歡的課程是數學和自然，最不喜歡上的是美術課，課外最大的興趣是游泳、彈琴和玩電腦。

　　在第一章中，我們提到美國教育部長馬蘭於 1972 年定義資優學生，認為資優學生須經由專家鑑定，證明他們有卓越的能力，並經由特別提供的教育，才能達成高度成就，貢獻於社會。這個特別提供的教育，主要是因資優學生無法滿足於為普通學生所設的教育措施，他們需要更符合其卓越能力的資優教育服務。

　　資優教育服務的方式有很多種：特殊學校、特殊班、資源教室、合作學習、獨立研究、名師指導、彈性學制等，都是為了因應資優學生快速的學習步調，加速制無疑的是彈性學制的可行方式。加速制是指在學習制度、學習內容上，以較快的速度移動；由於加速，資優學生會比一般學生更早完成學業，所以可能會見到十七歲的博士（毛連塭，1986）。郊區學校較少有資優班的設置，加速制對於資優學生可以激發其正向的學習成效，對老師也有正面的鼓勵作用（Olthouse, 2015）。而資優學生若是可以加速而不加速，可能會有以下情形發生（Smutny, Walker, & Meckstroth, 2007）：

1. **早期低成就**：重複他們已經知道的課程，在表面上好像很有成就，內在面其實是抑制他們的天賦。

2. **失去興趣和喜悅**：特別是在資優兒童的最初幾年，他們對於學習的天然好奇心和能量，有如被堵在課程外而逐漸衰退。

3. **低的自尊**：由於敏感和易受影響，他們開始視他們的資優是「錯的」，而且深度懷疑其基本價值。

4. **社會孤立**：跟其他資優學生或高能力學生保持距離，經常感到孤單；感覺沒有人像他們一樣，他們也假設自己在班上是怪人。

5. **行為問題**：有些人對學校產生反感，將他們的能力轉向干擾教室，或退縮到他們自己的世界。

6. **較差的處理技巧**：過久處於低成就可能失去對未來的期望，特別在

之後也無法處理新的學業或創造的挑戰。

7. **逃避機會**：沒能夠加速，最糟糕的結果是有些學生會逃避更多的挑戰或冒險的工作，以便很安全的得到他們學業上慣常的「優」等級。

常見的資優教育的加速制有下列方法。

壹、提早入學

提早入學一般是指提早進入國小一年級。這是因應資優學生高度精力、好奇、想像，以及智力上的需要的一種促進策略。

目前國內大多數的學生都有進入幼兒園或托兒所的經驗，但是要以五歲的年齡進入國小一年級，和六歲的同學一起做正式的學習，有些家長或老師會擔心，這些學生可能無法和較大的孩子有良好的社會互動，他們可能會在人際關係上適應不良。由於提早入學，這些學生喪失了一些兒童期經驗，可能會變得不快樂；由於提早開始正式的學習，學業上的要求可能造成他們壓力，產生反抗或情緒上的不適應；假如五歲就入學，他們由於年紀太小，可能失去領導經驗（Cornell, Callahan, Basin, & Ramsay, 1991）。

雖然有如此多的擔心，但許多研究都支持提早入學，認為只要他們準備度夠，且經過仔細的篩選，提早入學的學生在適應上和非提早入學的控制組一樣好；在學業上的表現不只相當於他同級的同學，甚至可能還優於他們（Feldhusen, 1992）。不過，在考慮是否讓孩子提早入學時，有一些變項是值得參考的（Davis & Rimm, 1994）：

1. **智力的成熟**：個別智力測驗至少 130 或以上。

2. **手眼協調**：在有關的手眼協調測驗上至少平均數以上。

3. **閱讀準備度**：閱讀能力對於提早入學的學生而言是相當重要的，許

多資優學生在進入學校之前就能閱讀。費德休森（Feldhusen, 1992）建議，提早進入一年級的兒童應能證明閱讀理解和數學推理，至少有一年級下學期或以上的水準。

4. **社會和情緒成熟**：學生不應有嚴重的情緒問題，較理想的是學生應有學前經驗，能適應團體活動，並能和較大的朋友相處。

5. **健康**：一個健康狀況良好的孩子，較有可能規律地上學和參與班上的活動；如果有健康上的問題，也可能造成心理上的壓力。

6. **老師的接受度**：老師應該要能認同提早入學，且必要時願意幫助孩子適應學習與生活。

7. **家庭的支持**：提早入學是因孩子能力上的需要，但如果適應不良時，除非輔導有效，否則父母應延緩其再入學。

提早入學最好根據上述項目，小心地篩選，仔細地觀察孩子的認知和社會適應。決定孩子提早入學之後也不是不可改變，費德休森（Feldhusen, 1992）認為，所有的提早入學的案例都應是嘗試性的，他建議應有六個星期的嘗試期，有些兒童可能需一個學期。

貳、跳級

除了提早入學之外，跳級是資優兒童一項很傳統且成本效益最高的加速制。跳級係讓學生跳過某一學年或一學期的課程而升級的方式。目前我國已取消過去只讓資優學生在國小、國中、高中或大學各跳級一次的規定。跳級的結果就是縮短修業年限，所以有些學生可能從小學到中學，甚至到大學，可以縮短四年甚至更多。基本上，如果學生能在某一學習階段提早完成該階段學習內容，就應該讓他早日進入下一學習階段，以學習適合的教材，以免浪費時間；不過，跳級應尊重學生個人的意願和決定，若

是為了跳級，而刻意強迫學生加速學習，可能造成過重的壓力而對學習失去興趣。

對於跳級的實施，父母和老師有兩個主要的關心：一是擔心跳級的結果可能錯失掉一些重要的基本學業技巧，例如數學或閱讀技巧的斷層，且這些可能影響往後的學習，例如無法維持好的等第，以致對自己的能力產生動搖，並失去學習的動機。二是擔心跳級後對於同儕的社會適應問題。第一個擔心可以透過一系列的診斷測驗，來了解哪些技巧是不足的；不可否認的，有些技巧對於往後的學習有絕對的重要性，但有些資優生已經獲得超過他們年級水準的知識和技巧，這可由診斷測驗來進一步認定。第二個擔心可從一些相關研究，讓父母和老師獲得信心；例如，布勞迪和班波（Brody & Benbow, 1987）對於跳級的高中生調查發現，跳級的學生在所有成就領域表現得和其他人一樣好，有較高的生涯期望，沒有顯著的社會和情緒適應問題。郭靜姿和蔡尚芳（1997）曾調查 233 名跳級學生，發現有六成以上的受試者認為，跳級在生活上、同儕關係、師生關係、親子關係，以及健康上覺得沒有壓力。五成以上的受試者認為，跳級能幫助他們發展個人的興趣和潛能，幫助他們更早達到理想，且讓他們更清楚知道自己未來的方向。

為了減少跳級所可能帶來的負面問題，下面的建議值得參考（Davis & Rimm, 1994）：

1. 智商 130 以上，或至少在平均數二個標準以上。
2. 不論能力多高，在國小階段一次只跳一個年級，等到幾年適應良好之後，再考慮下一次跳級。
3. 透過診斷了解兒童有哪些技巧上的不足，以便及時提供協助。
4. 透過老師、諮商員和資優同儕的支持，協助跳級學生的社會適應問題。

5. 父母對於孩子跳級所抱持的態度不應是為跳級而跳級，因為它只會帶給孩子心理上的壓力和課業上的負擔。

6. 學生目前的智力和社會適應的鑑定結果，在做跳級決策時應列入考慮；其他如身體的成熟、身高、情緒穩定、動機，以及接受挑戰的能力，都應加以評估並列入參考。

7. 如同提早入學，跳級生應有六個星期的嘗試期，甚至有些個案應有一個學期的適應期。同時也要讓學生了解，如果感覺不是適應得很好，則可要求回到原來的年級；如果回到原來的年級，也並不是表示他是失敗者。

參、學科跳級

前述的跳級有時稱全部加速，因此，此處所謂學科跳級稱為部分加速。學科跳級是指某些特定學科和較高年級的同學一起上課，它特別適合序列性質較為明顯的學科，例如閱讀、數學、語言、物理、樂器演奏等閉鎖式課程（吳武典；引自郭靜姿，1986），但其他學科當然也適用。學科跳級對於單一領域有特殊技巧和才能的學生（特殊學術性向學生）特別有用，且這種加速適合從國小到高中。

學科跳級的主要好處是：學生在其特殊專長領域可以接受智能或技能上的挑戰，但在其他領域他又可留在原來的班級，發展適合其年級水準的技能；這樣的安排有益於其社會適應，但又不失去特殊進級的機會。此外，老師可以藉此觀察學生在學業上和社會的適應情形，以作為是否讓學生全部跳級決策的參考。

不過，學科跳級可能較易發生接續性的問題。某一學校的老師願意接受單一學科加速的學生，但是卻沒有對接續性的進程做有組織的規劃；因

此，一個可以在一年內學會三年的數學的學生，可能會發現他必須重複兩次，這樣的重複是很無聊的，而且比慢慢學傷害更大。學科加速也可能受限於地理因素，例如在國中很快學完數學的學生，如果附近沒有適當的高中供他跳級，或者在高中很快完成語文技能的學生，附近沒有適當的大學供他學科加速，都會對學科跳級的效果打折。上述的學科跳級不利因素，實應配合充實學習或良師指導（mentorship）。所以，如果計畫得好，學科跳級對於在特殊領域具有高能力的學生而言，是相當理想的方式。

肆、提早升學

提早升學是指提早進入國中一年級（七年級）、高中一年級或大學一年級。我國對於資質優異學生（不一定是在資優班的學生），允許他們在小學五年級、國中二年級（八年級），及高中、高職二年級時，透過相關鑑定，分別提早進入國中一年級、高中一年級，及大學一年級。提早升學的學生等於是以同等學力進入高一級學校就讀，但也同時取得原級學校的畢業資格。教育部曾於 1988 年發布「中小學資賦優異學生提早升學學力鑑定實施要點」，規定同等學力證明書必須符合：(1)個別或團體智力測驗結果在平均數正二點五個標準差以上；(2)各科學業成就測驗居該級學校畢業年級平均數正一個標準差以上。而各級學校學科測驗科目，在小學以國語、數學兩科，國中、高中和高職以國文、數學、英語（文）三科等學科（學習領域）為主（這一部分各縣市或有自己的規定）。不過，在新發布的「特殊教育學生調整入學年齡及修業年限實施辦法」（教育部，2014）中，並無規定是同等學力的要件，只提到「提前修畢各學科（學習領域）課程者，得向學校申請，經……認定與該級學校畢業年級學生相當後，報主管機關認定其畢業資格；學校並應予追蹤、輔導」。

　　（資優學生）提早升學除了應具備上述同等學力的要件外，尚須通過高一級學校的入學考試（資優鑑定）；此外，社會情緒的成熟、良好的自我觀念，以及健康的人格成長都是相當重要的。提早升學，尤其是提早進入大學，讓學生有較大的機會和專家們互動；學校教育縮短一、兩年，就會有更多的時間和彈性來規劃往後的生涯，例如提早進入專業領域，就會有較多的年輕時光投入工作，貢獻個人智慧。

伍、考試取得學分

　　透過考試取得學分是另一種免花費的學科跳級方式。前述的學科跳級，基本上是學生以較快的速度修完某一級的課程之後，晉升修習高一級的課程；而透過考試取得學分，乃是允許在某一科目（學習領域）有特別專長的學生，也許經由自修的方式，在他認為可以的時候參加考試，如果證明他已精通該科內容，就可取得該課程的學分。此種方式除了可以避免重複和無聊外，也可鼓勵資優生設定目標、接受挑戰，並為自己的興趣而讀書。

　　目前我國高中和大學以上是採學分制，透過考試取得的學分，在上了高中或大學之後可作為抵免之用；而國中、國小雖非學分制，但如果依據「特殊教育學生調整入學年齡及修業年限實施辦法」，通過某學科（學習領域）考試，就可允許免修該學期或該學年的該科目。但如果允許學生免修某學科（學習領域）課程，應該要適當安排學生這個空檔時間的自我學習活動，跟學生和家長商議可以自主學習的內容，最好訂有學習計畫／合約，老師、學生、家長共同見證學習的進程。

　　戴維斯和瑞姆（Davis & Rimm, 1994）建議，在運用這種方式的時候，應該告知學生測驗材料的大綱，以便讓學生有機會去評估他自己的能力，

並集中精力去準備尚未精熟的部分。如果因為缺乏準備，或對於測驗內容溝通不當而造成考試失敗，這對於學生或學校方面都可能是一次不愉快的經驗。

陸、在高中時提早修習大學課程

對於智力發展顯著地高於平均的青少年，一般的學習步調對他們而言，也許如慢動作電影，很難激起他們學習的興趣；因此，另一種選擇方式就是允許並鼓勵他們提早修習大學課程。他們可以利用一天中的部分時間，或一星期中的某一天到大學校園裡選修課程，所獲得的學分可以作為正式進入大學之後抵免之用。若能將在大學裡所修的課程，也當作高中畢業所要求的學分數，對於學生而言，可以減輕他們在高中的負擔。在美國，有些高中生會利用時間到社區學院修課，或者高中畢業之後，先到社區學院修讀一、兩年，這些課程通過考試後，將來進入大學可以作為抵免之用。先到社區學院修讀，另一項目的也可作為大學選擇什麼科系預做準備。

高中生到大學修習課程也許受到地理環境的限制，因為有些高中距離大學相當遠，來回交通花掉太多時間。另一種方式就是高中和大學合作，由大學教授到高中開設大學程度的課程，合乎資格的鄰近高中資優學生都可以參加修課，所有的要求一如在大學校園裡，考試也在高中。由大學教授到高中所開設的課程可以相當廣泛，舉凡外國語、英語文學與寫作、物理、化學、音樂理論、心理學、電腦科學、生物學等科目均有。

在高中時提早修習大學課程，除了可鼓勵優秀的高中生接受挑戰外，提早接觸大學課程，也令高中生熟悉大學的求學方式，並能讓他們及早規劃生涯方向。

柒、函授課程

前面提過學科跳級或在高中提早修習大學課程都可能受限於地理因素，而使得學生無法到合適的高中或大學修習課程，函授課程對於有需要的資優學生或許是另一種選擇。

函授課程由大學教授提供，科目可以包括如大學數學、幾何、物理、初級心理學、教育心理學、統計、經濟學、外國語、社會學、人類學等。學生定期接到教材內容，並做獨立學習；如果需要師生互動的部分，可以利用週休二日的時間或寒暑假。學生也要定期接受考評，通過者可授予學分。

函授課程要能成功，需要學生具備相當的自我激勵和獨立性，也可以幾個學生形成一個學習小組，互相支持、鼓勵和協助。必要時，高中老師應扮演被諮詢者角色，幫助他們了解教材和解答疑難問題。

捌、遠距教學

與函授課程一樣較不受時空限制的教學方式是遠距教學。現代科技的進步，已經使得遠距教學無遠弗屆，大學與大學之間已經興起了這項跨校修課服務。在高中的資優學生也可以是這項教學技術的受惠者。

遠距教學不同於空中教學，空中教學是單向的，學生只從老師那邊做單向的吸收，而遠距教學是雙向的，學生和老師之間可以做立即的互動，其情境就如同在教室上課一般，具有臨場感；除了老師的講解說明外，學生可以即刻提問題，並由老師及時回答。

資優學生可以在高中選修這樣的教學課程，通過適當的評量之後取得

學分,並作為正式進入大學後抵免之用。

玖、縮短學程

前面提過,跳級可能造成基本學業技巧的斷層,雖然可用診斷測驗來加以補救,但如果運用縮短學程的方式可能就無此困擾。縮短學程指的是課程的濃縮(curriculum compacting),將原本普通學生必須三年才能完成的課程,就其學習內容加以濃縮、精簡之後於兩年完成,學生於此二年內學會所有的基本學業技能,因此不會造成經驗的斷層,又可提早畢業。縮短學程如果在一些不分年級(ungraded)的教育方案中實施,可能較容易些,學生能縮短到何種程度,則需視其能力和學習的進度而定(何華國,1990)。

介紹了多種資優教育的加速方法之後,我們必須澄清一點的是:加速制只是資優教育的一種可行方式,但絕非唯一的方式(毛連塭,1986)。是否加速要視學生個人的能力、意願和決定。畢竟資優教育的目的不只在讓學生提早幾年畢業而已,資優教育的目的更是在培養學生能持續有恆地研究、自動自發地學習,並將所學貢獻於社會的人。

拾、向大師學習

如果上述所提到的加速方式,還無法滿足某些資優學生在某個領域特別有興趣和才能,而正好也有這樣的專家願意指導,他就有機會在此領域接受專家更精進、更快速的學習指導。有一些課外學習活動或許因此讓資質優異的學生更快地學習到更多的內容。這有點像下一章充實制會談到的「良師典範」。

拾壹、數學早熟青少年研究

數學早熟青少年研究（Study of Mathematically Precocious Youth, SMPY）是針對數學資優學生所設計的一種加速學習制。這個數學加速學習制是由美國約翰霍普金斯大學（Johns Hopkins University）的史坦利博士（Julian Stanley）於 1971 年所創始主持的。SMPY 的目的是在找出數學能力相當優秀的七年級學生（相當於國中一年級），協助他們在數學以及相關學科如物理和電腦科學，能有機會做快速的學習。

參與 SMPY 的學生，基本上是透過數學科學業性向測驗（Scholastic Aptitude Test-Mathematics），選取百分等級 51（PR51）以上的學生（SAT 數學科得分 500 分以上），經由診斷一處方教學模式（DT-PI），也就是先給學生診斷測驗（diagnostic test），然後針對學生需要，提供處方教學（prescriptive instruction），以催化數學資優生加速學習。例如學生參與暑期數學課程，在大學教授的指導下，每天學習五、六個小時，可以在三個星期內精熟高中一到二年的代數和幾何。

SMPY 鼓勵參與的高中生選擇以下各種的加速方式：(1)部分時間到大學修課以獲得學分；(2)在進階安置計畫下透過考試取得大學學分；(3)跳級，特別是在國中的最後一年；(4)在一年內修完二年或以上的數學課程；(5)提早進入大學。通常學生會接受個別的諮商，以便選擇最適合他們的加速方式。

史坦利和班波（Stanley & Benbow, 1982）曾列出參與 SMPY 的好處：(1)增進學習與生活的興趣，減少學校的無趣感；(2)促進自我價值和成就感；(3)減少自我主義和傲慢自大；(4)由於具備較佳的教育準備，而提升了選擇大學的資格條件；(5)提早進入大學或研究所；(6)因為具備各項優秀條

件，大大提高了獲得獎學金的機會。

拾貳、學校如何確保加速制正常運作？

對於學習速度較快的學生，加速方式無疑是不錯的選擇，但需要一些條件的配合，以便讓加速制達到預期效果（Smutny et al., 2007, p. 14-16）。

1. 學生在每一步驟都能獲得諮詢：加速是否是他們所需要的？對他們的生活會產生什麼影響？在做重要決策時，要在不同時間、不同脈絡蒐集一些學生資料，以決定哪一種加速方式最符合其需求，而且可以適應得很好，這個對年紀小的學生特別重要。

2. 加速的指引對相關人員是很清楚的：學生需要知道他們的期望是什麼？大家對他們的期望是什麼？包括父母、老師和行政人員等成人，要知道他們負責領域的責任是什麼？應依循何種程序？執行時包括哪些重要原則、目標、策略和連續評量，很重要的是建立溝通管道。

3. 指引應能受到正確的執行：如果不能依指引正確的執行，加速是無益於學生的。例如一個跳級學生，他應在新的年級接受內容加速，但卻沒有，那麼這樣的跳級只是部分成功。或者老師在沒有評量學生能力的情形下，將學生分到超乎他能力的群組，也不是正確執行加速的方式。

4. 老師的態度是積極的：當團隊考慮讓學生跳級時，他們需要確保老師對資優學生的接受度是積極的。同樣的，當學生合乎內容加速的能力，需要老師願意而且能夠執行它。

5. 教師要有資優領域的知識：融合的普通班老師不一定有資優教育領域的知識，在職教育有助於老師了解資優學生的特殊需求，並在課

程上做出調整。父母也應就其經驗,在訊息上與老師分享,和老師合作,為孩子創造多元的學習選擇。

6. **資優的水平與加速的程度是一致的**:資優學生,特別是高度資優,需要經常評量其進步的情形,隨時做調整,否則他還是會面對加速前的挫折。教師、行政人員、父母要能確定加速與學生能力、動機、知識和經驗是相稱的。

7. **適當的監測與評估**:持續的監測和評估是重要的,資優學生如果有負面的經驗或中途離開,可能是碰到困難。老師和父母應該定期檢核,評估其成果,並溫和的溝通他們對這樣的改變是否感到適當。

8. **如果學生感到有一些問題,應做綜合性了解**:包括學生、老師、學校心理學家或諮商員、家長等,應對其成長與進展做全面性的了解,例如測驗資料、指定作業、觀察結果、軼事紀錄等,針對學業成就、社會/情緒、興趣發展等做全面性的了解。

9. **加速過程保持開放與彈性**:雖然所有的計畫和準備都做了,學生也不一定都要受綁在加速學習方案中。有時父母和學生要取得平衡,不要為加速而加速,這樣對雙方都不利,放輕鬆,給學生最大的彈性,決定權還是以學生為重。

　　加速是資優教育的一個選項之一,加不加速還是要看學生的狀況與意願,而且加速前、加速中以及加速後都要仔細評估,讓學生在最適合他的情境中接受教育,無關乎公平正義的問題,讓教育回歸到其本質。

第五章

資優教育的充實制

漢生目前是資優班四年級的學生，身高一百五十公分，體重三十八公斤；他的哥哥就讀國中資優班。

　　從小媽媽就很捨得花錢買書給他們兄弟倆，因為哥哥喜歡看書，漢生也跟著看書，兄弟倆在讀書上不必爸媽操心。其實，漢生的父母也做了很好的示範；晚飯後，父母在看書，孩子也就拿書來看。父母並不刻意要求學校的功課要考一百分，但是要求他們要多看比較深、比較廣的東西；也就是說，不要太在意眼前，很多東西是日積月累起來的。

　　漢生很喜歡聽相聲、看漫畫，看書沒有哥哥勤快，但他的人際關係比較好，朋友比哥哥多。對於想知道的東西，會想辦法找出答案後，也不會吝於告訴別人。

　　漢生的媽媽相當重視家庭教育，她認為孩子若養成自大的心理，家庭要負60%到70%的責任，家庭要給孩子正確的觀念和想法：勝不驕，敗不餒；對於別人的好要恭喜他，對於不如己的不能排擠他。孩子的潛能要被激發，因為聰明的孩子若不去教他，總有一天會變笨；不聰明的孩子若不放棄他，總有一天也會開竅。資優的孩子能否成就優異，有賴長期的造化與教育，無法旁觀靜待其自然成功。所以造就一位資優兒童，學校環境固然重要，家庭環境也同樣重要。

　　資優教育的基本策略是充實制（吳武典；引自郭靜姿，1986）。充實制是指提供普通課程所沒有的教育經驗，它通常是比普通課程較豐富、較多變化的學習，在內容上則是比平常較深入、較廣泛甚至較困難（Clark, 1992）。因此，凡是安排一些標準年級水準以外的補充活動，但沒有進一步安置或獲得學分的策略都是充實制。

　　充實制可分垂直的充實（vertical enrichment）和水平的充實（horizontal enrichment）兩種型態。垂直的充實是在課程上加深，目的在發展資優學生較高層次的概念和思考技能；水平的充實是在課程上加廣，目的在提供資優學生較為廣泛的「通識課程」基礎（何華國，1990）。在資優教育的運用上，垂直的充實和水平的充實都是必要的，也就是在課程的安排上，既要加深也要加廣；課程的加深實際上含有加速的色彩，但只是按部就班地升級。

　　充實活動對所有學生都是好的，例如創造力和思考技巧訓練、價值澄清、參訪藝廊或科學博物館等；但是對資優學生而言，所有的充實活動都應著眼於高層目標，例如基本技巧的最高成就、創造思考和問題解決、批判思考、科學思考、研究技巧、情意發展，包括自我了解和道德發展，以及自我導向和高度生涯期望的發展等。資優教育的充實策略有很多種，下面首先介紹三種充實模式。

壹、阮儒里的三合充實模式

　　阮儒里（J. Renzulli）的三合充實模式（Enrichment Triad Model）（Renzulli & Reis, 1986）事實上是包含五個步驟的：(1)評估學生的長處，包括能力、興趣和學習風格；(2)課程的濃縮，乃是將普通課程加以修正，使適合高能力的學生；(3)一般的探究活動，旨在引導學生接觸各種研究的

主題或領域，擴充學習的深度與廣度；(4)團體訓練活動，旨在發展學生的認知與情意技巧、學習如何學的技巧、研究技巧和溝通技巧；(5)個別或小組對真實問題的探討，旨在讓學生利用適當的研究技巧，去探討現實存在的問題。

三合充實模式的設計，事實上是在服務全校大多數學生的，而不只是為那 3%至 5%的資優學生，所以，它與普通班的關係是合作的而不是競爭的，這有助於降低菁英主義（elitism）的色彩和對資優方案的負面態度。為了服務全校大多數的學生，此一充實模式的執行小組最好應包括行政人員、普通班教師、資優班教師、家長、社區資源人士、圖書館人員等。

三合充實模式的執行，可大致上分成兩個階段：

第一階段是從全校學生當中，鑑定出 15%至 20%在普通能力或任何特殊領域有傑出表現的學生，形成所謂的「才能庫」（talent pool），所有在才能庫中的學生接受下列的服務：

1. **興趣和學習風格評量**：以便了解學生一般的興趣領域，如藝術、科學、文學、法律、數學、歷史、表演等；以及喜好的學習風格，如討論、獨立研究、同儕教學、練習、做研究計畫等。

2. **接受精簡的課程**：對於高能力的學生，課程的精簡主要是省略他們已經精熟的部分，並以學生能力所能接受的步調，有效地學習精簡過的教材，以便節省時間做各種充實活動。

3. **一般的探究活動**：此為第一類型的充實，也就是讓學生有機會去接觸一些有別於普通課程，且為新的、有刺激的主題和觀念。活動的方式包括聽演講、田野旅行、看示範表演、視聽媒體、學習中心、小組討論、看展覽等。

4. **團體訓練活動**：此為第二類型的充實，也就是一些技巧的訓練，包括：(1)認知訓練，如創造思考和問題解決、批判思考和做決策，

以及**邏輯思考**等；(2)學習技巧訓練，如傾聽、觀察、閱讀、做筆記、晤談、分析和組織資料；(3)研究技巧訓練，如圖書館技巧、社區資源運用；(4)溝通技巧訓練，包含視覺、口語和文字溝通。

　　第二階段是從上一階段的才能庫中的學生，篩選出對於某一特殊主題、研究領域，或對於環境中的特殊問題或事物，特別有興趣的學生。老師乃是從一般的課程、類型一和類型二的充實活動，以及課外活動中，透過直覺的想法、反應和觀察，判斷出哪些學生有興趣、有能力進入最後一階段的充實活動——從事個人或小組對於真實問題的探討。

5. **個別或小組對於真實問題的探討**：此為承接上面的四個活動，也是第三類型的充實活動。資源教師和個別或小組學生晤談，並訪問級任老師，以便確認並規劃往後的探究活動，包括：(1)問題的釐清，協助學生澄清哪些問題是可以解決的，且合於學生的興趣和能力；(2)方法學的運用，協助學生如何蒐集資料、何處蒐集資料以及何人可以提供幫忙；(3)時間的管理，協助學生規劃研究的進程；(4)報告的呈現，協助學生將其研究成果發表在適當的刊物上，或向同學或特定聽眾發表。

　　第三類型的充實活動特別適合於資優學生，也只有資優課程的老師充分了解第三類型的理念，以及學生在參與時的工作熱誠或動機，這個目標才能實現（歐用生，1982）。

　　三種類型活動並非得依序施行，可以在充實過程依課程需要調整或補充某一類型活動。

　　三合充實模式的運作如圖 5-1。

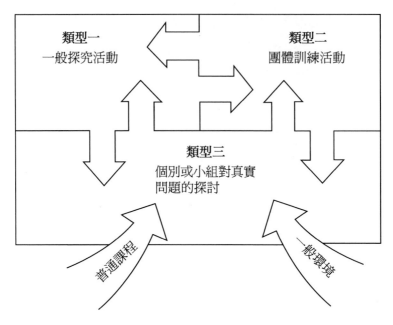

圖 5-1　阮儒里的三合充實模式

　　以三合充實模式為基礎，阮儒里另外提出全校性充實模式（School-wide Enrichment Model, SEM），這是一個非常有彈性的教學模式，以全校學生為主體，加上老師的創造力，以及家長的合作參與，共同創造優質的學習成果。首先用全方位才能檔案（The Total Talent Portfolio, TTP），教師和家長共同發掘學生的長處、興趣和學習風格。其次，學生可以以此為基礎，選擇必須參與和可以參與的工作。必須參與的工作是基礎的，每位學生都必要的；可以參與的工作就是依學生能力選擇其學習進程，師生並共同決定完成的標準。第三個活動就是學生就共同興趣的充實群組（enrichment clusters），分享各自的結果，這種分組是師生共同定義實際問題最後的產出或服務，例如小書、微電影、說故事、照顧社區老人、製作卡片或是環境競賽等。

　　全校性充實模式有助於引發學生的興趣，親師生合作有助於培養學生的才能和創造力（Renzulli & Purcell, 1995）。阮儒里認為教室是有助於任何學生發展才能的地方，教室應提供下列機會發展學生的優勢能力：(1)提供開放性的作業；(2)創造合作的機會；(3)提供分層、分階的作業；(4)讓學生從事獨立的方案（project）；(5)找到對的教材；(6)考慮加速計畫；(7)總體目標是全校性充實（Renzulli, 2008）。

　　全校性充實模式特別重視總體組織間的連結與安排，例如發現學生或一群學生有某方面的特殊興趣或才能，就要安排典範良師或充實群組的學習；對於學習速度比較快的學生，就要安排課程濃縮、加速或充實課程。也就是說，對於學習有潛力的學生，要逐步提升其學習選擇，這其中涉及鑑定，也就是輸入（input）、過程安排（process）以及學習的產出（output）的整個問題。也就是利用資優教育的實際知識（know-how），系統性規劃全校性的改革。所以阮儒里稱之為「大雨傘」（umbrella），全校合乎各種目標群體的學生，都可以有各種不同形式的充實或加速服務。全校教師也可以創造共同參與的氛圍：(1)老師們的才能是多元的；(2)提供機會讓老師發揮其才能；(3)讓「我們和他們」的心理距離最小化，也就是建立起普通和特殊之間的橋梁。他們認為，公平是建立在對於每位學生獨特的優勢給予差異化的學習經驗，如迷你課程、網路學習、進階安置、多元年級分組、特殊的充實群組、研究方案、濃縮課程、獨特方式的產出、創造的產品、領導力、組織力或人際關係等（Renzulli & Pets, 2002）。有關「全校性充實模式」的架構請見圖 5-2。

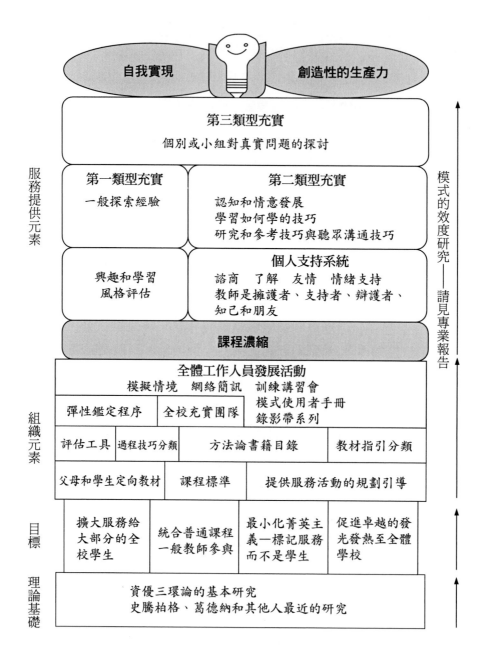

圖 5-2　全校性充實模式

資料來源：參考 Olenchak 和 Renzulli（2004）繪製。

全校性充實模式（SEM）的主要目的有三：(1)只要證明學生有優異的表現或潛能，應擴大服務的連續體；(2)鼓舞普通教師挑戰所有學生使其有更高的表現；(3)維護高能力學生的受教權。SEM 也頗符合一對德國夫婦 George 和 Annemarie 所創辦的學校 Roeper School 的創校精神，重視每個孩子社會、情緒、心靈和智力的成長。有別於傳統教育，他們提供機會讓學生能自我實現和獨立，這是他們恪遵的教育哲學（Kane, 2013），包括：(1)每個人都有相同的權力；(2)遵照公平正義而不是權力；(3)願意讓孩子參與分享其未來；(4)培養未來世代處理未知問題的能力；(5)關照每個孩子獨自的需求（Roeper & Roeper, 2013）。

阮儒里認為，過去他所提出的資優三環論、三合充實模式或全校性充實模式可能會給人偏重認知的錯覺。之後他又提出「認知—情意交織特質」（co-cognitive characteristics），以及執行功能（executive functions）兩個概念，統括成為資優發展的一般性理論（圖5-3）（Renzulli & D'Souza, 2014）。「認知—情意交織特質」因較多涉及資優學生的情意發展，請參閱第九章。至於執行功能主要是在培養資優學生（或領導才能優異的學生）成為能改變世界的領導者，其中涉及五個面向：(1)行動導向（action orientation）；(2)社會互動（social interaction）；(3)利他領導（altruistic leadership）；(4)實事求是的自我評估（realistic self-assessment）；(5)對他人需求的知覺（awareness of needs of others）。阮儒里重視發展資優學生的社會資本，並透過領導才能的發展，達成社會的共好。這些概念或可稱為常模曲線外的智力（intelligences outside the normal curve），因為它們會與認知發展互動，形成信念（beliefs）、態度（attitudes）、價值（values），並因著信念、態度和價值而發展行動（action orientation）。

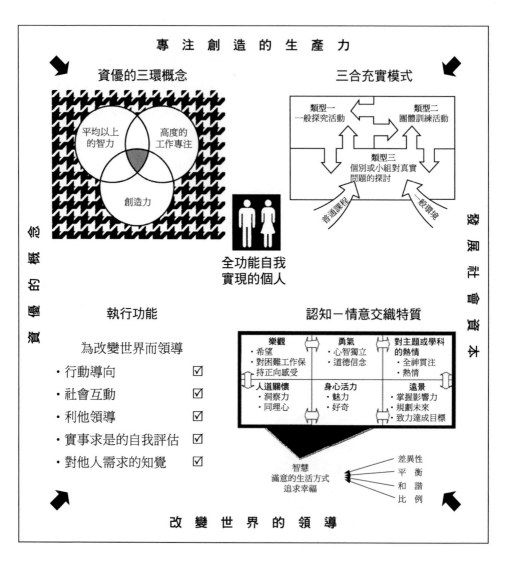

圖 5-3 資優發展的一般理論

資料來源：繪自 Renzulli 和 D'Souza（2014, p. 345）。

貳、普度三階段充實模式

　　普度三階段充實模式（Purdue Three-Stage Enrichment Model）（Feld-husen & Kolloff, 1986）是設計給國小階段的資優學生。此一模式的目的在發展並維持學生良好的自我觀念，並經由對於挑戰任務的互動和獨自工作，而激發出資優學生的能力。

　　這個模式基本上是適用於抽離式（pull-out）的資優資源班使用的。首先，是篩選智商在 120 或以上，以及在數學、語文、自然科學或社會科學成就測驗位於百分等級 95 以上的學生，再實施創造力測驗和行為檢核表，綜合上述資料，選擇適合本模式的資優、創造力和特殊才能學生。

　　第一階段是基本思考技巧的訓練，例如，創造思考的流暢性、彈性、原創性和精密性訓練，以及邏輯和批判思考訓練。這些訓練活動可融合於數學、語文、自然科學、社會科學和藝術等學科或活動當中。

　　第二階段是各種創造性問題解決方法的探索。每一種方法都是以真實問題的解決作為練習，學生從練習當中學會每一種解決問題的策略。在做創造性問題解決練習的時候，以五至七人的小團體是較有效的方式，因為它鼓勵每一個人充分地參與。

　　第三階段是發展獨立研究技巧。在經過十二到十六次的創造性問題解決訓練之後，開始引導學生做獨立研究。引導的步驟可能包括：(1)選定主題；(2)確認可用的資源；(3)釐清待答問題；(4)蒐集資料；(5)綜合發現；(6)撰寫報告；(7)發表研究結果；(8)評估研究結論。

　　第三階段有點困難，對大多數的資優生而言，它是新的冒險。所以，有些沒有經驗的學生較不願選擇對他們而言是新的主題，因此，比較傾向選擇他們已經熟悉的問題或領域。所以，如何引導進入此一階段的學生去

探索未知的主題是資優資源教師的責任。

參、 充實矩陣模式

譚楠堡（Tannenbaum, 1986）的充實矩陣模式（Enrichment Matrix Model）是為已經表現高度潛能的學生而設計的，它希望能提供給老師一個有計畫的架構來教導資優學生；換句話說，充實矩陣的設計是必要性的，而不是選擇性或可有可無的。它是以傳統學科為核心，再做內容的增添。傳統的學科如語文、數學、自然科學、社會科學、音樂、美術等；內容的調適與充實則包括五個方面：

1. **精簡核心課程**：將一般學生都必須要上的核心課程加以精簡，以便能多出時間做充實活動。資優兒童學習快速，他們能在最短的時間內吸收基礎的學習內容。

2. **擴展基本技能**：工具學科都有一些基本技能，這些基本技能對於一個學習者進入重要的研究領域是不可或缺的，例如閱讀、數學和寫作等。精熟了基本技能有如掌握了知識之鑰；不過，在教學上必須因應資優學生基本技能上的差異，而做不同程度的擴展。例如有寫作才能的資優學生，可以教他用不同形式的詩、戲劇和文章，來表達他們自己的意念；而一個在閱讀理解上相當優異，且對語言符號相當敏銳的學生，應可以教他文學評論。

3. **計畫性的增加**：計畫性的增加是指在傳統學科內容上做系列性、固定性的增添，而不是偶爾點綴性的補充。事實上，前兩種（精簡核心課程和擴展基本技能）對於資優學生而言，也是計畫性的調適。而計畫性的增加是針對每一學科發展一些研究的課程，例如在文學方面有關民間故事的研究，可以增加相關故事內容的跨文化比較，

以及故事本身如何影響其所來自的社會。又如為了增加學生對歷史的了解，可以透過對當時藝術、音樂和文學等的研究，以取代傳統上只從政治、軍事和經濟的探討。

這種計畫性的增加旨在擴充資優學生的知識基礎，增長他們的視野，並協助他們決定應發展哪一種新的知能；在美國，有些學校把這種充實稱為「榮譽方案」（honors program）或「榮譽課程」（honors curriculum）。不過，應注意的是，這種計畫性的增加不應該是許多相同的練習，以至於填滿了學生的時間。

4. **臨時性的增加**：臨時性增加的充實活動是片段的，教師決定的，且非系列性的充實活動。在教學中之所以會有臨時性增加的活動，主要基於兩種考量：(1)教師可能不諱言他在某些資優學生擅長的領域所知不多，但是經由開放的心不斷地鑽研、學習，並在教學的適當時機和學生分享心得，此種不斷追求新知的角色模範和分享心得就是臨時的效果。(2)假如教師在某一特殊的興趣領域顯現出相當的狂熱，它可能對某些資優學生產生感染的效果，而激發他們在那個領域深入耕耘，以至於將來開花結果。例如教師本身對攝影相當有心得，他可能在上課當中隨著課程的需要而展示其攝影作品，因此激發學生對於攝影的興趣；又如教師對於音樂有特別的素養，當教到某些古體詩，該詩又已經有人譜曲時，可以用鋼琴、小提琴或二胡、梆笛等伴奏，學生吟唱，除了增加教學的趣味外，也可能激發學生譜寫其他詩詞的興趣。

教師臨時加入的一些刺激不一定使每一位資優學生感到興趣，但絕對會影響部分的學生，引起他們的某些動機。因此，教師要隨機為學生補充有趣的題材，以擴大學生的知識領域和興趣範圍（李德高，1996）。

5. 校外的增加：這是指讓資優學生有到校外實作情境實習的機會，本質上它應是計畫性的。這樣的活動至少有四種好處：(1)透過實務經驗擴大知識基礎；(2)汲取各種生活技巧，包括個人以及社會能力，如領導、解決衝突、建立自信以及合作；(3)鼓勵資優學生規劃個人的生涯發展，因為透過校外實習，學生有機會澄清生涯的興趣和性向、增加職業知識、熟悉工作世界的要求；(4)提早做心理社會的調適，因為每個工作有它自己的生活方式的要求，實習正好可讓他們檢視是否願意過這樣的生活，例如做研究的科學家，其研究計畫通常持續一年、兩年或更久，他必須能忍受遲來的滿足感，甚至是挫折的結果。

譚楠堡的充實矩陣除了上述五種對於學科內容的充實法外，他還強調高層認知過程，以及社會和情意的結果。高層認知過程是指一些高層思考訓練，教師可以運用它們來增加資優學生學習的意義，例如：

1. 在熟悉的事物當中辨明不熟悉的。例如對於一些非常熟知的故事、詩、音樂，甚至科學、數學現象，做較為新鮮的再發現、再解釋。

2. 對於過去已經發生的事件追憶其結果；又假如該事件有不同的發展，思考其另類的結果。

3. 預測未來在科技、政治、生態、國際關係，以及其他關心的領域的可能改變，這些改變可能產生何種問題，如何因應。

4. 即使是資優學生也常坐以等待已存在的知識，所以老師應鼓勵學生發現問題，訓練好奇心，以及刺激獨立研究的興趣。

5 指導學生在做決策之前蒐集足夠的資訊，以便做出最聰明的判斷，例如醫生在做出處方決定之前，必然對於相關問題做過相當的聚斂思考。

6. 生活常會遇到兩難困境，所以在學習中可以安排一些價值澄清練
習，以便從中獲得較佳的解決技術。

社會和情意結果是指：資優教育應培養資優學生成為一個對社會負
責、有良好自我觀念、與人和善，以及情緒成熟的人。所以，情意領域的
指導和認知領域的指導同樣重要。

肆、其他充實活動的策略

戴維斯和瑞姆（Davis & Rimm, 1994）也建議下列數種充實活動的策
略：

◎ 一、獨立研究

獨立研究是資優教育充實制最常被應用到的一種方式。大多數的資優
學生喜歡獨立的學習，也具備獨立研究所需的好奇心、求知慾以及邏輯推
理與系統分析能力（蔡春美，1985）。

獨立研究的主題可以是透過課堂的討論，也可能是學生自選，不過大
多基於強烈的學生興趣。例如課堂上提到埃及金字塔，資優生可以就為何
以及如何建造金字塔，從圖書館找尋相關資料；又如上國語課時提到李白
的詩，資優生可以就唐朝的詩人及其詩風做一比較。從語文科、社會科要
找到相關的研究主題是不難而且相當有趣的。

自然科學和數學的研究也可以從上課當中或日常生活中去找尋，其可
能性是無數的。每一年的中小學科學展覽是獨立研究相當不錯的舞臺，例
如，探討各種清潔劑對環境的衝擊、從「林肯大郡」的倒塌探討水土保持
或建築結構的課題、從數學機率探討大家樂賭博的問題等。這種屬於學生

的研究計畫，老師都應扮演從旁引導的角色，例如提供一些背景訊息、幫助學生澄清問題，協助尋找研究器材、資源和工具，必要時給予忠告和協助，但絕不是老師捉刀的研究。

或許有人對於藝術、戲劇、創造性寫作有興趣，對於藝術有興趣者，探討及比較原住民的衣飾或圖騰所代表的意義；對於戲劇有興趣者，可以研究如何寫劇本，並可結合文學、社會和歷史、音樂和美術。劇本寫好後甚至可以自行導演，請同學演出；對於創造性寫作有興趣者，除了鼓勵他們投稿、發表外，也可結合上述同學編輯班級或校內甚至社區報紙，從計畫、設計到出版都由學生獨立完成。

任何形式的獨立研究計畫都會有產品（products），老師應協助學生將此結果呈現給適當的聽眾或觀眾，例如教室內的報告、教室外的表演，甚至校外的比賽、表演或發表等。而產品的呈現也應鼓勵多樣化，除了平面展示外，影片、投影片、光碟、活動表演、新聞報導、報紙專欄、迷你劇等，都是不錯的主意。

◎ 二、學習中心或學習角

學習中心是指設於資源教室、圖書館，或各專科教室，專供全校學生使用的工作站；學習角是指設於教室內，供班級學生個人或小團體的桌上工作站。學校可以在上述地方安排固定主題的學習，例如設立語言學習機、音樂欣賞、小小實驗室或電腦網路等；目前各縣市的文化中心也大都設有音樂欣賞、影片欣賞，每月固定安排節目供民眾免費觀賞，對於有興趣於某一主題的資優學生或社會大眾，是很不錯的學習管道。在教室內所安排的學習角，除圖書角安排圖書外；數學角可包含數學遊戲、計算機、電腦、數學動動腦；藝術角可包含精采作品集、樣品、美術工具等；科學

角可能包含科學遊戲、各種記錄器、錄放影機、幻燈機等。

　　學生在學習中心或學習角的活動，完全是依學生自己的興趣選擇，也可師生共同設計有價值的學習目標。透過學習中心或學習角的安排，學生可能從那兒發現進一步研究的興趣或主題。

◉ 三、田野旅行

　　學習不應只限定於校內，為了增加學生的學習經驗，各校大多會在每一學年甚至每一學期安排春季或秋季遠足（旅行）。對普通班而言，田野旅行或以調劑身心的成分居多，但事實上它應是一種校外教學；對資優班而言，這種校外教學的次數會多於普通班。所以，每一次的田野旅行都可以安排成一個探索之旅，它也可能是學生獨立研究主題，或蒐集研究資訊、解決待答問題的來源。全班或有興趣的小組可能訪問自然、歷史博物館、工廠、藝廊、農場、報社、發電廠、研究實驗室，或樂團、劇團練習處等。

　　要規劃一次成功的田野旅行／校外教學，事前的作業很重要，首先要評估參訪的地方有哪些可以學習的材料，如果能在出發前讓學生閱覽有關的背景資料，老師也能依據背景資料和對方所提供的資訊，事先設計學習單，則學生到了之後更能掌握到重點；其次要請求導覽，經由導覽的專業解說，學生的參觀才能深入。當然，一個熟練的導覽員會視參觀者的程度而做解說內容的調整，導覽者不只是對學生說明而已，他應允許學生問問題，有時甚至要讓學生操作或觸摸；老師和引導者應共同刺激學習，鼓勵學生討論和評述。最後，參觀完畢要撰寫心得報告，如果每一學生的每一次田野旅行都能彙集成冊，包括所蒐集到的資料、心得、照片，甚至錄音、錄影等，那將是學生非常精采的學習、成長紀錄。

　　如果能在學期開始對於田野旅行的地點預做規劃，學生可能有較充裕的時間，去留意並蒐集各次旅行的資料，父母也可協助資料的提供，甚至父母如果屆時能參加並提供各樣協助，對老師也是一種助力。田野旅行不只是資優學生需要，普通學生亦需此種充實活動。不過，資優學生應加重旅行前的準備、訪問當中的工作，以及結果的撰寫和報告；換言之，應強調知性目標和思考技巧的發展。有些學校或班級已經把它發展成常態性活動，由學生策劃，這是學生學習計畫、執行與考核的最佳機會，學習如何溝通、如何領導與被領導。若只是交給旅行公司去規劃，其實不是很好的做法。

◉ 四、週末營

　　星期六，尤其是實施週休二日後，可以安排一些比較輕鬆的活動，允許資優學生遠離壓力和每天學校繁重的工作，和一群志同道合的同伴一起工作或學習。此種星期六計畫通常由自願的老師、大學教師、研究生或社區專家（可能是資優班的家長），提供沒有學分的迷你課程。課程安排可以分成好幾種主題，例如生活科學、數學、化學、電腦、天文、文學賞析、寫作、外國語（不限於英語）、地方語言（如客語、臺語、原住民語），以及藝術、音樂、領導才能等。

　　美國普渡大學（Purdue University）所設計的超級星期六計畫（The Super Saturday Program）（Feldhusen & Moon, 1997），主要是為學業上、創造力和藝術才能學生所提供的充實機會，而課程的水準和步調適合於最高 10%到 12%能力的學生，例如參與學業性質的班級，必須是在語文或數學成就測驗居於百分等級 90 以上，以及 IQ 120 以上。

　　超級星期六的課程，主要在提供：

1. 適合能力水準和學習步調的學習活動。

2. 創造思考和問題解決的經驗。

3. 發展和接受個人的能力、興趣及需要。

4. 刺激學生追求高層目標和生涯。

5. 探索多樣化主題的機會。

指導的老師不但是相當熟知該領域內容，而且對該領域有強烈的興趣；他們對於資優學生的本質和需求、課程設計和教學策略，也都受過適當的訓練。參與的學生通常需做家庭作業，因為家庭作業有助於學生統整每一週的觀念；每一位學生也期望他們能完成與課程內容有關的獨立的計畫。

◉ 五、夏令營或冬令營

兩個月的暑假或三個星期的寒假，是實施資優學生充實制非常適合的時候。教育部、救國團、各縣市政府、文化中心、各級學校，甚至以營利為目的的私立機構、單位，都在寒、暑假推出各式各樣的營隊，有藝文的、休閒的、體能的、服務的、國內的、海外的，一般學生都可藉此度過一個充實的寒假或暑假。各縣市的區域資優方案有些是以這種形式辦理，也有些是利用幾次的週六、週日辦理。

專為資優生所舉辦，於 1980 年開始的「朝陽夏令營」，是最讓資優生「夢寐以求」的充實活動，也是每一個資優生「每年暑假的最愛」（姚瓊儀，1993）。而朝陽夏令營之所以迷人在於：

1. 設計之課程有連貫性、趣味性、探索性，符合資優學生學習特質。

2. 有學者專家指導，具權威性、廣博性。

3. 課程提供住宿，增進學生人際的適應能力與人格獨立。

4. 營隊多樣化，且讓學生依其興趣選擇自願參加的營隊，過程注重人性化、個別化與團隊合作。

5. 教育行政單位全力支援，老師也盡心投入（姚瓊儀，1993）。

夏令營通常會結合大學或其他社會資源，以良好的師資、設備及學習環境來吸引學生，以啟發學生創造思考能力、拓展其知識領域、培養其研究精神與態度為主要訴求。所以，負責籌劃的各校莫不挖空心思討論活動內容、訂定營隊名稱、選擇活動地點、邀請指導教授、預估活動經費，所以，吳武典認為，朝陽夏令營的趨向為「分工合作、各顯神通」、「量出為入、受益付費」、「社會資源、多方參與」、「內容多元、自由選擇」及「成長取向、創新模式」（引自吉靜嫻，1987）。舉 1987 年北區國中朝陽夏令營為例，該年共有十二個營次，分別為心理開麥拉營、故宮文物營、你我OK營、生物採集營、聲與光的世界、0 與 1 之間、電腦小品營、星象探索營、陽明山國家公園研習營、踏青尋寶營、墾丁生態研習營，及畢業生營等。1993 年也有六個營次，分別是電腦、美語、玉山阿里山生態景觀、萬象之旅、科學知性以及畢業生營等。

美國普渡大學於 1997 年起，也為資優學生設計了一系列的暑期住宿式充實方案。該充實方案的目的，在滿足無法從普通課程獲得適當挑戰的資優學生的需求，所安排的課程通常是高於其同齡同儕二到三個年級。學生來自全美各地甚至於國外，在學業上都是頂尖的。每一個班級十二至十八人，學生的責任就是在充分準備的情況下參與班級，並盡其最大能力完成所有的作業。

普渡暑期住宿式充實方案，在課程設計上共分四至五、六至七、八至十一，和九至十二年級；換言之，從國小四年級到高中三年級都有。課程內容豐富而有挑戰性，例如六至七年級安排有「法律和你」、「數學問題解決」、「生物發展」、「進階代數」、「化學」、「公眾演說」、

「WWW 導論」、「電子實驗」和「領導才能」等。

　　每年寒、暑假，各地所舉辦的活動非常多，縣市政府教育局或各校有必要充分蒐集資訊，向學生說明、推薦介紹，以供學生選擇參與。

◎ 六、良師典範

　　良師制，簡單地說就是一種師承關係，有如我國古代的師徒制。而良師典範（mentorship）的觀念用之於資優教育是相當具有意義的；但在古代，蘇格拉底是柏拉圖的良師，柏拉圖是亞里斯多德的良師，亞里斯多德是亞歷山大大帝的良師。目前，為資優學生尋求「良師」（mentor）是一快速成長的趨勢（Milam & Schwartz, 1992; Reilly, 1992）。我國《特殊教育法》（2014）第二十條規定，可以聘具特殊專才者協助教學。此處所指「特殊專才」應是 mentor 之性質，可以是資優學生的特約指導老師。

　　典型上，良師制是社區專業人士配單一學生一段時間的關係，但也有一些成功的良師方案是數位學生共同受一位良師的指導。良師可以是工程師、醫生、法官、歷史學教授、電臺廣播員、陶塑家、雕刻師等。學生通常是一個星期去一次，每次二至三小時；他們到良師的工作場所去學習第一手的經驗、問題解決、責任，以及特殊專業的生活方式。在美國，有些高中生甚至可以從良師經驗中獲得學分，因為他們在良師那裡做的是正式的研究計畫。

　　理想的良師應該擁有特殊領域的專門知識，高度的誠正，有強烈的興趣教導年輕人，熱忱和樂觀，機智、彈性和幽默，有耐心，能接納錯誤，能激勵、設計和引導行動，以及願意奉獻時間等。艾林德和翰斯里（Edlind & Haensly, 1985）認為良師制對於資優學生的主要優點是：

1. 協助生涯規劃。
2. 增加課本學習以外的知識、技巧和才能。
3. 可以接觸到一些有影響力和有知識的人。
4. 建立自尊和自信。
5. 發展個人的倫理道德及標準。
6. 增進創造力。
7. 建立一個有價值的、深度的、長期的友誼。

　　學校或資優班可以就全校或資優班的老師及家長，甚至是資優班畢業的學生，或就社區中有各種專長的人，調查之後建立一個「人才檔案」。如果發現學生有某方面的興趣和能力，而學校正常的課程無法滿足其需求時，此時學校或老師就可以從「人才檔案」中，去尋找合適且願意指導的人，聘他為特約指導老師。學校亦應隨時關心學生與特約指導老師學習的情形，並做每年的評估，必要時可以集合這些學生和老師，以便學生和學生之間、老師和老師之間做心得的分享與經驗的交流。

第六章

資優學生的
創造思考教學

君君今年十一歲，就讀國小資優班，喜歡彈琴、書法、美術和看書。

　　君君出生時，哇哇的哭聲劃破天際，響遍了整個醫院，顯示著一個健康的寶寶來到了人間。不過，小時候的君君卻是體弱多病，常常需到醫院去報到；在醫院等待的時候，每當她看到媽媽擔憂的表情，她總會告訴媽媽：「媽媽你不要擔心，我不會哭的，我很勇敢喔！」

　　在爸、媽的眼中，君君是相當獨立、自主的孩子，該自己做的事不必爸、媽多叮嚀；她的學習意願高、學習能力強。在陌生的環境下，似乎也不會怯場，表現大方、自然。她曾經在一次露營活動中，勇於自我推薦上臺說故事；為了讓其他小朋友專心聆聽她的故事，她還臨時舉行「有獎徵答」，並以三枝筆作為獎品。

　　君君對自我要求頗高，好勝心強；不過，這樣的特質也帶給她太大的壓力，無法達到目標時，情緒不免受到影響而產生了波動。君君觀察力敏銳、善體人意，也因此特別受到老師、父母、親戚的疼愛。

　　君君自從進入小學之後，一直都擔任「班長」的職務，表現相當稱職，是老師的小幫手。在班上，她是「愛恨分明」，也頗有正義感，對於「看不慣」的同學甚至會與他（她）爭吵。

　　我們在第二章談到資優兒童的特質時，提到智力和創造力不能畫上等號，也就是說，高智商者不代表就是高創造力者；所以，戴維斯和瑞姆（Davis & Rimm, 1994）提到，如果我們以智商篩選最高的 1%至 5%進入資優班，可能會遺漏許多高創造力的學生，原因是高創造力的學生，比在智力上表現出色的學生較不易被提名為「資優」。不過，智力與創造力也不是全然無關，只是其相關性不是太高就是了（Torrance, 1962）。史騰柏格（Sternberg, 1985）指出智力和創造力的相關是 .55。

　　雖然如此，資優教育最重要的課題是：(1)協助資優學生和青少年能更加地自我實現，以及成為創造的個體；(2)使資優學生和青少年對於社會更有創造性的貢獻（Davis & Rimm, 1994）。因此，創造思考教學在資優教育領域就更顯得重要。

壹、創造力的本質

　　創造力是人類最吸引人的特質之一，其他的動物或許有一些所謂的創造性行為，但沒有一個能和人類的發明與創造能力相比。歐斯朋（A. F. Osborn）把創造能力比喻為埋藏在人類腦中的金礦。

　　研究創造力必然要對創造力做一番界定。

一、創造表現在「新的」思維

　　創造的第一個標準是「新的」，不論是新的產品、新的觀念，只要它不同於以往，而且是可用、可執行的，就是創造力的表現；所謂新的產品、新的觀念，不必然是過去全無的東西，它也可以是改變已存在的，而成為新奇的，例如一種新的足球玩法、一輛改款的車子。所以，創造力也

不是相似性或一致性，它是能貢獻原創的觀念、不同的觀點，以及用不同的方式來看問題；而所謂相似性通常是被認為有跡可循、不會引起他人困擾的事物或想法。

二、創造是心理活動的歷程

創造的歷程是指一個人自思考的產生，以至於創造概念的形成的過程（張春興，1980）。斯皮爾曼（Spearman, 1930; 引自 Torrance, 1993）認為創造性的思考，基本上是意識和潛意識的操作過程。瓦拉斯（G. Wallas）定義創造的過程有四個步驟：

1. 準備期（preparation）：創造並不能無中生有，必須累積前人的經驗，然後從舊經驗中發現新問題，所以準備期就是「讀書破萬卷」，然後才能「下筆如有神」。

2. 潛伏期（incubation）：當問題百思不得其解時，個人可能暫時將它擱置，放入潛意識中，一旦醞釀成熟就會破繭而出。

3. 豁朗期（illumination）：問題經過一段時期的醞釀之後，可能突然間會豁然開朗，獲得頓悟，也就是破繭而出之時。

4. 驗證期（verification）：問題豁然貫通之後，經由邏輯推理或付諸行動，以考驗、修飾這創造的成果。

基庭（Keating, 1980）的創造的四階段論與瓦拉斯相當類似，包括：(1)內容知識（content knowledge），也就是創造者在其領域所具備的工作知識；(2)擴散思考（divergent thinking），基庭強調的是流暢和變通；(3)批判分析（critical analysis），它與創造思考並不相衝突，主要是找出最可能的點子；(4)溝通技巧（communication skills），就是將創意點子具體化，並與人分享。

以歐斯朋（A. F. Osborn）、帕尼斯（S. J. Parnes）和崔芬格（D. J. Tre-ffinger）為主的創造性問題解決模式（Creative Problem Solving, CPS），其五個步驟也說明了創造的過程，每一個步驟都有應做的事情，最後產生創造性的問題解決方法。

1. 發現事實（fact finding, F-F）：列出個人對於問題的了解。帕尼斯建議用何人（who）、何事（what）、何時（when）、何地（where）、為何（why），以及如何（how）來協助澄清問題。

2. 發現問題（problem finding, P-F）：列出可能的問題所在，也就是將問題做進一步的界定。

3. 尋求點子（idea finding, I-F）：運用擴散性思考或腦力激盪的方式，盡可能列出解決問題的點子。

4. 尋求解決（solution finding, S-F）：運用一些標準來評估點子的最佳可行方式。

5. 尋求接受（acceptance finding, A-F）：將上面所選出最好的解決方式加以執行。

帕尼斯（Parnes, 1981）建議每次遇到挑戰性的問題，這五個步驟最好能形成自動化的習慣，那就會是一個更具創造性的問題解決者，個人也就變得更有效能、更能自我實現。

愛沙卡森和崔芬格（Isaksen & Treffinger, 2004）回顧 CPS 的發展過程，從 1942 到 1967 年，第一版定義創造的過程，主要是定向、準備、分析、假設、醞釀、綜合、確認。1963 到 1988 年，第二版是以發展教學方案、出版教材為主，而且在每一過程「發現事實」（F-F）、「發現問題」（P-F）、「尋求點子」（I-F）、「尋求解決」（S-F）、「尋求接受」（A-F）中提到創造思考和批判思考的「動態平衡」，也就是在每一階段同時運用擴散思考和聚斂思考。1981 到 1986 年，第三版談到個別差異和

情境問題，同時在最前面多了一個階段「發現困境」（mess finding, M-F），模式的第二階段是發現資料（data finding, D-F），整個模式也由橫向改為縱向。1987 到 1992 年，第四版主要是從研究中反映到學習，同時也把六階段區分成問題解決的三個主要過程：了解問題（M-F、D-F、P-F）、產生主意（I-F）、計畫行動（S-F、A-F）。1990 到 1994 年，第五版反映認知科學的發展和建構主義運動，主張建立有意義的個人差異風格，也把過去的線性模式改為三個主要過程（了解問題、產生主意、計畫行動）的迴圈模式，順序不是固定的，而是可以變動的；其修正又加上後設成分，也就是在過程中重視連續的規劃、監控、管理和修正行為。1994 年到 2004 年，第六版（目前所謂的 CPS 6.1 版）只是把「了解問題」修正為「了解挑戰」，此一過程包括構思機會（constructing opportunity）、探索資料（exploring data）、框出問題（framing problem）。其他兩個過程與第四、第五版相同。主要也是在過程中重視個人特質和情境脈絡（Isaksen & Treffinger, 2004）。

　　哈特（Hart, 2009）指出，創造基本上是循環而不是序列的過程，在教學的實務上可分為八個階段：第一階段是計畫／目的（intention），第二階段是專注／沉浸（immersion），第三階段是潛伏／孕育（incubation），第四階段是豁朗（illumination），第五階段是驗證（verification），第六階段是修正（revision），第七階段是溝通（communication），第八階段是確認（validation）。

◉ 三、創造是一種心理能力

　　基爾福（J. P. Guilford）可說是研究創造力最力的學者之一，他認為，凡是需要個體自行計畫和架構的有關活動，如繪畫、寫作、表演、設計、

發明等方面，都可以視為是創造力的行為；幾年之後，他認為，創造力是一種擴散思考能力，它表現在思考的流暢、變通和獨創、對問題的敏覺力，以及對存在的觀念給予重新界定並精緻化的能力（引自 Tannenbaum, 1983）。陶倫斯（E. P. Torrance）視創造力為：能覺知事物的缺陷，形成新的假設並考驗假設，以及溝通結果的能力。威廉斯（F. E. Williams）則強調知識的重要和基於認知的心智操作過程，它包括擴散性、生產性，和聯想性思考、評鑑及溝通技能。賈馥茗（1979）指出，「創造是利用思考能力，經過探索的歷程，藉敏感、流暢與變通的特質，做出新穎與獨特的表現」。所指的思考能力，包括聚斂性思考（convergent thinking）和擴散性思考（divergent thinking），而經由此種思考表現於外的行為，包括：

1. **敏覺力**（sensitivity）：敏覺力是指對事物具有敏感的覺知能力，能很快地發現事物間的關係、缺失、不尋常，以及需加以補足的能力。這種能力是產生創造的重要元素，例如對於日常用品於使用中能發現不方便的地方，進而提出改進之處，就是一項創造產品。

2. **流暢力**（fluency）：流暢力是指在短時間內能產生較多觀點的能力，流暢力佳的人在同樣的刺激情境下，其反應能源源不斷地流出。

3. **變通力**（flexibility）：變通力是指對於同樣的刺激能產生不同類型的反應，其思考的方向是變化多端的，也就是舉一反三，觸類旁通。

4. **獨創力**（originality）：獨創力是指觀念的新奇、不尋常，能想出別人所想不到的事情。

5. **精密力**（elaboration）：精密力是能對所產生的觀念加以精益求精，追求更完美的境界，產品愈完美，使用起來愈方便。

◎ 四、創造是某些人格特質的表現

　　陶倫斯（Torrance, 1993）發現創造能力高的人，其人格特徵是好奇、獨立思考、判斷、誠實、堅持、勇氣和願意冒險。巴朗和哈靈頓（Barron & Harrington, 1981）認為，高創造力的人格特質是：(1)重視經驗中美的品質；(2)興趣廣泛；(3)喜歡複雜的事物；(4)精力充沛；(5)能獨立判斷；(6)有高度的自主性；(7)具直覺性；(8)自信心；(9)有解決或調適內在衝突和矛盾的能力。賈馥茗（1979）認為創造力的人格特質為自由感、獨立性、幽默感、堅執力和勇氣五項。

　　總而言之，創造力就是個人在已有的知識、經驗基礎下，以富敏感、好奇、想像、冒險、挑戰的人格特質，對問題做出流暢、變通的思考，以產生獨特、新穎、完美的觀念或成果。

◎ 五、創造是腦功能的統合

　　克拉克（Clark, 1992）基本上認同各家對於創造力的解釋，不過她認為這些解釋各有所偏，對於創造力的本質，更精確的定義應該是上述觀念的互動。因此，她指出創造力是思考（thinking）、感覺（feeling）、辨識（sensing）和直覺（intuitive）等腦功能的統合。就「思考」的狀態而言，其思考是合理的、可測量的，可以發展成精緻的、有意義的產品。就「感覺」的狀態而言，這是情緒上的自我意識、自我實現的過程；創造者釋放情緒能量，轉化這些能量給消費者，並引出情緒反應。就「辨識」的狀態而言，這也是指個人創新產品的才能，它需要高度的身體或心理發展，以及才能領域的技巧。就「直覺」的狀態而言，這是一種高度的意識狀態，也可能是人類認知的最高形式；直覺之於創造能力首先能鬆弛，其次要能

想像，最終則需高度意識的發展。所以創造可說是意識和下意識、邏輯和直覺、有計畫的和自發的等潛在心理能力所共同參與的旅程。

貳、創造性的資優

◉ 一、視覺藝術家

視覺藝術家如梵谷、畢卡索、張大千、八大山人等，通常具有如葛德納（H. Gardner）所謂的空間智能（spatial intelligence）；他們很早就顯現對於視覺藝術的興趣，有關藝術的問題通常專注一段很長的時間，他們也比較喜歡獨自完成藝術作品、較自我導向的。

視覺藝術家有很高的流暢性和視覺記憶能力，他們能注意到別人可能會忽略的細節；他們喜歡嘗試各種媒材於畫作上，來表達其內心的想法，就如同語言能力優異者以說或寫來傳達其意念一般。在人格特質上，藝術家傾向於超俗的、保守的、內向的，以及不遵從當代社會價值的。

◉ 二、作家

詩人、小說家、劇作家、作家，如莎士比亞、馬克吐溫、泰戈爾、李白、曹雪芹、胡適等，通常具有如葛德納所謂的語文智能（linguistic intelligence）。葛德納認為，詩是最困難的語言藝術，詩人必須具有下列的語言才能：(1)敏於覺知文字的多元意義；(2)精於安排文字的對仗，也就是文字的空間能力；(3)善於抓住感覺。而小說家或劇作家則要能從生活中萃取精髓，才能感動讀者。

　　創造性的作家除了擁有極高的語文智能外，他們也比較具有獨立及不因襲的個性。作家們對於自由表達的渴望比其他人殷切。作家們也傾向於幽默的、內向的、直覺的和知覺敏銳的，在理想與現實之間，他們寧可選擇理想；若是趨於現實，則其作品或許較缺乏創意。

◉ 三、音樂家和作曲家

　　「音樂無國界」，五線譜上音符的排列組合所傳達出來的喜、怒、哀、樂，跨越了語言文字的障礙而為聽者所感受；創造此種魔力的就是音樂家和作曲家。吾人所熟知的貝多芬、莫札特、海頓、黃友棣、胡乃元、馬友友等，通常具有如葛德納所謂的音樂智能（musical intelligence）。音樂智能高的人，其特徵是具有敏銳的聽力，對於節奏的感受力強；他們也大多在小時候就展現出音樂的才能。

　　在人格特質上，音樂家是比較個人主義的、直率的、富想像力的，以及友善的。不過，男性音樂家比男性非音樂家較缺乏情緒的穩定性；女性的專業表演者比控制組更具支配性，也更易緊張（Kemp, 1981a,1981b, 1982a, 1982b; 引自 Piirto, 1992）。

◉ 四、演員和舞者

　　演員和舞者透過他們身體的活動，來解釋這個萬象的世界，並設法使觀賞者能融入他們所欲傳達的意象裡，吾人所熟知的演員如卓別林，舞者如林懷民，通常具有如葛德納所謂的運動覺智能（kinesthetic intelligence）和人際智能（interpersonal intelligence）。

　　演員通常具有外向性格和較強的直覺，他們的興趣廣泛，喜歡新的關

係和新的形式，他們也較善於觀察。創造性的舞蹈者喜歡以具體的方式來學習，喜歡與他人工作，不喜歡自我導向的學習，紙筆式的創造力測驗不太適合舞蹈者，因為有些舞蹈者的創造力似乎潛藏在他們的肢體和動作裡；也就是說，直到他們真正的舞動起來，創造力的能量才發揮出來。

◎ 五、科學家和數學家

在科學和數學領域有傑出表現的，如愛因斯坦（A. Einstein）、高斯（F. C. Gauss），通常具有如葛德納所謂的邏輯—數學智能（logical-mathematical intelligence）。他們在：(1)數學和科學方面的記憶佳、有在腦海裡解決問題的能力；(2)對於數學推理的過程相當明晰；(3)會創造新的問題並解決它；(4)對於事實的要求絕對地嚴苛（Gardner, 1983）。

科學本身不像數學那麼的抽象，但科學家是以數學作為工具。數學家發現並享受數學的美，科學家則追求物理實體的真正本質。創造性的科學家具有如前述創造性的作家和藝術家般的人格特質，如獨立、不因襲的個性、知覺敏銳，以及專注等；此外，比作家有較穩定的情緒。創造性的數學家則很容易發現諸多問題當中的抽象原則，對於問題的解決常有彈性做法；此外，即使事隔多日，也能很容易地回憶起待解問題的基本要點。

參、創造思考、批判思考和問題解決

在日常生活或專業工作領域，我們經常會運用思考去解決問題或做決策，這些思考的技巧通常包含三個主要類別：(1)產生主意（觀念）的技巧；(2)澄清主意（觀念）的技巧；以及(3)評估主意（觀念）的合理性。產生主意（觀念）的技巧就是一種創造思考技巧，它擴張我們的思考以及發

展我們的想像，所產生的主意（觀念）是多樣的、變化的、新奇的，以及周密的。澄清的技巧包含分析技巧，它會運用各種訊息來增進我們對於主意（觀念）的進一步了解，我們會用比較、對照、分類、定義、分合以及序列等技術，來協助我們澄清觀念。評估主意（觀念）的合理性就是一種批判性思考，它引導我們做合理的判斷；要做合理的判斷有幾個要件：(1)首先要做精確的觀察，確定訊息是可信的；(2)其次是運用證據，以便解釋因果、類化推理；(3)最後做條件推理，也就是演繹性推理（Swartz & Parks, 1994）。陳龍安（1986）指出，創造思考沒有固定的思考方向，不受現有知識的束縛，強調自由聯想，任意馳騁，希望能產生大量的觀念；而批判思考為解決某一問題，有固定思考方向，根據某些價值標準，從眾多意見或方法中判斷並做適當的抉擇。兩者都是解決問題所不能或缺的重要因素。

　　如前所言，創造性的思考在解決問題，解決問題亦需基於過去的經驗和累積的知識（張玉成，1988）。有關專家和生手在解決問題的成效之研究，如電腦程式設計、力學、幾何學等，皆指出由於專家的知識和經驗，他們對於新奇的問題都能較快地切入問題的核心；也就是說，專家較能將新奇的問題連結到已經知道的某些東西，並運用這些已知處理新的問題。因此可以說：只要問題是新的，所有的問題解決都是有創造力的（Weisberg, 1993）。

　　專家在運用創造思考解決問題時，亦多了一份洞察力（insight），這種假設性的洞察力包括三個要素：選擇性的解碼（selective encoding）、選擇性的連結（selective combination）和選擇性的比較（selective comparison）。選擇性的解碼是指能從問題當中挑出相關的訊息，而忽略無關緊要的部分；選擇性的連結是指將有關的訊息，以合於邏輯的方式結合在一起；選擇性的比較則是將某些新的訊息，以合於邏輯的方式，對照比較先

前存在的知識，新的發現於焉產生（Davidson & Sternberg, 1984）。例如，發現 DNA 雙螺旋模式的華生（Watson）和克利克（Crick）、提出進化論的達爾文（Darwin）、發明燈泡的愛迪生（Edison）都是。

　　批判思考不同於客觀的科學問題的解決，它包含價值、情緒和判斷。因此，批判性思考之於問題並無單一的、絕對的解決方案，它只是相對的、選擇性的判斷的問題。批判性思考是一種清楚的、精確的和有目的的心理活動，它基本上是結合解決複雜的、真實世界的問題，對問題產生多元的（創造的）解決，提出參照、統合訊息、區別事實和意見，或評估可能的結果。多年來，教導批判思考似乎圍繞在兩個觀點：一是以分開的方式教導批判思考的要素，二是結合批判思考於所有學科（Levy, 2009）。

　　在做批判性思考時，有四個主要的步驟：(1)面對問題時，確認一個人的基本假設、感覺、信念和價值；(2)從各個面向來檢查問題；(3)檢查各種可能的行動及其或然的結果；(4)從各種可能的方案中做出明智的決定。以此方式所得的問題解決，將是最好的解決問題的方法；因此，適合發展批判性思考的問題，將是無單一正確回答的問題。

　　二十一世紀的今天，學生必須發展創造思考能力，以解決現在或未來的問題。現在或未來問題解決（Future Problem Solving, FPS）植基於創造性問題解決（CPS）能力，基本上有三個要素：(1)了解問題；(2)產生主意；(3)計畫行動。這些問題是與真實生活結合的，是複雜的、有挑戰的、具批判性的，主要目的是讓現在或未來生活更好（Jackson, Crandell, & Menhennett, 1997）。

　　事實上，陶倫斯（E. P. Torrance）在 1970 年代就相當重視資優生和有創造力的學生對於未來問題的解決，相信透過課程引導，可以引發資優生和有創造力的學生解決未來問題的能力。他說他持續地觀察和研究日本學校的做法，有十項「功課」有助於學生解決未來的問題：(1)國家對每一個

人創造潛能的全面堅定承諾與投入；(2)相信卓越是無上限的；(3) 重視學前藝術教育；(4)認為每個孩子可能具某項資質或特殊才能；(5)給予孩子和他們父母教材；(6)重視團體訓練或團隊創造力；(7)幻想、堅持和其他創造特質；(8)從長遠處尋求主意；(9)自我導向的學習；(10)未來想像（引自 Treffinger, Solomon, & Woythal, 2012）。

　　從 1974 年開始，四十年來，未來問題解決方案逐漸發展成國際性方案（Future Problem Solving Program International, FPSPI），它提供年輕人機會運用創造性問題解決方法，以解決從社區到全球性的問題。FPSPI 的目標是：(1)發展和應用創造性思考技巧；(2)學習即將形成未來的複雜問題；(3)發展對於未來的積極的興趣；(4)發展及運用寫作和溝通技巧；(5)學習和利用問題解決策略；(6)發展和運用團隊技巧；(7)發展和運用研究技巧；(8)發展和運用批判和分析技巧（引自 Treffinger et al., 2012）。

肆、創造思考能力的教學

　　創造被視為是一種能力，此種能力不是全有或全無的問題，而是多或少的問題；因此，培養或啟發創造思考能力是教師的重要職責。尤其是在面對未來的挑戰，培養一個未來的領導者，資優學生的老師更應強調創造思考教學。

◎ 一、培養創造的氣氛

　　鼓勵學生發揮創造力必須有一個接受的，以及受到鼓舞的創造氣氛，一般稱之為心理的安全感，在腦力激盪術中是指延遲批判；在需要產生主意的場合裡，如果因為提出與眾不同的想法而受到嘲笑或批判，提出主意

者或尚未提出者往往就被澆熄了那股創造的火光。

　　除了培養一個安全和不被批判的氣氛外，老師也應教導學生排除一些影響創造的障礙（連寬寬，1981；Davis, 1992），例如：

（一）知覺的障礙

　　人們常習慣於以熟悉的方式去處理一些事情，喜歡依樣畫葫蘆；要他們以新的、創意的方式看這些事情簡直是困難的。因此，首先要避免思考落入習慣的窠臼。

（二）文化的障礙

　　傳統上，一致性的壓力以及社會期待，常使得人們害怕與眾不同，即使有不同的想法，也只好保持緘默。雖然人類社會化的過程、教育，甚至健康的同儕關係需要一致性標準；然而，我們也應讓學生了解，文明的進步是因為不斷創新的結果。

（三）情緒的障礙

　　干擾創造思考常因為情緒上的不安全和焦慮。暫時性的狀態，如工作焦慮、學校壓力、情緒問題或健康問題；長期性的狀態，如害怕出錯、害怕失敗、害怕與眾不同、害怕被拒絕、怯懦、低的自我觀念，以及其他永久性的焦慮等。所以，有些人或許需要在必要時告訴自己：「怕什麼？錯了再說。」其他有礙創造的因素，如：

1. 太過於要求所謂「對的」想法。
2. 容易認同權威，不敢有突破性的想法和做法。
3. 太遷就於現實，認為多做多錯、少做少錯、不做不錯。
4. 太過強調思考的合邏輯性。
5. 認為遊戲是輕浮的、妄動的。

6. 有「事不關己」的想法。

7. 過度要求標準答案。

8. 害怕批評，沒有接受批評的雅量。

9. 自我設限，如「我沒有創造能力」、「犯錯是要不得的」！

◉ 二、發現創造的訊號

兒童常會不期然地迸出創造的火花，老師若能稍加留意，就能發現兒童創造的訊號，適時地加以讚美、鼓勵，這樣便能激發更多的創造潛能。下面是陶倫斯（E. P. Torrance）所提出的一些創造的訊號（引自Kaufmann, 1981；吳昆壽，1992a）：

1. 非常專心於傾聽、觀察或作為。（例如，「我實在沒有聽見你叫我吃晚餐！」）

2. 非常興奮且身體投入。（例如，「我還在思考，我無法坐下來。」）

3. 說話使用類推方式。（例如，「我像一隻等待變成蝴蝶的毛蟲。」）

4. 傾向於向權威的觀念挑戰。（例如，「為什麼我必須等到十五歲才能上高中。」）

5. 有檢核許多資源的習慣。（例如，「媽！我找遍所有的書，看過電視，也問過老師，但我仍然無法想像上帝住在哪裡？」）

6. 能密切注意某一件事情。（例如，「嘿！這隻蜈蚣只有九十九隻腳。」）

7. 渴望告訴別人他的發現。（例如，「你猜猜看嘛！猜猜看嘛！」）

8. 在原定的時間截止之後仍能繼續創造生活。（例如，「今天所有休

息時間我都在畫室裡。」）

9. 在顯然無關的意念中找出關係來。（例如，「嘿！媽，你的新帽子看起來像一只會飛的茶盤。」）

10. 能將想法付諸行動。（例如，「明天我要在我們後院中堆一座城堡。」）

11. 表現好奇並急著想知道。（例如，「我正想看看從屋頂上觀看庭院會是什麼樣子的。」）

12. 自然的使用發現或實驗的方法。（例如，「我想麵粉和水可以做成麵包，可是我將它們混合後卻成了白糊。」）

13. 對於自己的發現往往會興奮地叫出來。（例如，「嘿！麵粉和水和成了漿糊。」）

14. 喜歡猜測並試驗結果。（例如，「我把清潔劑放到供小鴨鴨嬉水的小浴盆裡，卻沒有小鴨鴨來嬉水，今天我想試試泡沫浴功效如何？」）

15. 誠實且強烈地追求事實。（例如，「媽，我並不想推翻你說的故事，不過我想世上一定沒有仙女。」）

16. 獨立行動。（例如，「沒有一本關於賽車的好書，媽，我想自己寫一本。」）

17. 觀念大膽。（例如，「我想小孩也應該被允許投票。」）

18. 不容易分心。（例如，「我不想出去玩，我正等待我的實驗完成。」）

19. 運用觀念和實物以獲致新的連結。（例如，「我要把線和鉛筆結合成圓規。」）

20. 觀察細膩並提出疑問。（例如，「當雪融化後，白色跑到哪裡去了呢？」）

21. 尋求替代物並探索新的可能性。（例如，「這雙舊鞋可以做成一個大花瓶。」）

22. 能自我從事學習。（例如，「昨天我到圖書館並查閱了所有關於恐龍的書，結果令人興奮異常。」）

23. 願意考慮或戲弄奇異的觀念。（例如，「假如人是狗的寵物，那將會如何？」）

另外，陶倫斯（Torrance, 1969）的創造行為檢核表，對於發現兒童創造的訊息，也是一個相當有用的工具。此一檢核表共有十八個大項、一百個小項，僅摘述其梗概如下：

1. 能以面部表情、身體姿勢、角色扮演或戲劇等表達感覺及情緒。

2. 能夠以普通的材料來製作或改良玩具。

3. 在角色扮演或說故事時能相當投入且生活化、生動化。

4. 能透過視覺藝術如繪畫、雕刻來傳達其想法。

5. 能透過音樂或律動來解釋觀念或事件。

6. 說話當中包含類推和隱喻。

7. 在遊戲時常有大量的主意出現。

8. 在小團體當中或問題解決時顯得相當活躍。

9. 能以具體物說明問題解決的意義。

10. 能相當技巧地說明行動的意義。

11. 能以身體語言傳達文字所無法完全傳達的。

12. 在團體當中常常以他的幽默逗樂大家。

13. 常常以圖畫來協助說明。

14. 說故事時常加入不尋常的情節或結尾。

15. 隨時蓄勢待發、準備行動。

16. 當專注於問題解決時不易分心。

17. 對於故事或某些事件常有情緒性的反應。

18. 以行動來輔助學習和觀念的了解。

◉ 三、創造思考教學的策略

教學策略旨在發展學生已有的創造潛能。增進兒童創造思考，以產生更多新奇、有用的主意有兩個策略。第一個策略是提供學生一系列有關的技巧或方法訓練，第二個策略是創造一個能鼓勵冒險、增強原創思考的教育環境。下面是一些可供參考的創造思考教學的策略。

(一) 問問題的技巧（question-asking skills）

問問題的技巧是職前及在職老師非常重要的一項能力訓練，好的提問技巧將可以激發學生高層次的思考歷程，例如布魯姆（B. Bloom）的分析、綜合、評鑑能力，以及基爾福的擴散思考、評鑑思考能力。

下面的問題可以激發高層次的思考：

「當你讀完格列佛遊記以後，請寫一篇『大人國遊記』。」

「請比較國父領導革命和法國大革命的異同。」

「請從兒童讀者的立場，說明一本好的兒童讀物應具備的要件。」

「政府正在推展全民上網學習，請替新聞局構思一句好記、易懂又符合意義的廣告詞！」

(二) 腦力激盪術（brainstorming）

這是運用在團體情境，以激發眾人產生大量意見或靈感，並從中得出最佳創意的思考術。一般認為要實施腦力激盪術，以十至十二人為佳（張玉成，1988），但也可就其原則，應用在個人的思維上。此一思考術被廣泛運用在管理及工、商企業界。此一技術的運用，基本上是要一群人面對一個待

決問題，如「如何解決日益嚴重的停車問題」，每個人盡可能提出解決此一問題的方法，愈多愈好，也可就別人的看法加以潤飾，但不是批評。

在運用腦力激盪術時，下列原則是所有成員必須遵守的：

1. 延遲批判：在主意不斷流出的階段，沒有批評、沒有訕笑，以便獲得大家的參與興致。

2. 愈多愈好：主意提得愈多，愈有可能在當中潛藏著一個好主意，或許是不尋常的，也或許是獨特的。

3. 歡迎搭便車：可以就前人所提主意加以連結、統整，或做修正、潤飾。搭便車者不可批評，被搭便車者也不必有被掠美的不快。

4. 事後評估：在大家詞窮意盡時，主持人要鼓勵大家開始評估剛才所提出的主意，何者最佳、最可行；在充分討論之後，得出一個解決問題的結論來。

主持腦力激盪術時，主持人為防止某人或某些人獨占發言機會，或左右整體思考方向，可以使用輪流順序發言方式，但在輪到時若一時未有主意，可以先行輪空，以免受窘或中斷。此外，為防討論擱淺，主持人可以用下列方式提示思考，例如其他用途、適應、修飾、放大、縮小、代替、重組、顛倒、組合等（郭有遹，1973）。

(三) 屬性枚舉法（attribute listing）

屬性枚舉法可用來協助學生對於物品、歷程或系統等，思考其可能的修飾或改變。學生先列出待改進的物品、歷程或系統的所有重要元素，然後，思考如何在這些元素上列出相關屬性，再次思考如何就重要屬性加以修飾或改變。例如，要如何讓風箏飛得更高、更遠，可以從製作風箏的材料、質地、大小、形狀、造型，及附件等重要屬性去思考改善之道。每一屬性在思考時並不一定是單獨為之，也可能必須同時考慮兩個或三個屬性的連結。學生最好列出一張表，以方便思考：

風箏的改進

元素	特徵或屬性	改進的意見
1.材料	竹子、鐵線、紙、塑膠棒、玻璃紙、布料	
2.質地	平滑、粗糙、輕的、重的	
3.大小	30平方公分、60平方公分、90平方公分	
4.形狀	三角形、菱形、老鷹、燕子	
5.造型	立體、平面	
6.附件	彩帶、鈴鐺、流蘇、風笛	

上面所舉的例子，是屬性的修飾或改變；我們也可運用類推方式，將某種情境的主意移轉（transfer）到另一種情境，稱為屬性的移轉（attribute transferring）。例如我們在思考如何改變傳統的畢業典禮方式時，可就金馬獎或文藝獎頒獎、各種嘉年華等不錯的點子加以移轉，但要稍做改變。

(四) 檢核表法（idea checklists）

檢核表有如在列清單，將問題能解決的方向條列出來，然後把它當作解決問題的線索；其實就像電話簿上的黃頁，當有需要時，它就是一種索引。

檢核表法本質上是相當開放的提問技術，例如：「假如……，將會……」或「如果……，可能就……」。它的應用相當廣泛，舉凡發明家、作家、設計家、藝術家或一般人，都可以用此技術來產生新奇的、原創的和有用的產品或觀念。檢核表法有時也稱 SCAMPER（Davis & Rimm, 1994），SCAMPER 是七種主要方法的縮寫：

S（Substitute，替代）：有哪些人、哪些事物可以取代？地點呢？時間呢？材料呢？

C（Combine，結合）：有沒有可以結合的人？事物？單元？觀念？材料？構想？

A（Adapt，調整）：能否將位置、形狀、大小、顏色、觀念調整一下？

M（Modify、Magnify、Minify，修改）：改變一下形式、顏色、聲音、動作、尺寸、氣味，或者加大、加高、變長、變細、變小、放低、放慢、減少等。

P（Put to other uses，另有用途）：改變原來的慣用法，或用在其他的地方，或者當……再使用。

E（Eliminate，除去）：可以除去、省略、切掉、移走、簡單化或淘汰嗎？

R（Reverse、Rearrange，反轉或重新安排）：可以翻轉過來嗎？可以上下顛倒、裡外對調嗎？或者改變次序、變更設計、重組基調、重新分配。

(五) 分合法（synectics methods）

分合法或稱糾合術，乃是將原本顯然不相干的元素聯合在一起的技術。基本上有二種運作機制：(1)化不熟悉為熟悉；(2)化熟悉為不熟悉。前者以分析方法為主，後者則採隱喻或類推為多。

隱喻或類推主要有四種方式：

1. **直接類推**（direct analogy）：乃是就兩種看似不同的問題情境做直接的比較，以發現它們的相似處。自然界很多生物可能成為人類師法的對象，例如動物的保護色和軍人的迷彩裝、墨魚的遁逃和婦女的防身瓦斯、烏龜的甲殼和軍用坦克等，都是很好的例子。

2. **自身類推**（personal analogy）：自身類推乃是將自己比喻為問題中的一個元素，從一種新的觀念來看問題。中國許多偉大的哲學思想

原是對於天人合一、萬物一理的思維結果。心理學所謂的「設身處地」，何嘗不是解決人際問題、增進人際互動的方法。在教學上，教學生把自己化身為食物，從食物在消化器官的旅行來認識消化器官和消化作用，也是教學方式上的一種突破。

3. 狂想類推（fantasy analogy）：狂想類推乃基於佛洛伊德的願望實現原理（wish-fulfillment theory）；創造的產品，尤其是藝術作品，乃是滿足受壓抑的願望的一種方法（郭有遹，1973）。狂想類推常常要用到非理性、潛意識心的狂野，以產生不尋常、稀奇古怪的想法；有時候，個人必須有意地自我欺騙，以使自己相信他知道的原理原則並不存在，如此才能掙脫理性的束縛。或許「如何讓冰箱自動除霜」是狂想類推的發明。

4. 符號類推（symbolic analogy）：又稱緊縮性衝突（compressed conflict），或矛盾修整法（oxymoron）。這是指將兩個自相矛盾、自相衝突的概念，強迫連結在一起，成為創新的意義或概念。例如「美女」與「野獸」看似不搭調的兩個概念，但將它們強迫連結在一起，卻成為一部膾炙人口的卡通電影「美女與野獸」。讓學生練習將「溫柔」與「狂野」、「小心」與「匆忙」或「安全」與「攻擊」，連結在一起成一個有意義的新解，就是符號類推的運用。

(六) 基爾福的智力結構模式

基爾福（J. P. Guilford）的智力結構模式，經由其弟子米克（M. N. Meeker）的研究，而發展出教學策略；尤其是以運作層面的擴散性思考所設計的課程，更具創造思考教學的效果。米克認為，擴散性思考乃是從訊息當中產生訊息，強調產出的變化和品質。設計擴散思考教學策略時，下面的因素必須考慮：

1. 對於問題的敏感。

2. 思考的流暢。

3. 思考的彈性。

4. 思考的原創性。

5. 再定義。

6. 精緻化。

(七) 威廉斯的認知－情意模式

威廉斯（F. Williams）認為，創造的行為包含認知和情意兩方面，而此種「創造的行為」可以透過「學科課程」，運用十八種「教學策略」而增進。十八種教學策略可以參考陳英豪、吳鐵雄和簡真真（1980）所著《創造思考與情意的教學》。

老師在運用威廉斯的模式時，必須從三個向度中至少選擇一個因素來設計課程。例如老師想在自然科中，運用自由探索策略來培養學生的好奇心，他可以要求記錄下一整個月的天氣狀況，一個月結束時，將天氣狀況（例如溫度、溼度）做成圖表，然後就今年和去年當月天氣做比較，並預測下一個月的天氣。

創造的靈感有時候會如泉水，源源湧出；但有時也會像曇花一樣，稍縱即逝。為了發展創造技巧，兒童必須有心理的安全感；也就是說，必須讓他們知道，他們可耽於幻想，可以做冒險性的想像，而不必擔心會受到批評或處罰。像「你別傻了！」之類的話都應避免，因為那只會壓抑想像。好的讚美如「真是好主意！」「那的確不同，你還可以想出其他的嗎？」都可以鼓勵兒童源源不斷地創造潛能。

陶倫斯是創造思考教與學的開創者，許多研究者及教師（如Smutny & Fremd, 2009, pp. 11-12）應用其概念，發展以下的教學步驟（■是舉例）：

1. 準備土壤（preparing the soil）

   ■ 與學生分享你自己的創造熱情。

   ■ 讓教室充滿藝術、音樂和各種迷人東西。

   ■ 設計工作空間誘發學生創造的冥想。

   ■ 無論何時何地，讚賞原創的表達。

   ■ 保護學生免於受到批評、譴責、不成熟的評價。

   ■ 慶祝冒險和大膽的嘗試。

2. 種下種子（planting the seeds）

   ■ 透過例子（如展示創造人的作品）喚起想像和藝術的敏感。

   ■ 創造可供創造性探索的開放時間。

   ■ 分享創造過程的智慧珠寶。

   ■ 指出隱藏的路徑，不預先設定立場。

   ■ 慶祝兒童自己的創造過程的起步。

3. 澆水與施肥（watering and feeding）

   ■ 設計活動吸引孩子觸摸、感覺、想像、傾聽、感覺、聯想、即興表演、建構。

   ■ 在各個領域提供進一步的學習。

   ■ 設計需要創造和想像的工作。

   ■ 培養大膽的眼界和努力。

4. 除草與成長（weeding and growing）

   ■ 教導評論的策略。

   ■ 傳授處理同儕批評、完美主義、創作過程的挫折的策略。

   ■ 支持學生對自己創造力的信任。

   ■ 給予矯正錯誤、修正幻想、重做、改良、精緻化的機會。

   ■ 尋找讓學生展示、證明、表現的地方。

5. 餵養心靈（feeding the heart and soul）

■讓學生自由做自己。

■受到有心同儕（教室內或網路上）的接受。

■創造是發現自我價值的海港，創造是給資優學生最好的禮物。

以下是老師的應為與應避免的一些建議（Runco, 1993）：

1. 允許兒童有按照他們的興趣獨立工作的機會，這有助於表現本能的創造動機。

2. 和學生討論創造力，告訴他們創造的價值性。

3. 注意你對學生的期望，不要受到月暈效應（hallo effect）的影響。

4. 認識創造力的多樣化本質，也就是各家所提到的創造力的定義。

5. 認識創造力是一種重要的個人資產，也有助於心理健康。

6. 欣賞兒童的發現，給予有用的、支持性的評鑑。

7. 讓父母了解你為學生的創造力所做的努力，也期望父母能如你所為協助孩子發展創造力。

8. 閱覽有關創造力的相關著作。

9. 避免只用口頭的材料，其他如音樂、勞作、數學、語文、體育，都可運用於創造思考教學。

10. 避免過分強調可預測結果的課程，所問問題應允許學生運用自己的邏輯去思考。

11. 避免未經詳察而批評那些以自己的方式來做事的學生。

12. 避免建議甚至暗示學生以你的方式，作為最好或唯一處理的方式。

第七章

資優學生
領導才能教學

婷婷目前就讀國小資優班三年級，智商 129。

　　從小媽媽就覺得婷婷比一般小孩反應好，資優班甄選時並未特別準備就甄試上了；不過，剛上資優班時，程度遠落後其他同學，但經媽媽指導後，進步的速度令同學對她刮目相看。

　　婷婷這學期被推選為班長，原因是她不僅在功課上付出相當大的努力，而且在人際關係上也和同學相處融洽。身為班長，凡事以身作則；需要全班一起行動的事情，只要她登高一呼，大家就會遵照行事，頗有王者之風。

　　婷婷對自我的期許相當高，每一樣作業都盡力去做，絕不敷衍了事。在班上也是老師的好幫手，只要是老師交代的事，她都能盡責地完成，不必老師多費心思叮嚀，而且動作迅速。

　　在資優班就讀壓力是相當大的，在課業上也會有遇到挫折的時候，但婷婷的挫折容忍力很不錯，她不會在低潮時退縮、沮喪，反而會加倍努力。

　　媽媽提到婷婷時，覺得她最大的優點是懂事、自動、個性溫和、乖巧；她的語文能力佳，數學較弱，所以媽媽認為數學還有進步的空間。

　　國家需要領導者、學校需要領導者、社團需要領導者……；這個社會舉凡政治、宗教、文學、軍事、經濟等，都需要領導者。每一個人每一天的生活，也或多或少受到領導者的影響，現在如此，未來社會更是如此；尤其是在面對充滿挑戰、變動不拘的未來，我們更需有具備聰明才智、理性沉穩的明日領導者。

　　全球社會所出現的政治對抗、族群衝突、道德偏差、價值混淆、環境汙染、生態失衡等，在在都造成人類生存的危機；能否化危機為轉機，正考驗著人們的智慧。除了大家同心協力，認知並防止危機的變壞外，尋找以及培養未來的領導者，以便帶領大家走出陰霾、迎向光明，就成了全球社會的另一項關心。

壹、資優學生與領導才能

　　領導者是可以培養的（Richardson & Feldhusen, 1988），長久以來，我們的教育忽略了這一重要職責，有計畫的領導才能訓練被瀰漫的升學主義所掩蓋，學生們的領導潛力並未被充分地開發出來。

　　美國聯邦教育署依據馬蘭（Marland, 1972）的報告，將「領導才能」視為值得資優教育開發的一個類別。我國於 1997 年修訂的《特殊教育法》，亦將「領導才能」歸入資賦優異教育的一個領域，可見中、美對於領導才能教育的重視。不過，目前我國所成立的資優教育班別，主要以一般能力資優班、學科能力資優班、特殊才能資優班如音樂、美術、舞蹈、體育等為主（現在也改為藝術才能班，適用《藝術教育法》，而非《特殊教育法》）；對於領導才能及創造思考能力的資優班則付之闕如，就連資優教育相當進步的美國，亦少見有領導才能資優班；一般都是以特殊的教育方案，如夏令營、冬令營、週末研習營等，施以短期的訓練，或將領導

才能訓練融入日常課程當中，例如情意教育。

　　大家都認為領導才能教育很重要，也很早就被定義在資優領域之一，但是學校卻很少重視它，研究的量也偏少。馬修（Matthews, 2004）在探討相關文獻後，認為可能有幾個原因：(1)領導的概念很複雜；(2)很難選擇單一、可信的理論定義或觀點；(3)缺乏有信、效度的領導才能評量工具；(4)很難發現適當大小且所有人具備相同特質的樣本；(5)缺乏研究證明兒童或青少年期的訓練，與成年期有效領導的關聯。然而，有愈來愈多資優領域的研究者對領導才能的研究有興趣；而且，領導才能與資優被視為有關，例如兩者都具備良好的語言能力、想像力、社會敏感、問題解決能力、批判思考、創造力、冒險心、責任感和彈性，但是資優教育卻忽略領導才能訓練。

　　事實上，不只資優兒童被視為「明日的領導者」（Davis & Rimm, 1994），應加以重視培養外，普通班兒童當中，亦可能有人在日後發展成各行各業傑出的代表性人物。歐格魯和西拉普（Ogurlu & Serap, 2014）的研究顯示，不管是資優和非資優，實驗組在他們所設計的領導才能方案中，對於領導技巧都有正面的改善效果。在一項針對 151 個領導研究的後設分析中，研究者（Judge, Colbert, & Ilies, 2004; 引自 Ogurlu & Serap, 2014）發現，智力與領導能力有正相關。但另有一項研究卻顯示：一般智能和領導能力無顯著相關，資優學生只有在規劃技巧顯著優於一般學生，而在領導自己與別人、問題解決技巧、有效溝通等面向則無差異（Muammar, 2015）。無論如何，領導才能訓練應該是全面化的。此外，從小學、中學到大學，甚至進入社會，都是領導才能訓練的適當時機；尤其是求學時期長達十五、六年，舉凡班級型態的班長，其他的學生組織如社團的社團長，學生自治會、班聯會、女青年會等的會長，甚至如班級內的小組討論、資優充實制的小組研究，或者興趣俱樂部等的小組長，都是培養領導

才能的絕佳機會。

貳、領導才能的意義

◎ 一、領導的概念

在討論有關「領導」的文獻上，有四個觀念是常被提到的：(1)領導是一種權力和影響力；(2)領導是一種說服或示範的過程；(3)領導是組織權力屬性的賦予；(4)領導是行為的發動和維持；此外，還有所謂的(5)領導是互動的、創造性的。

(一) 領導是一種權力和影響力

一般人對於「領導」的初步概念是能影響其他的人。因此，領導能力就是影響他人的能力。依據葛拉格（Gallagher, 1982）對於領導的看法，他認為領導是在社會群體當中，例如團體、組織、社區或國家，權力或影響力的運用，以滿足群體的需求。而「權力」或可簡單地定義為，促使某一個人或一群人去做某一件他們平常不太去做的事情；「影響力」就是一種「說服力」的使用，以達成改變群體心意或行動的目的。如果按照他們的定義去界定領導者，領導者就是擁有洞察力和動態的個人吸引力，能致使整個組織的改變；易言之，領導者除擁有該群體所認可的人格特質外，他亦擁有權力、權威和領袖氣質。例如中國古代的堯、舜、禹，及近代的國父孫中山先生，而西方的如亞歷山大大帝、凱撒大帝、拿破崙、華盛頓、邱吉爾、艾森豪、甘地、曼德拉等人。這個說法可歸入領導者（或偉人式）模式（洪儷瑜，1984）。

(二) 領導是一種說服或示範的過程

　　第二種對於領導的看法認為，領導是一種說服或示範的過程。領導者（或一群領導者）可以藉著這個過程，引發團體去追求領導者所堅持，或團體所共持的目標（譚家瑜譯，1993）。通常領導者擁有極佳的語言能力和修辭技巧，他們說服或鼓舞群眾跟隨他的指示或命令，這樣的領導者影響（或衝擊）了他人的生活，他（們）帶給人們生活的改變。例如，社會運動領導者金恩博士（Martin Luther King），結合了他強有力的理念、哲學以及社會領導技巧，引導了成千上萬的人們追求非裔美人的公民權。這種領導可以歸入領導過程模式，它強調領導是一個社會過程，領導的產生乃由於團體的自然互動，非領導者個人的某些特質所引起。領導過程的主要目的在維持或促進團體的目標（洪儷瑜，1984）。

(三) 領導是組織權力屬性的賦予

　　第三類領導建基於權力關係，領導者擁有組織的最高位階和最大的權力，這種位階和權力的獲得不是因領導者個人的人格特質或團體領導技巧，而是組織權力屬性的賦予，例如中國古代的帝王，家天下的觀念使得子可以繼承父業，因此清康熙即位時只有七歲。皇帝的權力是相當大的，「君要臣死，臣不敢不死」。而在西方羅馬的家主觀念，家主是宗族的領導者，他甚至可以操宗族成員生死。以現代的民主觀念而言，人們亦選出官員來代表他們，並且授予權力來做決策，這些決策亦影響著人們的生活，例如我們選出總統代表國家，其對外或對內決策權力的運用影響了「總統的頭家」。

(四) 領導是行為的發動和維持

　　第四類領導包含發動行為並且維持整個建構。領導者是行為的發起

人，並且設法讓整個群體朝向一個既定的目標前進。例如強調人本教育的教育改革者，結合一群理念相同的人，向現有的教育體制提出改革構想，並加以實行——如森林小學。

　　以上所談領導的定義，似乎彼此的相似性很高且有些重疊，例如金恩博士除擁有優異的領導技巧外，也散發出一股個人的領袖魅力；以民主方式選出賦予權力關係的領導人，有些也具備了過人的口才和特殊的人格特質，如自信、幽默和負責等。不過，共同的特徵都具有如葛德納（Gardner, 1983）所稱的人際智能（interpersonal intelligence），也就是說，能了解別人的行為和動機，善於與人相處，從而產生建設性的行動（Gallagher & Gallagher, 1994; Piirto, 1994）。

(五) 領導是互動的、創造性的

　　席思克（Sisk, 1993）的互動的創造性領導模式（Interactive Leadership Model），定義領導為：引導他人去領導他們自己（leading others to lead themselves）。領導者設計並執行一個制度（system），以容許並教導他人成為自我的領導者。此一模式同時考慮到個人、過程和結果。文化和時間組成個人外在的本質，而個人內在本質包含自我和創造性的領導。創造性的領導表現在四個屬性：(1)洞察力（vision），領導者能看出事情的來龍去脈，並且幫助他人也建立並分享共同的洞察力；(2)勇氣（courge），領導者有冒險的勇氣，也追求冒險；(3)全神貫注（absorption），領導者能避開日常瑣碎的事情，使自己能全神貫注於創造性的活動；(4)才能（talent），領導者能自我認清，並欣賞自己在多種領域裡成為有創造性的領導者，包括藝術、科學、數學等其他領域。

　　「過程」在此模式中好比透鏡或過濾器，經由它而達成創造性的領導。此「過程」包括生產性的思考和感覺，特別是調整、訓練、授權、鼓

勵、增強和示範等技巧。這些技巧的運用將導致洞察力和目標的分享，以及行為和動機的建立，增進結果的表現和品質。

　　創造力領導的「結果」具體表現在創造力、革新和企業的特徵上，例如，在亞馬遜河流域的巨大蓮花的獨特結構，提供了現在超高建築設計的靈感；又如在美國，每天燃燒 240 噸都市廢棄物的垃圾焚化爐，其所產生的蒸氣被用管子接到另一個印製美鈔的紙漿廠，充分顯示出企業領導的創造性。

　　為了比較傳統的領導和創造性的領導，席思克和羅絲莉（Sisk & Rosselli, 1987）特別列出了一個比較表如下：

傳統領導觀點	創造性領導觀點
控　制	讓事情做好
零和遊戲	全　贏
權力的移走	充分授權
有限的資源	無限的資源
衝突的壓制	衝突的解決

◎ 二、領導者的個人特質

　　領導是一組與人工作的社會技巧（VanTassel-Baska, 1994），這些導致有效領導的社會技巧被認為是一種特殊才能，而此特殊才能乃一群能力的組合。費德休森和甘迺迪（Feldhusen & Kennedy, 1988）認為，領導才能包括智力、動機、道德的敏感、思考技巧以及社會—個人行為，其中動機、道德的敏感以及社會—個人行為，乃關係到個人—社會互動。康尼絲和德利歐（Karnes & D'Ilio, 1990）在向一群高領導潛能的學生所做的調查中發

現，屬於個人和社會的因素包括：情緒的成熟、誠實、堅忍、道德導向的、負責的、友善的、冒險的、低焦慮的、能控制自己的行為、在團體中能維持領導的角色等。

梅爾思、史雷民和邵忍（Myers, Slavin, & Southern, 1990）在對一群具領導潛能的特殊夏令營學生所做的調查中發現，學生們普遍具備語言的流暢、積極穩定的人格、能引起團體的注意力、少支配性、態度積極、開放的、有效的溝通技巧，以及能促使成員主動參與團體活動。

班尼絲（Bennis, 1991）指出四種基本的領導技巧：(1)領導者應能引領團體成員設定追求的目標；(2)領導者能夠與團體成員做清楚的溝通；(3)領導者可獲致團體成員的信任；(4)領導者有良好的自我了解、自我控制和自尊。假如這四種能力順利達成，就可達成四項結果：(1)團體成員感受到自己在組織中的重要性；(2)團體成員會認為學習和能力是有價值的；(3)容易形成組織意識；(4)感覺到工作變得有趣且滿意度高。

理察森和費德休森（Richardson & Feldhusen, 1988）指出，一個有效的領導者必須具備七項特質：(1)自信：領導者表現在責任的擔待上是有自信的；一個有自信的領導者在面臨做決策時，會表現出沉穩，並且能快速評估狀況，以便做出明確的決定。(2)冒險：一個好的領導者有時必須在只能前進的情況下，做出最有利團體的決定，這需要點勇氣。(3)善於調適的：有效能的領導者必須勇於接受批評和忠告，允許犯錯而不是去掩飾錯誤或責備他人，他也必須能接受別人的觀點。(4)有決斷力的：當必須向團體發號施令時，他必須是果斷的，同時也須讓別人感覺到沒有威脅，而且是民主的，但有些群體需要較多的指引和控制時，領導者必須妥為判斷。(5)負責任的：成功的領導者是願意承擔責任的，如果領導者不能負責，這個團體可能變得沒有效能，而且團體也會對領導者失去信心；一旦追隨者對領導者失去信心，要再回復是很難的。(6)心領神會的：領導者傾向擁有更多

的人際敏感度，領導者視團體成員為具有感覺和目標的個人；因此，他不只意識到成員所做的，也能「嗅」出成員所感的。(7)個性外向的：一個領導者是較社會化的、健談的、好交際的，以及友善的。

貝斯和何蘭德（Bass & Hollander; 見譚家瑜譯，1993）歸納出十三種領袖特質：(1)旺盛的體力和耐力：許多領導者似乎每天比常人工作得更久，而且活力充沛。(2)充滿智慧且判斷力準確：領導者在做正確結論和準備行動之前，必然靠著資訊的多方研析，才能做理性、直覺的判斷。(3)願意承擔責任：在追隨者猶豫不決時，領導者能奮勇向前，主動承擔決策重任。(4)足堪重任：意指領導者必須要能熟稔整個組織的系統運作，以便能運籌帷幄。(5)了解團體成員的需要：依據赫茲柏格（F. Herzberg; 見李約翰譯，1994）的研究，領導者必須了解追隨者的二種需要：一是維生的需要，包括金錢、地位、待遇和安全；二是滿足的需要，包括成就感、受到肯定、工作的挑戰性、責任、專業的成長和發展。(6)人際技巧：領導者必須善於與人相處，體貼、關心別人。(7)強烈追求夢想的實現：領導者常有強烈的企圖心，他們追尋尚未開發的領域而不甘於平淡。(8)能激勵追隨者：一個人的力量不能成事，必須靠追隨者採取實際行動，此時溝通是激發型領導者的利器。(9)有堅韌的勇氣，凡事果斷，而且一旦採取行動之後絕不輕言放棄。(10)能讓團體成員信任而甘心追隨他。(11)自信心：領導者對自己的影響力深具信心，也對自己將冒的險深具信心，因為他常是有備而來。(12)進取心：領導者常常是不斷追求卓越的，否則很容易為潮流所淘汰。(13)有變通性：領導者保持目標的不變，但是在策略的運用上卻能保持彈性，能適應不同的狀況而調整行動綱領。

研究領導者特質的真是不乏其人，研究的對象可以是從政治的、經濟的、文化的、軍事的或教育的各領域；也可以是現在或過去已經是傑出的領導者，或是具有潛力的未來領導者。研究者所得出的領導者個人特質不

必然全部出現在每一個領導者身上，而且這些特質也可能因環境的不同而有所改變；換言之，領導者的個人特質可能與環境交互作用，特質的重要性可能隨環境的不同而改變，而且在此時此地是領導者，在彼時彼地可能是被領導者，一個好的領導者應該同時也是一個好的被領導者，因為他能設身處地，願意貢獻智慧並且採取行動。

參、領導才能的評估

　　領導才能是可以培養的，學校教師可以透過非正式的課程及活動，以發展學生的領導才能。為了發掘具領導潛力的學生，並透過正式的領導潛能發展方案加以培養，適當的評量以選擇學生是必要的。同時，評量也可獲致領導才能的有用訊息，以作為發展領導課程的參考。

　　雖然在資優學生的鑑定方面，領導才能這個領域是最感不足的，然而和其他教育方案一樣，學生的來源應先經過公開的推薦，讓父母、老師了解整個方案的內容、入班的標準，以及有哪些活動的簡要敘述。被推薦者應提供一些背景資料，包括過去曾經有過的領導經驗、個人和社會技巧的自我評分、過去領導經驗的成果報告，和老師對於學生領導行為的評分等。

◉ 一、自我評量

　　有關個人和社會技巧的自我評量，康尼絲和趙民（Karnes & Chauvin, 1986）所發展的「領導才能評量單」（Leadership Skills Inventory, LSI）可提供一個很好的參考。「領導才能評量單」共有九個分項，分別是：

1. 領導的基本概念：包括名詞的界定和各種領導風格的認識。

2. 文字溝通技巧：包括做摘要、撰寫講詞，及研究報告等。

3. 口語溝通技巧：包括說明個人對於問題的看法、發表演說及提出建設性的批評。

4. 價值澄清技巧：包括了解自由選擇的重要性、認清事情的價值與目的，以及確定個人所選擇的。

5. 決策技巧：包括蒐集事實，分析某項決定的結果，以達合於邏輯的結論。

6. 團體動力技巧：包括成為團體的協助者，有效協調達成意見的一致。

7. 問題解決技巧：包括確認問題、修正策略以解決問題、接受不受歡迎的決策。

8. 個人的技巧：包括自信、敏感性，以及個人的儀容修飾。

9. 計畫的技巧：包括設定目標、發展時間表，以及定出評估策略。

「領導才能評量單」是一個自我評分的量表，透過這幾個類別的項目分析，學生可以了解自己的優缺點，從側面圖可以看出自己需要加強哪一方面的能力，老師以及協助者也可以得出全體的組合的側面圖。自我評分會比他人評分獲得更為客觀的結果，克拉克（Clark, 1992）亦認為學生的自我推薦是最有力的指標。學生們亦可以目前的領導技巧為基準線，作為將來評量進步與否的比較參考。

◉ 二、老師評量

老師對於學生領導能力的評分，可以阮儒里（Renzulli, 1983）的「領導才能評量表」為代表，此一評量表依照下列十個標準：

1. 能確實負起責任嗎？所做的承諾值得信賴嗎？

2. 在同齡夥伴和成人面前顯得自信嗎？當展示個人成果於班級時能落落大方嗎？

3. 受到同學喜愛嗎？

4. 能與人合作避免爭吵嗎？很容易和人相處嗎？

5. 能清楚表達他（她）自己嗎？口才流暢且能被人了解嗎？

6. 能適應新的情境嗎？在思維和行動上有彈性嗎？當日常作息改變不會受到干擾嗎？

7. 有他人在的情況下感到自在嗎？

8. 當大家在一起的時候，會支配或主導行動嗎？

9. 參與和學校有關的社會活動嗎？是否獲得信賴？

10. 擅長體能活動嗎？喜歡各種體能遊戲且協調性佳嗎？

　　阮儒里的領導才能評量表只是其「優異學生行為特質評量表」當中的一項，該行為特質評量包含學習、動機、創造力和領導才能等四個領域。阮儒里認為，此四個領域的行為特質的差異性極大，四個量表的分數不能相加成為一總分。所以有關領導才能的評量，是可以應用其領導才能分量表的；不過，此分量表的題目太少為其缺點。如果能配合前述康尼絲和趙民（Karnes & Chauvin, 1986）的「領導才能評量單」使用，效果更佳。

　　領導才能的展現需要配合情境，並不是每一個學生都有「好」的機會發揮領導才能，因此，長時間的觀察是必要的；也不是設定一個量表決斷分數就可決定：高於它就具領導才能，低於它就不具領導才能。為領導才能訓練方案選擇學生需要有彈性、合理化，並且顯示對學生真正的關心，低的分數或師生間有衝突，不能剝奪有潛力的未來領導者接受挑戰訓練的機會。

　　當所有有關學生的訊息蒐集齊全之後，最後的評估可以區分成三個類

別：(1)成人對於學生領導潛能的評分；(2)學生的自我評分；(3)有關領域的成就水準的證明（VanTassel-Baska, 1994）。每一個被推薦者都可以從各該項目獲得一個指數分數，委員會可以經由討論獲得某項分數的加權比重，然後得出一個綜合的分數並加以排序，選出所要的學生加以訓練。

肆、領導才能的訓練

領導者是可以訓練的，已經有許多研究證明。例如詹（Chan, 2007）提出有效的領導才能訓練須包括應用實用技能和緘默知識（tacit knowl-edge）、學習情緒管理、適當運用情緒管理來協助思考，以增進自我效能和目標導向；此外像領導的彈性可加強人際技巧、溝通技巧和建立團隊，可見其訓練方案特別重視情緒智能（emotional intelligence）和史騰柏格所謂的成功智能（successful intelligence）。李斯諾爾（Leshnower, 2008）則指出領導者不是天生的，有五種重要的領導行為是可以訓練的，包括：創造性的洞察、溝通技巧、領導與被領導、創造性的思考、信任與團隊合作等。以下就領導才能教學，提出一般性建議及配合學科教學。

◎ 一、一般性建議

領導潛能鑑定所獲致的評量訊息，是設計一般以及個別化課程發展的重要參考，例如依據康尼絲和趙民（Karnes & Chauvin, 1986）的「領導才能評量單」，學生們在評量單上所顯示出來的不足之處，就成為課程發展的優先考慮，譬如多數學生在口語溝通技巧顯得較弱，課程發展就應強調這個領域的特別指導。

(一) 學科知識的發展

就整個領導才能訓練課程的考量上，許多學者不忘強調學科知識的發展，例如費德休森和甘迺迪（Feldhusen & Kennedy, 1988）認為，就認知角度而言，一個領導者必須在某些領域有所專精，以分享這個社會；因此，領導才能的發展過程，就是在確認學生潛在才能的領域，並提供成長與發展的教育機會。這也就是以知識力量作為領導力的來源（劉麗真譯，1993；Richardson & Feldhusen, 1988）。

(二) 情意與技能教學

若從情意、技能的角度觀之，學者在此方面的領導才能訓練著力甚多。盧台華（1984）認為，領導能力訓練需從情意領域的教學策略中來發展與設計，訓練的重點應放在人際關係的發展上，包括具有應變的能力、開放的心靈與組織的能力，也應注重自尊心、價值觀與成熟情緒的培養。當然，與團體的溝通技術亦不可少。

帕克（Parker, 1983）建議一個統合的領導才能訓練課程應包括四個領域：(1)高層次的認知活動；(2)問題解決技巧；(3)人際溝通能力；以及(4)決策技巧。

(三) 綜合性領導才能訓練

理察森和費德休森（Richardson & Feldhusen, 1988）在概覽了有關領導才能研究和理論著作後，發展了一套中學生領導才能教育課程，這些課程目標在發展領導者的社會技能，以及了解自己在領導的潛能。

在其教育課程中，首先是幫助學生了解，好的領導者應具備自信、自尊、冒險、負責、果斷、同理心等。課程的第二個重點在於訓練領導者的溝通技巧，例如，如何給予指示、如何傾聽、如何運用肢體語言，以及如

何了解別人。第三個重點在於訓練每一個人成為好的團體成員，例如有活力、熱心、真誠、願意承擔任務、準時、友善等。第四個重點在於訓練領導者能發展團體（組織）的目標、規劃團體的行動。發展團體目標必須有明確的價值理念，並向團體成員說明，有了明確的目標就可發展長、短程計畫，依據長、短程計畫再來規劃達成目標的行動；執行行動需要團體成員的合作、競爭、溝通和彼此激勵。第五個重點在於發展領導者組織各種委員會以及議事技巧，組織各種委員會乃在於將團體成員做任務編組，例如活動組、總務組、公關組、會員組等，這些委員會也是組織的骨幹，除了負責執行任務外，也可讓更多人嘗試領導者角色。不論是整個團體的或各委員會的領導人，都有機會主持各種會議，會議的目的在達成團體成員的共識，亦即在反映多數人的期望，也保障少數人的權利。熟悉議事技巧可確保組織的順利運作。

(四) 互動的創造性領導訓練策略

　　席思克（Sisk, 1993）的互動的創造性領導模式（如前述），是以權力的合理觀點來看待領導，而要發展該種創造性領導能力有六種策略：

1. 設定目標：成功的領導首先要能設定目標，而要成功地設定目標，有六種阻礙必須祛除：(1)抗拒或避免改變；(2)依賴教條和一成不變；(3)害怕和自疑；(4)過分依賴邏輯和拘泥細節；(5)胡思亂想；(6)過分依賴實用性和效能，以至於缺乏創造性的解決方法。

2. 反映未來：傑出的領導者是未來導向的，他們有未來的夢想，並且將別人納入他們的夢想中。在過去一、二十年裡許多認為不可能的事情，現在都成為可以接受的事實，例如衛星通訊、光纖的使用、超級電腦、溫室效應、生物科技等。研究這些改變的事實有助於資優生面對積極的未來。

3. 學習楷模：有些成功的領導者認為，他們的領導技能是跟隨有類似領導成功經驗的前輩，或依循他們的處事手法，或學習他們的決策模式。事實上，許多技巧的學習都是觀摩技巧純熟的專家的表演，然後內化於心，再「複製」於外，反覆的練習以達登峰造極，例如運動技能、音樂、美術、舞蹈等的學習。領導技能的學習亦可仿效此種類似師徒制策略，以學習傑出領導者的技術和手法。

4. 認識自我：一個好的領導者是自我導向和獨立的，他也必能知道自己在領導上的長處和能力，能形成自我觀念，也知道別人如何看待他。幫助資優生獲得自我認識，鼓勵他寫日記或做獨立研究是有用的；或者問資優生：假如你能從鏡中看到你未來的三十年，你最希望看到什麼樣的你。

5. 人際能力：好的領導者必具備良好的人際能力，如關心別人、與人合作、衝突解決等。資優學生特別喜歡團體活動，因為他們有強烈的驅力，如責任、活力、堅忍、冒險，和問題解決的原創性。有時，人際能力必須用在處理一些干擾或有害團體的行為，例如團體中的小派系、談話偏離主題、敲邊鼓、混亂的場景、成員心不在焉，或者過分沉默等。

6. 克服衝突：領導的過程有時必須對付價值的差異和衝突，解決衝突靠溝通，而溝通需要相互的信任、真誠相待、接納別人和同理心。不過，價值的差異和爭論不必然全是不好的；有時，爭論也會有正面的結果，如動機、認知推理、精熟、創造力、問題解決和凝聚力等。質言之，有了衝突存在，大家更有動機去解決問題，也有機會從另一個觀點來看問題，自然使用認知推理；為了解決問題，大家也變得更團結。

◎ 二、配合學科教學

除了特殊的教育或訓練方案外，領導才能的觀念和技巧亦可融入學科教學當中，例如，在主題課程中包括傑出領導者的傳記或自傳，鼓勵學生去分析和評估領導者的動機、貢獻、影響力及其領導風格，了解領導者在其一生當中的重要事件和家庭的影響力等，都可作為學科教學的實用教材。

(一) 科學課程

在科學課程方面，如物理、生物、數學和社會科學等，都可提供學生機會以發展帶頭規劃、批判性思考、創造性問題解決和決策能力。學生也有機會認識在各種科學領域的領導人，如李遠哲、吳健雄、吳大猷、李政道、牛頓、愛因斯坦、史蒂芬‧霍金等。他們可以比較這些人的貢獻和自己的價值系統，也可學習這些科學領域的領導人如何將興趣和能力發展成一種生涯事業。

(二) 人文課程

在人文學科方面，語言藝術、說話和其他強調口語及文字溝通的課程，也提供機會讓學生學習如何清楚有效地表達意念。例如，準備口頭報告、聽別人的報告、練習寫新聞報導、編輯學校或社區刊物、準備辯論或討論、參與學生選舉等，都是很好的練習機會。團體活動也提供機會讓學生學習如何幫助他人，感覺自己在團體中的重要性和價值感。

(三) 藝術課程

在藝術課程方面，學生可以透過集體創作或表演，學到領導技巧，也可以認識過去和現在在美術、音樂、舞蹈或戲劇表演上獨領風騷、豐富人們生活的代表人物，而受到啟發和鼓舞。例如，藉由研究嶺南派、印象派、野獸派畫家具創造性的作品，所因此形成的畫風，乃至於畫家們的生活及環境影響，都可啟發學生們對一代宗師的崇敬之意而心生效法。

(四) 課外活動

在課外活動方面，具領導潛力的學生們可以透過楷模學習和實習機會，實際參與學校領導者或社區領導人的實務運作。在學生社團當中，團長或幹部可以透過社團目標的訂定、社團活動的安排與執行等，學習如何鼓勵別人、激發團隊精神，以及與各種不同的人有效互動、解決衝突。

(五) 家庭與社區

在家庭方面，父母也可提供孩子充實的環境，使有機會獲得廣泛的興趣、自尊，以及領導者所需的洞察力和技巧。蒙塔格納（Montagner; 引自 Clark, 1992）觀察父母和其成為領導者的孩子之間的相處，發現他們常常有許多的溝通，父母會徵求孩子的想法、傾聽孩子所說的，父母對孩子沒有威脅或使用具攻擊性的行為，也不會對孩子過度保護。

當孩子參與家庭和社區的各種活動時，父母應給予支持和鼓勵，例如參與選擇、計畫、執行，以及評估家庭假日活動或室內設計等，都可養成孩子獨立思考、相互尊重、客觀、同理心、溝通和討論的領導者特質及技巧。

◎ 三、訓練方案舉隅

(一) 歐—西領導才能訓練方案

歐格魯和西拉普（Ogurlu & Serap, 2014）為六年級學生（包括資優和一般學生）設計了十五週、每週一小時的領導才能訓練方案，方案內容包括：

1. 基本的領導知識。
2. 問題解決。
3. 做決策。
4. 創造力。
5. 建立團隊。
6. 溝通和互動。
7. 目標決定。
8. 動機。
9. 自信。
10. 發展良好的特質。
11. 尋求支持。
12. 保持沉著。
13. 克服膽怯。

實驗結果已如前所述，不管是資優或非資優，實驗組的領導技巧都有顯著效果。因此他們建議，領導方案應發展並執行於各教育階段。

(二) 德州州長榮譽方案

美國德州拉馬爾大學（Lamar University）曾經於 1989 年起，連續數年為該州資優的青少年舉辦每次三週的住宿夏令營，稱為德州州長榮譽方案（Texas Governor's Honors Program）。參加的資優青少年都是在學業成就和領導才能上的一時之選。活動的主題是「多元文化社會的領導才能」。其訓練方案乃透過各種學科，如數學、社會科學、人文學科、溝通和藝術來實施。該方案的目標在於提供機會以：

1. 加強學科內容領域的深度教學，且強調領導才能。
2. 進一步了解政治的歷程和全球社會所面臨的問題。
3. 發展批判性／創造性思考技巧和問題解決能力。
4. 與人互動並了解彼此的責任。
5. 給予中學教師一個最適合資優學生的示範和經驗。
6. 給予當地學區想要規劃和發展學校方案的範例。

在訓練方案開始之前，大學教師、中學教師和助理人員共同參與了一個週末訓練講習會，以發展適合於資優學生學習需要的教學策略。助理人員乃大學研究生和以前曾經參與該方案的優秀學生所組成。

課程設計除內容的深度教學外，強調問題解決的行為和態度，以及個人領導才能的發展。例如，在小組討論會內安排有學科專家、大學教授、社區或各級領導人討論世界問題。課程內容包羅萬象，包括俄文、中文、歷史、岩石和星象、問題解決、未來學、團體動力、溝通歷程、國際貿易、環境研究、國際談判、和平衝突、說服心理學、婦女問題等。

該方案的哲學主張心、體、意三位一體，以發展領導才能，所以活動包含學科、體能及社交三方面，例如游泳、舞蹈、球類、歌劇、藝術欣賞等。此外，尚安排有週末旅行，以及晚上的討論會，討論會旨在擴展資優

生社會的、政治的、環境的，以及經濟的問題的覺知。

　　在參與這樣的活動之後，學生們會被鼓勵去設計並發展一個有關領導的活動計畫，以便來年能在他們自己的學校實施。依據過去參加過的學生及老師的敘述，此一方案對他們的生活產生了正面的影響，學生們認為，這樣的訓練使得他們能以積極的態度來面對學習，同時在領導才能的增進上，也對學校及社區有了長期的效果（Sisk, 1993）。

第八章

資優學生的獨立研究指導

成成的家庭人口非常簡單，父親在市政府工作，母親是高中老師，有一個哥哥就讀臺南一中，目前他是資優班六年級的學生。

　　在家中，父母對孩子的管教方式很民主，通常會立下一些家庭常規。由於成成的個性是屬於比較開朗，也滿乖巧、聽話的，所以父母通常不太會干涉成成的生活，大多是由他自己規劃生活作息。

　　成成平時很喜歡看書，也在才藝班學小提琴和鋼琴，因此他休閒的時間大部分是在看書或是練琴，很少到外面遊玩。他的另一項學習就是英語會話，從幼兒園開始就到兒童英語會話班上課，所以現在簡單的英語會話還不錯。不管是小提琴、鋼琴或英語會話，父母只是引導、鼓勵，並不強迫他學，所以成成學得很快樂。

　　依照老師對成成的評論，認為成成在學校表現非常的好，語文和數學都在班上水準以上，尤其是數學推理更佳。他有一篇「校園植物大蒐祕」的獨立研究報告，讓老師印象深刻；老師也建議他與他的小組再加以整理，製作一本校園植物導覽的小冊子，供學校同學參考；或者與自然科老師、學校總務處共同規劃一個校園植物學習步道，這都是對學校的一個貢獻。

　　資優生的特質之一是喜歡做獨立的思考與學習，「獨立研究」或許是較能符合其學習特質的一個安排。獨立研究讓學生有機會自己選擇一個有興趣的主題，在自己所能管控的時間及環境下，對該主題做問題的思考，並蒐集資料以解決該問題，最後形成一個「產品」。所以，獨立研究基本上是產出型的學習型態，對於解決真實世界的問題是有幫助的。

　　獨立研究雖然提供學生機會超脫一般教室的限制，以探索真實的世界，但基本上還是需要老師或其他大人的協助與鼓勵，以協助學生學習經驗的成長；學校和社區提供人力或物力資源，共同幫助學生獲得研究的成果。事實上，獨立研究（independent study）只是符合個別化教學的一種型態，與自動學習（autonomous learning）、自我教導（self-teaching）、自我導向的學習（self-directed learning）、深度學習（in-depth study）和個別學習（personalized learning）等，有異曲同工之意，都是在普通教室之外個別的、延伸的學習。對於那些能力特別高，拒絕接受傳統學習環境和價值的資優生，獨立研究倒是可以發揮他們自我興趣，自由選擇其學習主題，達成比預期還要高的學習成效的方法。

　　多數的研究似乎都支持資優生喜歡獨自的學習（work alone），但也有研究者（如 French, Walker, & Shore, 2011）從動機和社會建構理論探討這個議題，發現資優生的工作如果受到老師或同儕學生的支持，他們比較喜歡跟其他的人一起工作。所以他們提醒：如果學生對學習表現反感／厭惡、表示孤獨，或低的自我價值感／自我效能，他們可能反應出在教室缺乏支持。自我應驗的預言可能出現，認為他們是喜歡獨自學習者；此時老師、諮商人員或學校心理學家要進一步了解情況。

　　普通教室的學習環境及科目是設計給一群在平均智力上下的學生，學習方式大多是直接教學（directed teaching）或整體教學（whole group tea-ching），基本假設是學生可以在這樣的環境下，獲得以及了解普通知識並

加以應用，協助認知的成長。提供給資優生的學習環境是較少結構化的，大多數的教室時間應該是允許學生能夠做進一步的自我探索、自我發現，統合多種學科的基本技巧和高層思考技巧，做知識的生產者。

壹、獨立研究的指導模式

做獨立研究指導有三個主要的模式：阮儒里的三合充實模式（Enrichment Triad Model）、貝茲（Betts）的自動學習者模式（Autonomous Learner Model），和崔芬格的自我引導學習模式（Self-Directed Learning Model）。這些模式可以在學期當中配合各學科的指導，也可以作為一個學科單獨教導，或者在一般教室以外的充實方案中實施（Burns, 1993）。

◎ 一、阮儒里的三合充實模式

阮儒里的三合充實模式有三個活動型態：類型一是一般的探究活動，透過興趣中心、校外參觀、特殊活動、聽演講以及其他活動，以引出學生潛在的特殊興趣領域；類型二是團體訓練活動，主要是透過一些活動以訓練學生的高層次能力，如創造思考、問題解決、做摘要、閱讀技巧等；類型三是個別或小組對真實問題的探討，這是獨立研究的階段，學生自選一真實問題做探討，最後的成果是知識的產出（可參見第五章，圖 5-1）。三個類型可以依序為之，老師也可以依學生的能力彈性調整其順序。前兩個階段是針對大多數學生，老師的介入較多；後一階段是針對少數高能力學生，老師的參與最少，通常只是從旁的協助或引導。

三合充實模式在一般學校可以視為資源方案功能，特殊教師協助一般教師安排類型一的一般探究活動，提供或協助類型二的團體訓練活動，對

於進入類型三的學生提供管理系統並從旁協助。一般教師指導核心課程，並做某種程度的加速或濃縮，以便高能力學生空出時間做真實問題的探討。在自足式的資優班，老師仍須負責一般學科的教學，濃縮或加速是必要的，學生才有足夠的時間做真實問題的探討；在資源式的資優班，一般而言老師是不負責普通學科的教學，運用三合充實模式有充分的自主性，在中低年級大多進行類型一和類型二活動，到了高年級大致上多做類型三的指導，學期或學年結束安排獨立研究成果發表會，這對資優生是相當好的練習機會，他們也可以從中學到很多並獲得成就感。

◉ 二、貝茲的自動學習者模式

貝茲的自動學習者模式（Betts, 1985; Betts & Kercher, 1999）包含五個向度：定向（orientation）、個別發展（individual development）、充實活動（enrichment activities）、專題討論（seminars），和深入研究（in-depth study）（如圖 8-1）。自動學習者是指能夠聯合運用聚斂思考、擴散思考和最少的外在引導，在所有致力的領域裡解決問題或發展新的觀念。

「定向」的目的是在建立自我的了解、群體關係、了解資優，並向學生介紹此一模式的意義，直接反應資優學生的情意需求。「個別發展」的目的是增進學習技巧、個人了解、人際技巧，以及生涯參與，使學生熟悉深度研究的資源和方法，繼續情意發展。「充實活動」包括社區探索和調查、文化活動、服務的參與，以及探險之旅，此一階段強調學生是學習者（learners），而不只是學習的接收者（recipients of learning）。「專題討論」的目的是在增進對於未來的、有爭論性的、有疑問的，或一般興趣的主題的參與，最終目的是引導到深入研究的主題。「深入研究」可以是個別或小組完成，學習者希望能花時間去探討個人有興趣的主題，然後將研

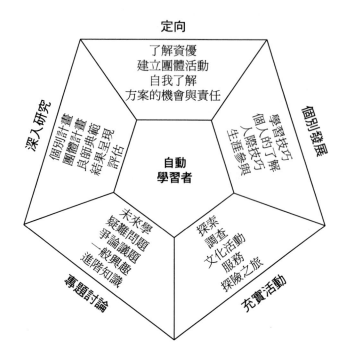

圖 8-1　貝茲的自動學習者模式

究結果向有興趣的聽眾做一報告。

　　自動學習者模式可以融合在一般課程實施，也可以在一般課程外，以充實方式單獨實施。一如阮儒里的三合充實模式，普通班老師和特殊班老師（如資源教師）的合作是必要的；不過，此一模式似乎比較複雜，也比較強調情意的部分及心理的安全感，在資優班或資優資源班實施或許比較適合。整個五向度的實施時程建議是三年。

◉ 三、崔芬格的自我引導學習模式

崔芬格的自我引導學習模式（Treffinger, 1981），主要是幫助學生學習如何對自己的學習做有效的決定，成為負責任的學習者。此一模式有四個基本要素：(1)確立目標；(2)評量起始行為；(3)確認並執行指導程序；(4)評量成果。每一領域／要素依老師介入或學生自我引導的程度，分成五種水準（指導型態）：(1)命令型態；(2)任務型態；(3)同儕—小組型態；(4)學生—老師合約型態；(5)自我引導型態。很顯然地，「命令型態」是一種老師控制的學習方式，學生完全跟隨老師的指示行事；在「任務型態」，學生可以有一些選擇；在「同儕—小組型態」，老師依學習需要將學生加以分組，且分組可能基於技能需要而做各種改變；在「學生—老師合約型態」，學生與老師對於學習合約是可以協商的；在「自我引導型態」，期望學生做完全的自我學習，老師只有一點點或完全沒有協助。

崔芬格的自我引導學習模式看來比較缺乏結構化，指導的細節也不是很清楚；不過，此一模式強調先備技巧的評量，以及在獨立研究所需的技能指導。

不論是阮儒里的三合充實模式、貝茲的自動學習者模式，或崔芬格的自我引導學習模式，所論述的都是指導獨立研究的漸進過程；在學生實際進入獨立研究的最後階段，他們所需要的能力被假設在指導的漸進過程中已經建立，例如選擇主題、尋找相關資源、運用研究技巧、分析研究資料，以及呈現研究結果等。因此，獨立研究的指導過程顯然比成果重要；學生具有獨立研究的興趣，加上技巧訓練的成熟，有意義的成果自然水到渠成。在指導的過程中，老師是成功最重要的因素，模式、方法、教材都只是一種輔助，重要的是老師要提供環境，一種有選擇的自由、有許多協

助的資源、無條件支持的環境，不論何時何地，當學生需要時都可以獲得幫忙的環境。

貳、獨立研究指導的基本要素

指導資優學生做獨立研究，猶如讓他們提早進入知識生產的真實世界；生產知識似乎是成人的事情，學生大多是知識的吸收者、運用者。資優教育強調資優生不只是知識的消費者，也要成為知識的生產者。讓資優生成為知識的生產者無法一蹴可幾，需要逐步形成，有幾個過程要素值得參考：

◎ 一、欣賞優秀作品

為了讓資優學生能進入研究的領域，讓他們先欣賞、閱讀一些優秀的研究成果是有用的。當然，這些有代表性的作品是老師用心精選的，包括題目是解決現實問題的、所用方法是正確的、研究結果是有創意的，甚至文章的寫作是流暢的。欣賞或閱讀前人的作品，會激發或產生新的作品的動機，尤其如果這些作品是他們所熟悉的前輩同儕所做，其產生的學習效果更大。許多有資優班的學校，期末都會安排研究成果發表會，讓剛要進入研究課程的學生參加前輩同儕的發表會，是一個不錯的機會。

貝茲的自動學習者模式的個別發展向度，在增進學習技巧和生涯參與，欣賞和閱讀各種不同學科、不同興趣的主題，可以有效激發資優學生自我起始、自我導向的學習。在自我效能的研究中顯示，一個人先前的積極工作經驗，會大大地增加其後對該工作投入的可能性。因此，提供資優學生欣賞和閱讀優秀作品是增進其研究動機的第一步。

◎ 二、體會眞實世界

在一般學校裡，老師們常忙於將一些事實知識傳授給學生，且常常占去大部分的上課時間；當然，事實知識對於學生運用於日常生活，以及對學生認知的成長是有幫助的。然而，在學生的日常生活裡，常須面對一些未知的問題，為了幫助學生認識真實世界，解決未來問題，讓學生有機會體會未來世界的變動是有用的。

現實世界資訊的變動相當大，也相當快，要能掌握資訊才能有效運用資訊。因此，如何蒐集、組織、描述及解釋這些資訊，成為現代人必備的能力；此外，根據分析所得對未來趨勢做預測，最後則是發展新的事實、產生新的知識。

老師在上課的過程中，應該常讓學生有機會、有時間思考現實問題及問題的本質，哪些是已知？哪些是未知？如何運用已知解決未知的問題，基本上這就是進入研究領域的心理準備。資優學生更應該有機會思考問題、創造問題，並練習解決問題。

◎ 三、教導圖書館技巧

現實世界的知識／資訊在哪裡？學生所用的課本是其中之一，但也相當有限；因此，各學校的圖書館都盡可能地蒐羅對學生有用的資訊。走進圖書館，報紙、期刊閱覽室、參考資料室、電子資訊室，甚至最大的書庫，哪裡有讀者所需資料？又如何找出來？這些恐怕都是圖書館使用者最關心的事。

教導學生會使用圖書館，學生才比較願意走進圖書館；讓學生覺得有

必要使用圖書館，他也才願意走進圖書館；圖書館有學生所需要的資訊，才能激發他利用圖書館的意願。當然，這些都是環環相扣的：學校有足夠的經費充實館藏；老師有指定功課，學生必須到圖書館找；到了圖書館有足夠的技巧可以找到資料。這是最理想的圖書館利用三部曲。

　　研究的技巧之一就是教導如何使用圖書館，知道圖書如何分類？如何使用索引查閱資料？如何找到資料的所在位置？圖書館人員或許比老師更適合教導如何使用圖書館。除了已出版的紙本資料外，現代電子出版品已相當發達，因此，指導如何使用電子資料庫已成為一項相當重要的研究能力。老師可以讓參與獨立研究的學生以小組線上學習、線上討論的方式，完成預定的工作。老師要扮演線上諮詢的角色，鼓勵學生線上提問、提供建議、追蹤進度，並確保一個安心的、友善的互動環境。這種線上學習，有時是可以校際合作的，甚至鼓勵學生做國際間的交流學習，在網際網路十分發達的今天，這是可以做到的。不過，線上學習、線上討論雖然可不受時空限制，但有時可能受限於學生的家庭社經地位，不是所有學生都有可用的資源設備，所以學校的支持是重要的，例如教師的科技能力（線上管理系統）、學校最新的設備（電腦設備及網路資源），以及對使用者友善的軟體都是必要的。

◎ 四、指導研究過程

　　科學的研究講究方法的正確性，下面的研究過程一樣可以在資優學生的獨立研究中適用（Olenchak, 1998; Willard-Holt, 2004）：

(一) 選擇／發現研究問題

研究的第一步就是要有研究問題，很多初步的研究者常面臨研究題目

的選擇困擾。尤其第一次做研究，成功的經驗很重要，它會影響以後是否繼續的意願。

選擇研究題目應該是學生個人或小組有興趣去探究的，對於中、小學高能力學生而言，能夠維持研究興趣一段時間是很不容易的事；因此，選擇的研究題目以能在短期間可以完成者為佳，有了初步的研究成果，才會增進以後的研究動機。

選擇或發現題目的方法可以運用興趣調查（興趣清單）。阮儒里三合充實模式的第一階段：一般探究活動，透過演講、校外參觀、看影片或閱讀等活動，就是在引發學生的潛在興趣。因此，老師可以引導學生從教室、學校、社區等近身的環境做思考起點，例如家庭作業的問題（教室）、課外活動的調查（教室／學校）、營養午餐的調查（學校）、環境汙染問題（學校／社區）、學校／社區安全問題（學校／社區）等；當然，也可以將問題擴大到社會、國家，例如婦女及兒童權利或安全問題（社會／國家）、窮苦家庭孩子的教育問題（社會／國家）等。

選擇的題目除了興趣因素外，還應考慮現實問題，與己身有關或大家關心的問題為佳；此外，還要考慮能否掌握的問題。運用腦力激盪的方法，將有興趣的問題、現實的問題列出後，再來考慮先進行哪一個問題的研究。

(二) 描述／聚焦研究問題

研究問題選定之後，下一步就是要將問題加以聚焦，也就是要引導學生將問題特定化、明確化，以幫助學生獲得研究問題的清晰概念。通常一個研究問題，例如環境汙染的問題，可以探討的方向非常多，例如哪一種汙染？汙染的程度？汙染的危害？汙染是如何產生的？如何避免汙染的產生？如何防治汙染？探討的方向不同，所用的研究方法也不同。而且，聚

焦問題也可以避免研究方向的紊亂，有助於研究工作的進行；也就是說，讓學生清楚了解，哪些是我們真正想要發現的，真正想要發現的就會成為研究的主要部分。有些成人研究者有時也會患了問題沒有焦距的毛病，形成雜亂無章，最後對於結論與建議也會產生某種程度的困擾。

　　聚焦研究問題一樣可以使用腦力激盪法，如果將它化成網狀圖（webbing），也有助於問題的明確化（如下圖）。網狀圖的中心是有興趣的研究主題，從中心所分出去的每一問題都與中心主題有關，是腦力激盪的結果，也是問題的第二層；第二層的每一個問題還可以再各自形成一個網狀圖，繼續腦力激盪，直到問題澄清為止。依照問題的複雜與否，網狀圖也會是複雜或單純化，換句話說，可以是兩層、三層或四層，每一層也可以簡單分枝或複雜分枝。

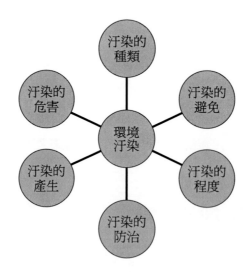

（三）探詢研究問題

　　問題的聚焦是在幫助學生明確化他們真正想要回答的問題方向，而步驟三探詢研究問題是在幫助學生真正開始他們的研究，也就是說，此一步

聽即將引導他們回答問題，將想要回答的問題明確化。此時可以引導學生
了解變項的概念，了解變項的概念有助於以後想從事獨立研究的學生回答
問題。

　　對於中小學生而言，熟悉兩種變項：獨立變項和依變項，是有幫助
的。「獨立變項」可以幫他們界定為：某種我們可以選擇、點數或改變的
東西，因此，我們可以看它如何改變其他的事情；「依變項」就是隨著我
們所選擇、點數或改變的東西的不同而改變的事情。換句話說，獨立變項
是我們研究問題的部分，我們可以以某種方式選擇、點數或改變它，然後
看它對依變項產生什麼變化／影響。例如我們想知道噪音汙染對同學上課
的影響，噪音汙染來源是我們可以選擇、測量的部分，例如上體育課所產
生的噪音、飛機飛過的噪音、街道上汽車駛過或按鳴喇叭的噪音、教室內
同學的嘰喳聲，或學校對同學廣播的聲音等，這些都是獨立變項；同學因
為這些噪音導致上課煩躁、分心、聽不清楚、吵鬧、耳鳴，甚至成績不佳
等，這些就是依變項。

　　研究問題必須包含兩種變數之間的關係。成人研究者或許會用比較複
雜的語彙，例如研究假設／虛無假設，然後運用統計考驗，以決定接受或
拒絕虛無假設，這是比較複雜、難懂的統計問題。但對於中小學生，尤其
是小學生而言，只要能敘明什麼是獨立變項、什麼是依變項，以及獨立變
項對依變項的影響就可以。例如校園內會有哪些噪音來源？通常在什麼時
間？噪音的測定值是多少？哪種噪音對同學的影響最大？噪音通常產生何
種影響？噪音對哪些同學的影響較大？

(四) 決定研究設計

　　研究問題決定研究的設計／方法，研究的設計／方法可以適當地回答
研究問題。研究的方法有很多種，適合中小學生使用的研究方法可分如下

幾種：

1.歷史研究法

　　歷史研究法是一種質的研究法，有助於回答過去「是什麼」的問題，也可以引導預測未來的問題。資料來源可分原始資料和二手資料：(1)原始資料來源是事件的經歷者或目擊者所提供，例如照片、原始信函、日記、手札、事件經歷者的口述等；(2)二手資料是另一調查者根據原始資料來源的報導，例如報紙、年鑑等。歷史調查要求資料來源的權威性和正確性。

　　考古調查可以激發學生對歷史研究的興趣，學生無法做像考古學家的事，但卻可以訓練考古學家的精細和鉅細靡遺，以及事件分類方法，例如，從垃圾桶內容物的調查，依據其剩餘物來分析一個家庭或一個社區的生活／消費態度；從古代生活器具的調查及對老一輩的晤談，來了解古代的生活方式，包括衣、食、住、行、育、樂等；從古代兒童玩具來了解古代兒童的娛樂。

2.描述研究法

　　描述研究是對於現有情況或事件或「問題真相」提供精確的觀點。為支持統計發現，描述研究常伴隨量的調查；描述研究資料的蒐集乃透過晤談、細節觀察，以及問卷調查等方式。如同歷史研究法，學生在進行晤談或細節觀察時，必須事先準備好特定的問題，以確保不會遺漏重要訊息，影響描述事件的客觀性。

　　在描述問題時，有如歷史研究法，但在某些個案裡，可能需加些圖表、次數分配圖或百分比等。例如對於某一天校園噪音的事實調查，可以就時間、地點、噪音的種類，以及噪音的測定值等，分別以圖表、數據等方式呈現，這對於以後的報告是很有說服力的資料。又如調查兒童對於校

園遊樂設施的使用情形，哪一種遊樂器材使用率最高？哪一時段使用率最多？使用的方式如何？也可以透過問卷，調查同學使用遊樂器材的偏好，這些事實資料的現況描述，可以作為學校設施的參考。

3.質的研究法

質的研究法不同於描述研究，但它同樣蒐集許多不同形式的描述資料；質的研究可以讓學生測試或評估事件，以便形成邏輯結論。

質的研究法蒐集三種或三種以上的資料，資料彼此之間檢查和比較，稱為三角校訂。資料來源包括文件分析、參與觀察和晤談或其他；最後研究者根據三角校訂，確認資料的真實性，就可以下結論回答一些待答問題。

人種誌的研究常使用質的研究法，例如要了解原住民部落的「音樂和舞蹈」，蒐集的資料就應包括原住民的樂譜、樂器、歌謠，甚至音樂工作者的日誌，或有關舞蹈的服飾、配件及相關記載（文件分析）；然後到原住民部落參與其相關活動，如豐年祭、婚禮、慶典等，從中觀察其各種節日、慶典所使用的音樂和舞蹈，必要時應錄音及錄影（參與觀察）；最後要訪問一些耆老、族長，及參與音樂和舞蹈工作者（晤談）。若要了解的不只是「音樂」和「舞蹈」，還包括「音樂」和「舞蹈」之間的關係，資料彼此之間的比較和校訂是必要的，最後理出頭緒就有足夠的證據可以下結論。

4.相關研究法

相關研究的目的在決定兩個變數之間是否有關係存在，例如，交通尖峰與一天當中的時段是否有關？身高與體重之間是否有關？或者成績之好壞與噪音之有無是否有關？儘管相關研究可以回答上述問題，也就是兩個

變數之間是否有關係存在，但相關研究無法決定某一變數之所以如此（果），是因另一變數所造成（因），也就是說，無法決定兩個變數之間的因果關係。例如，研究者或許可以根據許多數據，證明成績好壞與噪音之間有相關存在，但他無法以此認為噪音是影響成績好壞的原因。因果之間的檢測必須透過更多量的研究資料來證明，對於中小學生來說太複雜了。

為了幫助學生做相關研究，老師協助他們使用簡單統計是必要的，例如卡方考驗或皮爾森積差相關，從相關的統計值可以決定相關是否顯著。統計值有正有負，都表示有關係存在，例如身高與體重之間的統計值可能是正，也就是說，身高愈高，體重愈重；噪音與成績好壞之間的統計值可能是負，也就是說，噪音愈高，成績愈低（差）。

(五) 蒐集資料

研究設計必須符合研究者所想要回答的研究問題，資料的蒐集也要根據研究設計；換句話說，研究問題指引研究設計／方法，研究設計／方法指引資料蒐集。如上所述，學生想了解原住民的音樂與舞蹈，他的研究設計／方法應該是質的研究法，他的資料蒐集就會包括文件蒐集、實際參與及晤談。又如學生想了解噪音與學業成績之間的相關，他的研究設計／方法應該是相關研究法，他所要蒐集的資料就會包括噪音的測定值（量的資料／數據）和學業成績（量的資料／數據）。

資料蒐集很重要的一項工作就是決定樣本，也就是研究者要決定從誰（或一群人、事、物）來蒐集所要的資料。也許研究問題所涉及的人或事或物很小，資料蒐集時，這些所涉及的人、事、物都是研究者所需的樣本；但如果研究問題所涉及的人或事或物很大，研究者無法一一蒐集之，這時就要考慮抽樣的問題，也就是從一群有關的人或事或物當中抽取一部

分具有代表性的樣本。

　　一群有關的人或事或物就是「母群體」，一部分具有代表性的人或事或物就是「樣本」。從「母群體」當中找出具有代表性的「樣本」，就要考慮抽樣方法，隨機抽樣最能找出具有代表性的樣本。如果學生想要了解班上同學參與校外才藝活動的情形，因為全班同學人數不多，可以做全班調查，全班同學就是他研究的「樣本」，不涉及抽樣問題。如果學生想要了解全校學生對營養午餐的看法，他可能無法對全校學生做調查，這時運用抽樣技術是必要的；為了讓樣本具有代表性，他可能要考慮對全校各年級、各班抽取相當比率的數名學生做調查。

　　有些抽樣技術如分層隨機抽樣是比較複雜，但老師在研究方法指導課時，也有必要對學生說明，或許學生會考慮使用它。此外，到底抽多少比率的樣本才具有代表性，這在相關的統計書裡會有介紹。

　　蒐集資料除了問卷調查、訪談、實地參與、文件分析等技術外，運用一些工具以增加資料的真實性是必要的，例如錄音、錄影、照相、現場札記等。有些研究除了蒐集量化資料外，研究者也輔以其他質化資料，相互佐證以增加研究的信實度。當然，蒐集來的資料只應作為研究之用，不應將接受研究者的私人資訊外流，以免無意中傷害接受研究者，這是研究倫理的問題，研究者不應不慎。

(六) 分析資料

　　資料蒐集完畢之後，如何將它們變成有意義的東西，那就需要去分析它們。依據研究假設或待答問題，將資料做有意義的綜合，以回答研究假設或待答問題。

　　資料的分析大致上可分量的資料分析和質的資料分析。

　　量的資料分析大致上也可分為描述統計和推論統計。運用數學運算，

計算次數分配、百分比、平均數、中數、眾數，甚至標準差等，都屬描述統計；除了數據資料外，研究者如果輔以統計圖或表，可以增加視覺效果。卡方考驗、相關、平均數差異比較（t 考驗或變異數分析）等屬推論統計。描述統計是以簡單數據對於事實做陳述；推論統計除了陳述事實外，也可以做延伸推論，不過必須考慮樣本的代表性，因此做延伸推論時，必須注意研究的限制。例如，前面提到學生想了解班上同學參與校外才藝活動的情形，他所運用的統計方法可能只要描述統計，只對班上事實做陳述，無法據此推論全校同學參與校外才藝活動的情形。另一位學生以抽樣方式了解樣本對學校營養午餐的看法，他所運用的統計方法可以是描述統計加上推論統計，如果樣本代表性足夠的話，他可以據此推論全校學生對學校營養午餐的看法。

　　質的資料分析適合於歷史研究、描述研究，和質的研究。一般而言，質的資料分析只對所蒐集到的資料做事實陳述，直接從資料本身做聚斂式的結論，沒有（或很少）做統計操作，也很少做推論。

　　質的資料分析應該非常注意資料的分類與整理；當然，資料的分類與整理可以依據研究問題或待答問題，研究問題或待答問題若非常明確，資料的分類與整理就有脈絡可循。由於質的研究會用各種方式蒐集資料，資料之間的比對、校正是必要的。若將蒐集來的資料，製作、整理成卡片，將卡片依主題加以分類，在寫研究結果或做結論時就方便得多了。例如，前面提到人種誌研究，學生想了解原住民部落的音樂與舞蹈，他可能有興趣知道原住民音樂的種類、所用的樂器、樂譜的形式、音階、舞蹈的種類、舞蹈的步伐、舞蹈的服飾及道具、音樂及舞蹈與慶典或祭典的關係等，質的資料分析就根據這樣的問題脈絡，逐步整理並做成結論。

(七) 撰寫並報告研究結果

研究過程的最後一個階段是研究結果的呈現，它的重要性和研究過程的各個階段一樣，甚至可以說是更顯著；因為若不將結果呈現出來，就好像研究沒有做一樣。況且，呈現研究結果就是生產知識、鼓勵分享，可以從中獲得成就感，作為下一次從事研究的動力。

　　研究結果的呈現可分書面和口頭報告。鼓勵每一個高能力學生／資優生將研究結果撰寫出來是必要的，這也可以訓練他們的文字運用技巧；清楚、精鍊是研究報告的要求，當然符合格式也是必要的訓練。很多學校會想辦法籌集經費，將它們結集出版，這是很好的做法，也是成果的一個證明。若能選擇優秀作品，發表在有關刊物如當地報紙或兒童雜誌，對學生也有鼓勵作用；若是因此被學校、社區或政府採用，作為施政的參考，對研究的學生而言，更是莫大的鼓舞。口頭報告是另一種研究過程的訓練，鼓勵資優生將研究的過程和結果做口頭的說明；當然，報告時輔以其他技術是受到鼓勵的，例如製作投影片、圖表、PowerPoint，或者幻燈片、錄影、錄音，甚至表演等。口頭報告一定要有觀／聽眾，特別是如果安排在學期末，可以當作是期末成果發表會，邀請學校行政人員、老師、同學、家長參加，研究的學生也會特別重視，慎重準備；對研究的學生而言是一種成長，對其他參加的同學而言也是一種觀摩學習，家長更樂於看到自己子女的表現。

　　一般的學科有固定的範圍，安排是根據邏輯順序，然後在一個學期或一學年上完，再進到另一個範圍。中、小學階段，甚至到大學（研究所除外），獨立研究目前並不設科，由老師融合在學科當中，只有資源式資優班有將它設定成為學習領域，並單獨教學。融合在學科當中有一個好處，

就是讓學生了解，研究就是對學科中有疑問的問題找出回答的一個方法，這可以從小就開始，而且大多數的學生都可以訓練；但限制是時間不確定，學科本身上課時間不足的話，研究變成可有可無。若單獨教學，研究可以是對學科之外，自己所關心、有興趣的問題，發現解決之法。資優班學生可以濃縮一般學科教學時間，挪出固定的時間做獨立研究訓練。

在資優班，老師若要發展獨立研究課程，不要單打獨鬥，最好是組成一個團隊，將獨立研究課程訓練的範圍和序列加以統整，參考上述獨立研究的指導模式和指導要素，以及坊間研究書籍，共同討論各年級的訓練重點及訓練程度，並將討論結果訴諸文字，也就是編成課程大綱。如此一來，學生進到資優班後，研究技巧的訓練就會很扎實，也可以看出一些成果。有關研究技巧的訓練，不必然是在獨立研究課程時硬邦邦地教學，它可以是在有意義地教學或指定作業中，自然地談到並尋求解決。例如談到抽樣的方法，可以在擲骰子遊戲、抽籤、抽獎，甚至是彩券開獎中做機率教學。

做過研究或寫過論文的老師都知道，即使上過研究法和統計，第一次做研究很辛苦，不知從何下手；有開車經驗的朋友也都知道，第一次開車真辛苦，要駕馭它需要一段時間的人、車磨合，等到上手後，第二次、第三次就會感受到自然。做研究也是一樣，沒有第一次的辛苦就沒有第二次的怡然。做研究也不必等到上研究所，資優生從小開始訓練，可以增進對於現實世界未知事項的認知以及探索的興趣，使發現新知成為一項專長及樂趣。

第九章

資優學生的情意
與道德教育

元元是某國小四年級資優班學生，是一個上課認真、反應靈活的小孩。元元的老師和媽媽認為，元元在語文方面較有天分，常會有驚人之語；他的反應機靈，常表現幽默感。例如有一次國語課的照樣造句「……忙著……，……忙著……」，他寫道：「老師早上忙著化妝，晚上回到家裡忙著卸妝。」一句簡單的句子可以看出他的天真和幽默。

　　元元喜歡畫畫，媽媽也讓他上繪畫才藝班，在繪畫的領域裡，他可以揮灑出自己的一片天空；媽媽覺得可惜的是，沒能給他太多時間在繪畫上，因為學校的功課需要時間來練習。元元也對象棋有興趣，爸爸認為象棋有助元元培養專注和邏輯推理，所以他們父子倆有時間就下下象棋。

　　元元的爸爸和媽媽都在學校教書，有教育學生的經驗，所以他們更是了解如何教育元元。對於功課方面，爸爸和媽媽的共識就是讓元元能自我管理，自己安排時間完成應做的課業，然後可以做自己喜歡的事情。至於課外活動，只要是元元有興趣的，也是由他自己選擇，但避免安排過多的活動而過於疲憊。

布魯姆（Benjamin Bloom）的教育目標分類主張教育應包含認知、情意和技能，且三者應並重。但長久以來，我們的教育偏重認知、忽略情意、看輕技能，使得學生只計較於考試分數的高低，對於認識自己與別人、經營與維持滿意的人際關係，以及尊重自己與他人都顯現困難。我國的教育向來也都標榜德、智、體、群、美五育要均衡發展，但學校教育大多太過偏重智育，忽略群體關係和道德教育，注重藝術涵養的美育和體能發展的體育也遭到排擠，使得學生只知讀書考試，不知生活藝術。資優學生的認知發展通常超乎一般智力的同儕，讀書考試與一般同儕相比，簡直是輕而易舉的事；但是否能讓認知發展發揮到最高，又能在同儕當中維持滿意的人際關係，尊重自己也尊重別人，維持高的道德標準等，都是支持資優教育者所最關心的事。

壹、情意教育的重要性

資優學生的特質之一是有強烈的自我意識和過分的敏感，這種特質使得他們在面對情緒問題如批評時，容易受到傷害。資優生的完美主義和自我批判，也會使得他們因為沒有達到自我要求，對自己的能力產生懷疑，形成低的自尊；有時會因害怕失敗，對自我的要求過低形成低成就。有些資優學生因為害怕被同儕拒絕，有時會隱藏他們的能力，不願意表現得太突出。有些資優學生缺乏社會互動技巧，被同儕視為「怪人」，遭到同儕的疏離而感到孤獨。因此，資優學生所感受到的同儕間的社會地位、老師和同學對他的看法、參與的教室討論，和學校的成就等，都會關係到他的社會情緒發展，影響到積極或消極的自我觀念。積極的自我觀念可以透過情意教育成功的經驗而增進和發展，情意教育可以協助學生增進自我價值和社會接受度，維持滿意的學校、家庭和社會生活。

　　馬斯洛（Abraham Maslow）的需求層次論，或許也可以說明情意教育的重要性。馬斯洛將人類的需求分為五個層次，從最低需求到最高需求分別是：生理的需求、安全的需求、愛與歸屬的需求、尊重的需求，和自我實現的需求。一個人除非最基本的生活需求被滿足，例如食物、安全、愛與歸屬，否則更高的需求將無法達到，例如自尊和自我實現，尋求自我實現是終其一生的目標。情意教育讓資優學生在教室有安全感，覺得在教室有歸屬感，受到老師、同學的歡迎，尊重自己也尊重別人，願意接受挑戰，進而達成馬斯洛所說自我實現的目標。

　　許多研究也指出，積極的自我觀念和自尊是達成自我實現的基礎。資優學生必須了解，他們是與人不同；要接受、尊重，並善用這些與眾不同的屬性，首先要讓資優學生覺得他可以做自己的主人，自己可以影響自己，然後從成功經驗中肯定自己，例如成功的學業成就可以增進積極的自我觀念，而學業成就掌握在自己手上（Rinn, Plucker, & Stocking, 2010）。融入課程中或單獨教學的情意教育，都可以增進學生積極的自我觀念和自尊（Johnson, 2000）。

貳、情意教育的內容

　　情意教育是指所有個人的、社會的和情緒的學習，目的在協助學生了解自己的能力、興趣、性向和人格特質；學生從自我了解、自我肯定中，建立積極主動的自我概念，建構自我情緒和生活的管理，以及認識與規劃自我的生涯；培養良好人際關係的處理和對他人的尊重、關懷與讚美，以達群性的發展；並激發感恩與惜福、善解與包容，以及關懷與奉獻的精神（吳昆壽，2001）。換言之，情意教育就是在處理個人社會發展、感覺、情緒、道德、倫理等的教育（Beane, 1990）；也就是能讓學生了解自己和

別人、發展社會和領導技巧，並應用它們於生活各領域的教育（Johnson, 2002）。此外，情意教育也有助於發展認知、對學科的積極態度、價值觀，甚至對職業追求的興趣（Martin & Reigeluth, 1999）。

若從情意發展的角度來看，有六個向度包括在情意教育中（Martin & Reigeluth, 1999）：

1. 情緒的發展（emotional development）：了解自己和別人的感覺以及情緒的評估，學習管理那些感覺和情緒。

2. 道德的發展（moral development）：建立可遵從的行為準則和基本原理，發展公平、正義和關懷的社會態度。

3. 社會的發展（social development）：建立主動與他人互動的技巧和態度，並與他人維持滿意的人際關係，包括同儕、家人和工作夥伴等。

4. 精神的發展（spiritual development）：培養對自己心靈的知覺和欣賞，能與內在的自己做溝通；能無私地愛別人，並與他人心靈相連結。

5. 審美的發展（aesthetic development）：培養對於美的事物和不同風格的知覺、欣賞與創造，包括藝術、音樂和美的觀念。

6. 動機的發展（motivational development）：培養各種不同的興趣，包括職業和其他嗜好的追求。

所有這些發展的向度都包含知識、技巧和態度。例如有關情緒的發展，知識方面就是知道別人都會有和自己一樣的情緒，如高興和生氣；技巧方面就是認識情緒、控制情緒；態度方面就是我希望快樂，我不喜歡生氣。

有關道德的發展，知識方面就是了解倫理道德的文化規準，如公平、正義和關懷等；技巧方面就是道德推理技巧、在道德領域的問題解決技

巧；態度方面就是我要誠實、我喜歡有倫理規準。

　　有關社會的發展，知識方面就是了解團體動力和民主的理想；技巧方面就是社會技巧，包括人際溝通技巧；態度方面就是我願意與人積極互動，我反對以暴力來解決不一致。

　　有關精神的發展，知識方面就是了解有關心靈世界的知識，如心靈的本質；技巧方面就是能與內在的自己保持接觸，能無私地愛別人；態度方面就是我要有心靈的生活。

　　有關審美的發展，知識方面就是了解美學的內在本質，如一個人的價值與判斷間的關係；技巧方面就是評量美的品質以及產生美的創意；態度方面就是我希望我的周圍充滿美的事物，我欣賞優美的理論。

　　有關動機的發展，知識方面就是了解維持活動的內外在動力，如喜樂和成就感；技巧方面就是發展一個人目前的和終身的興趣；態度方面就是我希望有我真正喜歡的生涯（Martin & Reigeluth, 1999）。

　　有關情意發展向度的要素：知識、技巧和態度，態度是最重要的；態度可以說是一種準備狀態，或作為一種以一致的方式來行動的學得的傾向。此外，如準備度、智商、經驗、老師對於情意教育的信念，以及文化等，都是培養情意發展的重要因素。

　　許多研究者（Johnson, 2002; Sheldon, 1994; VanTassel-Baska, 1994）也都建議，資優學生的情意教育內容至少應包括：(1)發展合理的自我觀念和自尊；(2)表現對別人的尊敬；(3)顯現對公平、正義的敏感；(4)表現對於工作／任務的堅持；(5)激發內在的動機；(6)增進良好的社會能力；(7)發展個人的態度、信念與價值觀；(8)表現人道主義；以及(9)維持滿意的人際關係等。很顯然，情意教育的內容與葛德納（Gardner, 1983）的多元智能當中的內省智能（intrapersonal intelligence）和人際智能（interpersonal intelli-gence）有部分的相關。內省智能是指了解自己的能力與特質，包括自己的

優點、缺點、認知風格、感覺和情緒；內省智能運用良好的人，會顯出自信、有責任感，並將自己的才能做適當的發揮。人際智能是指能了解別人的動機與情緒，並利用這些訊息與別人做有效的互動，建立良好的社會關係；人際智能運用良好的人，會顯現領導特質、有效的溝通技巧、情緒管理，和問題解決技巧。內省智能和人際智能也很類似於高曼（Goleman, 1998）的情緒智能（emotional intelligence），情緒智能是指能了解自己的情緒與感覺，也能了解別人的情緒與感覺；能管理好自己的情緒與感覺，也能有效處理別人的情緒與感覺。當一個人情緒處於低潮時，他很難回憶、參與工作、學習或做決策。當大家情緒好時，團體合作比較有效能、團隊和諧，也較有創意和生產力。

　　自我觀念／自我能力和自尊絕大部分來自成功的經驗，例如，完成一件藝術品或參加學科競試並獲得好成績、籌劃一次學生活動並獲得老師嘉許、成功地化解同學之間的衝突、完成艱苦的體能考驗等，都可以增進自我觀念。自我觀念包括學業的自我、社會的自我、情緒的自我，和生理的自我。自我觀念又可分為理想的自我和真實的自我，一個心理健康的人，真實的自我是接近於理想的自我；反之，一個人若不考慮真實自我的能力，而設定不切實際的理想自我，常常是造成心理困擾的主要來源。也可以說，每一個人都有優點與限制，心理健康的人會發揮自己的優點，創造成功的經驗，尤其成功地完成艱困的任務時，對於自己的能力更有自信，也更能增進自尊；即使不成功，也會檢討是否努力不夠，並接納自己的失敗。心理不健康的人常常不是努力追求成功，而是盡量避免失敗，因此常會想到自己的限制而放不開來，結果更造成挫折經驗，對自我能力產生懷疑，影響自尊。

　　發展積極的自我觀念是資優學生情意教育的第一步（毛連塭，1996）。幫助資優學生增進自我觀念和自尊，應協助他們創造成功的經

驗。成功需要努力加上堅持，同時設定合理的目標；設定合理的目標需要先對自己的能力有所認知，也就是認識真實的自我。因此，我是誰？我有哪些能力？我有哪些限制？我的興趣在哪裡？我的性向是什麼？我的學習管道如何？甚至於我的情緒控制是否適當？都可以增進資優生對自己的了解，進而接納自我（毛連塭，1996），這也是培養內省智能的方法。

　　情意教育的另一個重點是發展滿意的人際關係。毛連塭（1996）認為發展滿意的人際關係，必須培養良好的社會互動技巧，包括：(1)知道自己、知道別人；(2)尊重自己、尊重別人；(3)樂觀進取、激盪情緒；(4)真誠無私、彼此信賴；(5)設身處地、實際感受；(6)主動傾聽、溝通無礙；和(7)不掩飾不自大、自然而坦承。葛德納的人際智能所要培養的能力是：(1)能適時且適當地提供自己的意見；(2)願意接納別人的意見；(3)能察覺別人的感情；(4)能適當地解讀別人的動機；(5)願意與人合作；(6)具有同理心等（引自邱連煌，1998）。

　　高曼的情緒智能的觀念，對於情意教育（affective education）也有相當的啟示作用。情緒智能意指個人在情緒方面整體的管理能力。有高度情緒智能的人，也是心理成熟的人，他會激勵自己，愈挫愈勇；能夠克制衝動，延遲滿足；知道如何調適情緒，以避免沮喪；能夠設身處地，為別人著想；會建立自信，永懷希望；會善待別人，且怡然自得。吳武典（1998）從培養情緒智能的觀點，提出情意教育的課題：

1. **自我認識，坦誠自然**：認識自己的優點並做適當的發揮，坦然面對自己的缺點並做適當的改進。

2. **設身處地，關懷他人**：在處理人際問題時能多思考別人的立場，別人有困難時能以同理心主動關懷。

3. **通情達理，守經達變**：待人首重情感情分，處事首重原理原則；待人處事注重情理，但也要有所變通。

4. 反求諸己，盡其在我：在面對失敗挫折時，能虛心反省自己；凡事盡力為之，不達目的絕不中止。

5. 有容乃大，無欲則剛：大肚能容，容天下之事；心寬，則天地寬；心寬，則量必大（釋證嚴，2003）。無欲無求，行事自然剛正；行事剛正，自重則人重。

6. 赤子之心，無私之愛：與人交往，常存赤子之心，不偏執不張狂；愛人如愛己，不存私念，不求回報。

7. 惜福惜緣，與人為善：珍惜一切福分，珍惜一切因緣；善待別人，為善最樂。

8. 凡事盼望，永不灰心：盼望就是訂定適當的追求目標，有了目標就要勇往直前，不輕言放棄。

9. 小我大我，齊頭並進：小我是追求自我的實現，大我是追求社稷國家之福，甚至是以造福天下蒼生為己任。

第一章我們提到1970年代阮儒里的資優三環論，阮氏認為雖然有人支持，但也有人不支持（Renzulli, 1978）。所以他重新檢視資優的定義，把他的資優三環論嵌入犬牙格織紋（houndstooth）背景中，這背景代表人格與環境之間的互動，此種互動有助於發展資優行為（Renzulli, 2002）。因為犬牙格織紋空白處看起來像千隻鳥在飛（如圖9-1），所以國內有研究者稱之為千鳥格經緯論（Operation Houndstooth Theory）（如李乙明，2008）。

阮儒里認為資優的認知特質如果能與某些人格特質與環境因素互動，所產生的社會資本（social capital），有利於社會發展。投資於社會資本能創造價值、規準、網絡和社會互信，產生更大的公眾利益。

阮儒里透過文獻探討、德懷術，甚至受到正向心理學（positive psychology）的啟發，努力找出與認知互動，能超越物質主義、自私與自我縱

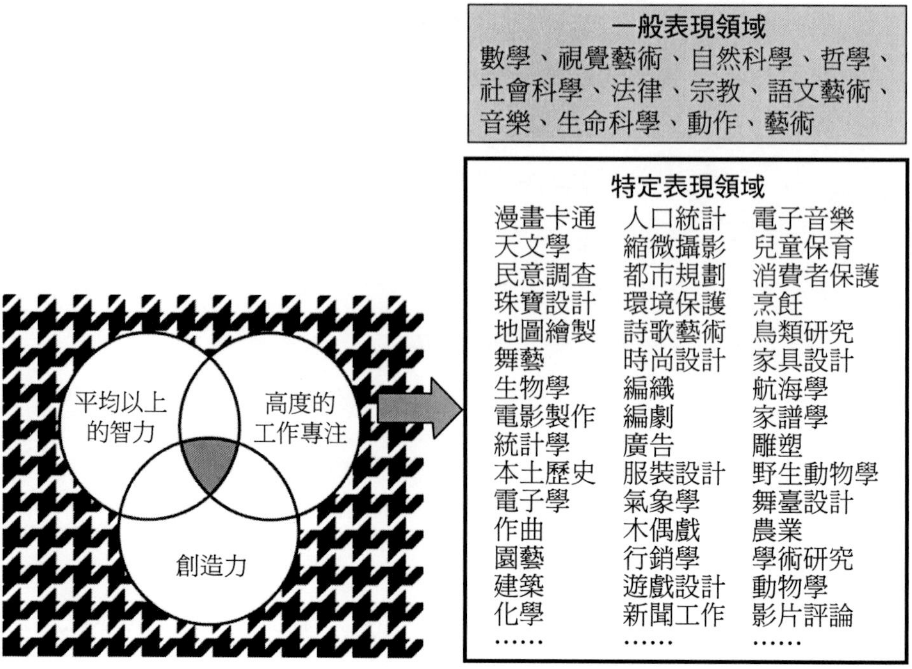

一般表現領域
數學、視覺藝術、自然科學、哲學、社會科學、法律、宗教、語文藝術、音樂、生命科學、動作、藝術

特定表現領域

漫畫卡通	人口統計	電子音樂
天文學	縮微攝影	兒童保育
民意調查	都市規劃	消費者保護
珠寶設計	環境保護	烹飪
地圖繪製	詩歌藝術	鳥類研究
舞藝	時尚設計	家具設計
生物學	編織	航海學
電影製作	編劇	家譜學
統計學	廣告	雕塑
本土歷史	服裝設計	野生動物學
電子學	氣象學	舞臺設計
作曲	木偶戲	農業
園藝	行銷學	學術研究
建築	遊戲設計	動物學
化學	新聞工作	影片評論
……	……	……

平均以上的智力　　高度的工作專注　　創造力

圖 9-1　千鳥格經緯論

資料來源：Renzulli（1978, 1984, 2002）。

容，達成社會共好的特質，這是他所關心的社會建構的資優。因為這些特質如情意元素，包括下列六種：

1. **樂觀**（optimism）：樂觀包括認知、情緒和動機元素，能反映對未來結果的信念。對於個人和社會未來結果抱持樂觀的態度，願意接受艱難的工作。

2. **勇氣**（courage）：勇氣是指在面對困難和危險時，能克服身心或道德的害怕。勇氣包括品格的正直和優點，這也是創造者最顯著的社會資本。

3. **對主題或學科的熱情**（romance with a topic or discipline）：當一個人對主題或學科含有熱情，他就能對該主題或學科維持長久的興

趣，對未來有持續的行為動力。

4. 人道關懷（sensitivity to human concerns）：包括對他人情感世界的敏感，所以能透過行動精確的與人溝通，也能發展利他和憐憫的特質。

5. 身心活力（physical/mental energy）：個人願意而且能投資目標的達成，這種活力的投入是工作堅持的重要屬性。魅力和好奇經常關係到身心活力。

6. 遠景（vision/sense of destiny）：遠景和許多觀念交互關聯，如內控信念、動機、意志和自我效能。對未來活動或事件有洞察力，就能事先計畫而且能執行行動，產生進步的動力。

阮儒里認為，這些元素會產生許多互動（如圖 9-2），所以他喜歡用認知—情意交織特質（Co-Cognitive Traits）（如王琡棻、盧台華，2013）。它們會支持認知屬性的成長，例如學業成就、創造力、研究技巧

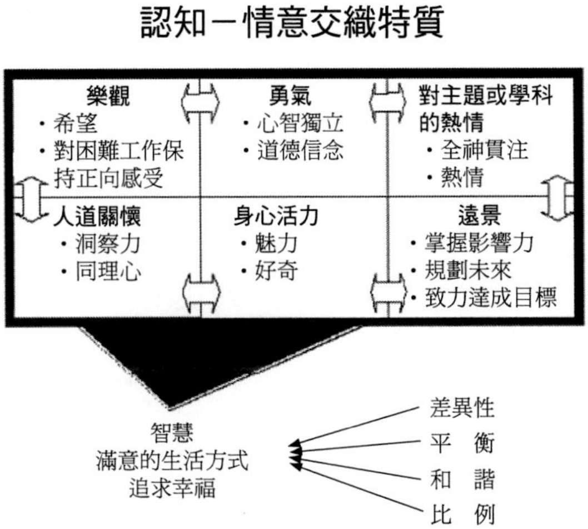

認知－情意交織特質

圖 9-2　認知—情意交織特質

資料來源：Renzulli、Koehler 和 Fogarty（2006）；Renzulli（2002）。

和問題解決技巧。它們也對於高層動機、人際技巧、組織和管理技巧的發展有重要意涵（Renzulli, 2002）。

強生（Johnson, 2000）認為，重視資優生的情意教育有幾個理由：(1)資優學生特別敏感，害怕失敗，造成低成就；(2)資優學生為了怕同儕拒絕，有時會隱藏他們的能力，影響生涯抉擇；(3)資優學生的社會情緒發展，與他們感覺在學校的地位、師生互動、班級討論、學業成就、自我導向的學習、成功的經驗等息息相關；(4)讓資優學生了解他們是獨特的，接受並尊重這些獨特性。所以學校應該給予他們積極的支持，以發展正向、積極的自我概念、尊重別人、顯示公平正義、發展對任務的堅持與內在動機，獲得滿意的學習、工作、家庭與社區生活，達成自我實現，成為終身學習者。

強生（Johnson, 2000）也引述 Krathwohl、Bloom 和 Masia（1964）情意教育的目標分類，強調個人價值系統的發展有幾個步驟：(1)接受和關心注意：學生經歷從被動的接受到主動的選擇刺激；(2)產生興趣：學生從簡單的順從到主動，最後熱中於興趣領域；(3)賦予價值：學生檢視他們自己的信念、別人的信念，而肯定特定的價值；(4)生活實踐：學生依據所選定的價值而生活。最後兩個時期——組織和性格塑造，大約是在成年時期。情意教育的過程要考慮到深度、成熟和複雜性。

老師在進行情意教育時，應重視價值的澄清，而不是「對的」回答，Swiatek（1998）建議在課程中做情意教育，可以鼓勵學生尋求滿足的社會關係而不必犧牲掉學業成就。他建議幾種分組策略如：能力分組、彈性分組、諮商分組、特定性別分組、興趣分組、個別評量。以下綜合幾位學者的看法，有幾項做法值得參考（Johnson, 2000, 2002; Rinn et al., 2010）：

1. 引起資優學生的動機：不管是認知學習或情意學習，學習的動機是最重要的。前美國教育部長貝爾（Terrell Bell）說：「教育最重要

的有三件事情，第一是動機，第二是動機，第三也是動機。」老師
應透過讚美、鼓勵與直接獎賞，創造學生成功的經驗，激發學習的
意願。動機發展也是情意教育的一環，有動機才能維持活動的內外
在動力，引發學習的興趣，幫助學習的成功。

2. **學校應創造一種優秀的氣氛**：優秀的氣氛幫助資優學生合理地看待
   他們的成就，合理地看待他們的成就如同合理地看待他們的價值；
   成就感會增進自我的價值，維持合理的自尊。學校應提供資優學生
   有挑戰的教育環境，支持資優教育，以創造合理的成就價值。

3. **維持開放和經常的溝通**：與資優學生維持開放和經常的溝通（包括
   父母和老師），父母和老師應合作共同支持資優學生。透過開放的
   溝通，可以適當地傳達老師和父母的期望，幫助學生對學校感到更
   舒適自在。也可以透過學生的眼，了解學校的社會環境，有效改進
   各種學習措施。

4. **了解學生的人格、興趣和需要**：老師如果能花一點時間，了解學生
   的人格、興趣和需要，對於提供符合其社會和情緒需求的課程是有
   幫助的。例如透過人格測驗，在課程安排上就比較容易協助學生更
   加了解自己，進而接受自己、肯定自己或改進自己。

5. **設計特殊課程增進自我觀念**：自我觀念的建立，部分來自因成就而
   對自我能力的肯定，部分來自重要他人對其能力的肯定。此外，老
   師若能設計特殊課程，增進學生對自我的了解，包括對自己能力、
   興趣、情緒、人格特質與學習風格等，對自我的認識有幫助，進而
   增進自我觀念。

6. 教導每一位資優學生認識各人可能都有不同優勢面的自我概念，在
   做情意教育時宜因勢利導，學生自己不必過度的做內、外部參照架
   構的比較。以免部分學生產生過度的高傲感，或部分學生產生不適

當的低劣感。

7. 強調學生真實的、實際的貢獻（例如對於個人興趣的追求，而且讓他有機會表現自己），而不是單純的讚美其智力的成功（例如學業表現）。對於學生合宜的表現給予適當的回饋較有助於增進其未來的成就。

8. 在教室活動中，平衡競賽、合作和個人化表現。過度的個人競爭有傷其他同儕的自信和自我價值感，而合作式的競賽有助於團隊力求表現，老師應對於個人相較於其基準線與期望值給予實質的回饋。

參、道德／品行教育的重要性

前面提過，我國的教育目標是德、智、體、群、美均衡發展，德育應擺在第一位。道德或品行教育以尊重自己、尊重別人為出發點，和情意教育的認識自己、認識他人，尊重自己、尊重他人是相同的，而道德／品行教育更重群我關係，以便能達成群我和諧的理想社會。

道德教育在建立道德智能（moral intelligence）（Borba, 2001）、發展品行（Delisle, 2001）。道德智能是指能了解對的事情，有強烈的倫理信念，能表現正確和高尚的行為。道德智能表現在基本的生活特質，就是尊重自己、也尊重別人，接受和欣賞自己或別人的差異，有同理心，能對抗不公平、不正義，能控制衝動和延遲滿足，能了解別人的痛苦，避免做出殘忍行為等（Borba, 2001）。這些核心特質可使一個人成為有修養、好品行、令人尊敬的文明人。

資優學生有一個「聰明的頭腦」，但也要有一顆「聰明的心」（gifted in heart）（Delisle, 2001），「聰明的頭腦」很重要，但「聰明的心」更重要；也就是說，聰明才智（gifted and talented）是很多人的渴望，但道德智

能更是值得重視。資優學生如果利用其聰明才智去做一些違法亂紀的事，對他人或社會的危害可能超過一般智能者，資優教育或其本人所受到的批判，也將超過一般教育或常人。有些資優學生由於自我意識超強，衝動控制不佳，道德意識的發展未如智力發展，良心脆弱，若再加上被誤導的信念，有可能做出不道德行為。但丁（Dante, 1265-1321）說：「道德可以彌補智慧的缺點，智慧永遠沒有辦法填補道德的空白。」大哉斯言。

當今整體社會的價值感與道德感低落令人憂心，老師們覺得學生的品行大不如前；有一些社會因素造成價值與道德解組，值得深思，例如成人非道德行為的示範、精神或宗教的教育不夠、整體的社會價值觀趨向勢利、大人對孩子的影響力建築在物質的給予等。一些源源不絕的有毒訊息，很容易透過各種來源而影響孩子，造成孩子的不尊敬、暴力行為、物質主義、粗俗言語，甚至隨便的性態度；這些來源包括電視、報紙、雜誌、電玩、流行音樂以及廣告等。

資優學生對於人、事、物有一份敏感性，對於價值與道德的敏感也被認為是資優的特質之一（Silverman, 1994），他們知覺人們所關心的事，也了解複雜的社會問題；因此，對於社會所傳出的非道德訊息，自然也很容易感受到。如何抗拒非道德訊息，建立起較高的價值觀，讓道德智能與其聰明才智同步成長，一樣需要道德教育。他們需要學習如何與人互動、分享、處理衝突、給予及接受情感、接受別人的差異、發展和澄清自己的價值，以及克服團體的要求等。

道德智能是可以培養的，而且愈早愈好；小時候雖然沒有足夠的認知能力去做複雜的道德推理，但道德習慣的初始，如自我控制、分享、尊敬、公平和憐憫等，是可以練習的。培養道德能力不必等到六歲，所謂的推理年齡；父母的延遲只有增加孩子學習負面習性，不利道德成長且增加以後改變的困難。

肆、道德教育的內容

道德智能包含七種基本德行：同理心（empathy）、良知（conscience）、自我控制（self-control）、尊重（respect）、友善（kindness）、容忍（tolerance），和公平（fairness）（Borba, 2001），這些德行終其一生都是需要面對的。

◎ 一、同理心

同理心就是能確認並感受別人的感覺的能力，它是道德智力的基礎。培養此一德行就是要增進學生對別人的感覺和需要敏感，同時尊重、容忍和同理不同的感覺，例如：「我了解你的感受」、「你看起來很難過」、「我很高興你贏了這次比賽」、「看起來它對你的傷害很深，我也有過這樣的經驗」。

培養同理心的第一步，就是幫助學生了解情緒，以及發展有關感覺的語彙。人會有哪幾種情緒？什麼時候會有什麼情緒？不同情緒會有什麼不同的臉譜？你曾經有過哪種情緒表現？你都是如何化解？這些都是了解情緒的方法。另外，為了幫助兒童「閱讀」別人的感覺，他必須有適當的情緒語彙；有關感覺的語彙也很多，例如傷心、難過、生氣、焦慮、失望、害怕、沮喪、快樂、欣喜、好笑、舒適等，了解有關感覺的語彙，有助於必要時做適當的表達，例如：「我感到＿＿＿＿」、「你想，他會感覺如何？」

培養同理心的第二步，就是增進對別人感覺的敏感，也就是能正確地解讀別人的情緒線索，如聲音、語調、姿勢和面部表情。可以透過讚美兒童的適當表現及角色扮演，或關掉電視聲音，觀看演員姿勢、表情，猜測其情緒表達，以增進兒童正確解讀的能力。培養同理心的第三步，就是發

展對別人觀點的同理能力。利用角色扮演、角色互換；或觀看影帶劇情表演，終止影帶，並猜測接下去可能的對話，再繼續觀看，並比對每人所寫下的對話，這將有助於發展對別人觀點的同理能力。

◉ 二、良知

良知是一種內在的聲音，幫助人們分辨何者為是，何者為非；能對抗各種誘惑、罪惡，且行走於道德之路，它是發展誠實、責任，和廉正等德行的基石。

培養第二種道德智能——良知的第一步，是創造道德成長的情境。在美國的教室守則中，老師會強烈要求兒童要遵守相互尊重、誠實、友善、和氣、負責、努力和堅持等德行，要求家長與兒童一起閱讀並解釋之（特別是對低年級兒童），老師還將它做成每日檢核表，有不適合行為還要求家長簽名擲回。創造道德成長的情境不能光要求兒童，成人的以身作則是重要的；另外，在教室也可以做問題與推理的練習，例如：「這樣做對嗎？」「如果別人這樣對你，你感覺如何？」

培養良知的第二步是直接教學。選擇能促進良知發展的德行，例如上述的相互尊重、誠實、友善、和氣、負責、努力和堅持等，每週或每月選擇一個作為中心德目，說明其意義和價值，閱讀相關的故事或事件報導，並加以討論，增強兒童對該德行的優良表現，或要兒童對該德行做每週的自我檢核。培養良知的第三步是運用和平的訓育手段，以下四個 R 的步驟可以參考（Borba, 2001）：第一步是平靜地反應（Respond），並傾聽孩子的錯誤行為；第二步是回顧（Review）為什麼這行為是不對的；第三步是反應（Reflect）行為的效果；第四步是鼓勵孩子如何以對的行為來訂正（Right）錯誤。

◉ 三、自我控制

自我控制是指協助兒童控制他的衝動，在行為之前能三思，避免產生潛在的危險；自我控制也可以幫助學生延緩立即滿足的衝動，規範學生的思想和行為，減輕內、外壓力，在面對誘惑時能勇敢說「不」，並以自己覺得對的方式行動。這是一種有力的內在機轉，引導學生的道德行為，俾便做出安全和智慧的行為選擇。此一德行在幫助學生成為自我信賴的人，因為他知道他可以控制自己的行為。

協助學生自我控制有一些方法：(1)自我控制的楷模行為。例如在學生有違規行為出現時，老師應避免盛怒的粗暴言語或行為；在有時間壓力下，開車仍不超速或闖紅燈。這些行為表現都會成為正面典範，直接被學生接收。(2)鼓勵學生成為自己的激勵者、控制者。例如，將「『我』很高興你能及時完成工作！」改變成「『你』一定對『你』能及時完成工作而感到高興！」將及時完成工作的「激勵者」或「控制者」，由「老師」轉換成「學生」本人；這等於告訴學生：「你」可以控制時間而及時完成工作。(3)教導學生三思而後行。在教室和學校裡，衝突、生氣的情境在所難免，如何在面對衝突、生氣情境而不動粗，就需要有三思而後行的修養，「情緒紅綠燈」或許可作為參考。「紅燈」是停止行為（stop），也就是在面對衝突時，馬上告訴自己要採煞車；「黃燈」是思考時間（think），時間很短暫，告訴自己繼續下去的可能後果；「綠燈」是採取正確行動（act right），也就是想辦法離開現場，但離開現場不是懦弱，而是明智的行動。

◉ 四、尊重

尊重就是在對待別人時，視對方為有價值的個體；也就是以期待別人

對待自己的方式來對待別人。中國的古話：「敬人者，人恆敬之；愛人者，人恆愛之。」就是這個道理。尊重是避免暴力、不公平和仇恨的基礎。尊重也是在意對方的權利和感覺，也因此顯示對自己最大的尊重。

協助學生學會尊重有一些方法：(1)教導尊重的意義並表現楷模行為。尊重的意義是很容易了解的，也就是以期待別人對你的方式來對待別人；在教室可以讓學生列出他想要別人如何對待他的各種方式，這些就成為尊重的黃金定律，應該具體力行。老師對待學生的方式是無條件的愛與尊重，傾聽學生的說話，用言語及行為關心每一位孩子，學生可以從你的面部表情、身體姿勢、聲音語調等，感受到他是否受到重視。(2)增進對權威的尊重和抑制粗魯行為。許多老師常會設定一些信號或手勢，以代表停止或允許做某事的默契，這些如果在學期之初就開始並嚴格執行，對違犯者有一套處罰方式，就很容易建立學生對權威的尊重。對於學生粗魯的言語或行為，受到波及的老師或同學最直接的反應，就是以堅定的語氣說出「STOP」，老師並應教導正確的行為。例如當孩子生氣時，以不敬的態度、眼神和語氣對你說話，老師的處理態度可以是「請你先回去，我會等待你以禮貌的方式和我說話」，這是阻止粗魯行為，並教以正確行為。(3)增強尊重、有禮貌行為。孩子永遠朝著鼓勵的方向行事，與孩子討論哪些行為是尊重他人的表現；當孩子出現這些好行為時，口頭的讚賞或在檢核表上註記，是增強此一行為再現的良方。口頭的讚賞應將該行為具體化，而且立即在他人面前公開讚賞，對行為者是一種鼓勵，對其他同學則是一種楷模。

◎ 五、友善

友善是對他人福祉和感覺的關心，發展此一德行會使孩子變得較不自

私，且能更體恤他人，也就是更會想到他人的需要、關心別人，且在他人需要時能協助他，這是在發展良好同儕關係時最重要的元素：有一顆溫暖的心。

　　直接教導友善的意義和價值是發展此一德行的第一步。關心他人的感覺和需要，在必要時能協助他，就是友善的行為。友善能使人覺得溫暖，使人與人的關係更和平；例如同學跌倒時不訕笑，並及時扶起，就是友善的表現。其次，建立起「不友善、零容忍」（zero tolerance for unkindness）的觀念。不友善包括言語的、行為的，甚至是態度的，都無法被容忍；例如罵人蠢蛋、故意推人、怒目而視，都是不友善的表現，這些都容易令人不舒服，甚至引發衝突，在教室或校園甚至任何地方都不被允許。此外，增強友善行為並指出它的積極功效。讓學生用圖畫紙種一棵自己的友誼樹，放在檔案夾裡，定期檢討自己的友善行為，每一種友善行為可以在友誼樹上結一顆果子，常常表現友善行為的，結的果子就愈多。

◎ 六、容忍

　　容忍是在協助兒童欣賞別人的不同，對於不同的觀點和信念保持開放的心；不管是種族、性別、外貌、文化、信念，或能力有所差異，尊重的心是一樣的。此一德行會讓兒童以友善和了解的態度對待別人，尊重他人的尊嚴和權利，減少仇恨、暴力和偏見。

　　在教導兒童容忍時，必須先表示老師或其他成人的容忍，容忍兒童在族群、性別、面貌、文化、想法，或能力上的差異；也就是說，老師或其他成人要先去除偏見，縱使來自社經不利家庭、長得不是很好看，或先天能力不足，在教室或學校內都是一個有價值的成員，應該得到一視同仁的照顧。老師這樣示範，也要求學生如此；資優學生或許能力上優於其他兒

童，但也不能恃才而驕。

　　其次，逐漸灌輸對於多樣化的欣賞。花園裡的花如果都是同一個顏色，人如果都長得同一個臉孔、同樣的高矮胖瘦，這世界還會多采多姿嗎？因此，多樣化是一必然現象。因了解多樣化、欣賞多樣化，就會容忍多樣化，對於自己和別人的差異性就不會太在意。例如，一位在運動場上有天分的學生，就不必去忌妒課業上比他好的人；一位資質優異的學生，也不必看不起功課表現平平的人，或許在美術創造或運功技能上，資優生是不如他的。

　　此外，避免刻板印象、不容許偏見。或許許多人對特殊學生的印象是：資優學生都是長得眉清目秀，智能不足學生都是流著口水又衣衫不整。這種刻板印象常常是帶有偏見、先入為主的，例如「他們總是……」、「他們從不……」。要去除這種刻板印象，不用馬上提出反駁，應該讓孩子說說他的看法，了解他此種看法的來源，然後讓孩子試著提出一些不同的例證，以修正這種刻板印象。

◉ 七、公平

　　公平引導孩子以公正、一視同仁的方式對待別人；公平就是遵守遊戲規則、輪流、分享。公平將增進孩子的道德敏感，使孩子有勇氣對抗不公平，要求所有的人，不論是種族、文化、社經地位、能力或宗教，一律以開放、誠正的心平等對待。

　　教導孩子公平，首先就要公平對待孩子，你是孩子的楷模。在教室中，三十五個孩子有三十五個樣，有的長得眉清目秀，有的掛著兩行鼻涕；有的一點就懂，甚至能舉一反三，有的點三次還一臉茫然。公平對待孩子就是要適性而教，要設定合理的期待，要平等分配工作，要給予同樣

多關懷的眼神，要同樣開放地傾聽每個孩子的聲音。老師如此做，才能要求孩子如此做；避免把孩子「比下去」，只把好行為當楷模表揚。例如：「你們看！梁山伯每天都穿得很整齊，多可愛啊！才不像馬文才那樣邋遢呢！」老師把梁山伯當楷模，但卻把馬文才比下去了，是很不恰當的。

　　其次，要協助孩子行事公平。協助孩子行事公平，就從學會分享開始。依遊戲規則分享遊戲器材，或依教室規則分享教具、圖書、玩具等。規則是大家都同意的行為規範，依規則行事，大家享有公平待遇；如果有學生對某件事說「那不公平！」，例如小組研究分配工作時，那麼請大家安靜下來，聽聽他的想法，直到把事情解決後才開始。一個鼓勵公平的教室氣氛，有助於發展兒童的同理心，也是建立社會正義觀念的起始（Hegeman, 1999）。此外，教導孩子公平，還要教他在必要時要站出來，以對抗不公平。社會上常有一些不公平的事上演，例如，隨便丟紙屑對努力維護教室或校園整潔的人不公平、插隊對已排好隊的人不公平、對一隻已受傷的小狗丟石塊不公平、揶揄孤兒沒有爹娘對孤兒不公平等等，對於這樣的事要勇於站出來以維護公平、正義。

　　道德成長是終其一生、連續不斷的過程；道德智能是成人一點一滴注入的結果，可以養成，一旦養成，終生受用。道德智能包括道德知識、道德信念和道德行為。光有知識或信念，但沒有行為，不成為道德；道德重力行，力行要成為習慣，也就成為個人良好的品行、人格。

　　資優學生有高人一等的一般智能，但也需要有高人一等的道德智能，且道德智能的重要性要高於一般智能。因此，老師在教導的過程中，知識的成長固然重要，但智慧的成長更重要；也就是要將知識用對地方，用於能增進人類福祉的地方，這需要道德智能做指引。

第十章

資優學生的諮商
與輔導

凱凱是一位國小資優班四年級的學生，智商 130。

　　在家裡，凱凱是爸、媽唯一的孩子，無其他手足。若有其他同伴來家中玩，他都希望他們能多留一會兒，多陪他玩，享受一下人多的感覺；家中人口簡單，對他而言有點寂寞。

　　凱凱的缺點是愛說話，而且無法控制自己該在什麼情況下說話，所以有時會惹人厭煩。有時說話也不得體，媽媽知道了會糾正他；例如，有一次別人問他就讀哪個學校，凱凱回答說：在○○國小資優班。事後媽媽與他溝通相關觀念，他也能接受，在回答類似問題時變得較為平和、得體，媽媽也適時地讚許他。

　　在教室裡，凱凱的反應靈敏，發言熱烈，但不夠專心，常和別人說話引起別人注意；大部分同學不太喜歡他，因為他會有一些無意識動作而傷害到別人，有時也會熱心過頭幫倒忙。

　　在一項未完成語句測驗中，發現凱凱也知道自己的人際關係微弱，知道自己很調皮，但又無法讓自己很乖，這種矛盾的心理其實也滿困擾凱凱的。由於工作的關係，父親無法常與他在一起，這也在他心中有一種希望與父親接近的渴望。還好，凱凱的老師和媽媽深知其個性與需求，總是相當耐心地、平和地輔導與處理其不適宜的行為。

　　在第二章資優學生的特質中，我們提到推孟（L. Terman）的研究，他認為資優學生的個人和社會適應良好，情緒穩定，較少神經質傾向。不過，有「資優教育之母」尊稱（Powers, 2008）的何林伍斯（L. Hollingworth）認為中度資優（IQ120～145）可能是如此，但高度資優（例如智商高於 145），也許在人際關係上較容易有困難，他們需要諮商或情緒教育（引自 Davis & Rimm, 1994）。事實上，很多資優教育的專家（例如 Colangelo, 1991; Delisle, 1992; Bireley & Genshaft, 1991）都認為，諮商與輔導對於資優學生的整體發展是相當必要的，它應該是資優教育方案不可或缺的一部分。諮商與輔導不同於情意教育（毛連塭，1996；VanTassel-Baska, 1994），雖然二者都關心情緒和個人發展，不過，情意教育對於情緒問題（emotional issues）處理得較不深入。透過情意教學，學生們學到自己的信念和哲學、發展較清楚的自我知覺，並且了解他人；如果能將情意目標統合於課程當中，或可減少諮商的必要性。諮商與輔導比較上是治療導向的，它會讓學生深入地去了解自己、解決衝突、改變或修正觀念，以及克服壓力等。

壹、 諮商與輔導的必要性

　　資優學生優異的認知技巧，不但使他們的想法（thinking）不同於同儕，他們對各種事情的感覺（feeling）也與同儕有異。資優學生優異的知覺和感受性，也使得他們很容易將各種感知轉化為智能的和情緒的經驗。不過，如果在認知、情緒和生理發展的速率不一致時，內部的緊張就容易產生。例如一個六歲的小孩，他已經能用九歲小孩的「眼光」認知一匹馬，但他卻無法以他六歲大的「生理」手指，用紙黏土塑出那一匹馬，可能會因挫折感而悶悶不樂。

　　除了因內在各種能力發展的速率不同而造成緊張外，外部的不一致亦可能造成資優學生情緒上的不適應，包括學校課程和學生需求之間適合度的問題、以學生生理年齡為基礎的文化期望問題，以及與同儕之間的相處問題等。資優學生其他的內在變項，如動機、自我價值感、欲望、敏感、道德水平，以及完美主義等，都可能需要諮商服務。此外，下列的問題亦在在顯示資優學生諮商與輔導的必要性：

◎ 一、情緒發展

　　德布勞斯基（K. Dabrowski）的情緒發展理論（Theory of Emotional Development），或許是用來說明資優學生情緒發展最佳的心理學理論（Silverman, 1993a）。德氏專門研究智力和創造力優異兒童和成人的心理健康，他的發現有助於吾人了解資優者複雜的內在生活，以及他們不同的諮商需求。

　　德布勞斯基的情緒發展理論主要有二個部分：過度敏感／反應（激動）和發展水準。

(一) 過度敏感／反應 (激動)

　　過度敏感／反應（激動）（overexcitabilities）是指對於各種形式刺激的誇張反應，包括心理動作、感官、想像、智能和情緒五方面（Silverman, 1993a）。

　　在心理動作方面，資優學生顯現過剩的精力和驅力，他（她）可能表現在說話快速和強迫性的談話、喜歡快節奏的運動和遊戲、習慣性緊張和衝動。在心理動作過度敏感／反應（激動）的兒童，有可能被誤認為過動。過動兒童傾向於缺乏注意和行為的自我控制能力，例如干擾談話且無

法接續對話。在心理動作能量特高的資優學生只是非常活躍，很少有其他過動的症狀。他們能集中注意，並且專注於他們有興趣的事情；無目的的動作只會在心理刺激不足的情況下發生。

在感官方面的過度敏感／反應（激動）是指誇張感官經驗，學生們以視、嗅、味、觸和聽為樂。情緒緊張的感官表現，可能包括吃得過量、瘋狂採購、縱欲，或愛引人注意。其他如對於噪音的激烈反應、對於特定食物的過分敏感都是。

在想像方面的過度敏感／反應（激動）是高創造力人們的特徵，這些學生樂於想像、幻想、夢想、隱性思考（implicit thinking），或超感覺思考。有時可能會思考靈魂學的問題，甚至害怕未知。

在智能方面的過度敏感／反應（激動）是指一般智能優異的學生，其特徵是好奇、專注、喜好理論分析、後設思考、內省、廣博性閱讀、喜好學習和問題解決，以及關心道德和價值問題。

在情緒方面的過度敏感／反應（激動）是資優學生輔導最重要的一項。資優學生可能表現出深度的正負面情緒反應，包括對於人和動物的情感、緊張、敏感性、自我批評、抑制、害怕、罪惡感、焦慮、沮喪、關心死亡、孤獨、與人衝突，甚至自殺情緒等。

根據德布勞斯基的說法，不管是資優或非資優，每個人或多或少都有一些上述的特質，但資優學生會比較多、比較明顯；換句話說，發生在資優學生身上的比率比較高，特別是心理動作、智能和想像方面。例如哈里森和范哈尼翰（Harrison & Van Haneghan, 2011）的研究證明資優學生有較高的過度敏感／反應（激動）特質，而且這些特質與資優學生的害怕未知、失眠和焦慮有關。所以他們建議在課程上應幫助學生了解他們自己、感覺自己與同儕相同或不一樣的地方；在諮商輔導方面，像舒緩技術、書籍治療等，也有助於減少資優學生焦慮、害怕、敏感、沮喪、過度擔心等

問題。諮商員可協助學生發覺每天生活的意義與目的、解釋焦慮的心理觀點、了解生命與死亡的意義等。

(二) 發展水準

德布勞斯基的理論的第二部分是個人發展的五個水準：(1)對自我的興趣；(2)群體價值；(3)幻化成長；(4)自我實現；以及(5)人格理想的獲得（Silverman, 1993a）。

1. 水準一：對自我的興趣——個體很少關心別人、沒有內省能力，也不會有內在衝突。個體是自我中心的，他們缺少自我檢討能力；當有所不對時，總是責備別人。在發展水準一的人，獲得權力總是使用非常手段。

2. 水準二：群體價值——個體主要是受到社會群體和主流價值所影響；他們經常顯示矛盾情感以及優柔寡斷的行為，因為他們缺乏清楚的自我決定的內在價值。在發展水準二的人，開始意識到並且關心別人，他們也需要別人來認定他們的自我價值。

3. 水準三：幻化成長——個體開始發展一種階層的價值感，他們努力使自己的行為朝向較高的標準，但亦可能不滿意自己的表現，因此常會伴隨失望、焦慮、沮喪，以及對自己不滿意的感覺（例如劣等感、憂慮、驚愕）。

4. 水準四：自我實現——個體已經發現一種可以達成他們自己的理想的方式。在社會上，他們是有效能的領導者，他們表現出高度的責任心、真實性，與理性的判斷、同理心，他們的思考與行為趨向自動化，並表現自我覺知、自我實現的特性。

5. 水準五：人格理想的獲得——有關自我的內在衝突已獲得解決，個人的價值和理想已經融入生活的一部分。生命的存在是為人道而服

務，生活是依循最高、最普遍的愛的原則，對所有的生物，內心充滿和諧、利他以及憐憫。

依據德布勞斯基的理論，資優學生的過度敏感／反應（激動）是他們自我發展的種子。因為資優學生有這麼多內在刺激的衝擊，所以他們必須不斷地運用意識來控制他們的內在世界。也因資優學生有如此多的、紛擾的、緊張的內在世界，常導致自己和別人的痛苦、較高水平的道德關心、較高的自我期望，以及較大的服務承諾。在兒童時期，這些內在的力量和外在事件的交互作用，導致成年時期的高層發展。德氏認為：當情緒的、想像的，以及智能的過度敏感／反應（激動），凌駕了感官的和心理動作的過度敏感／反應（激動），個體就有較大的發展潛能，以達到較高水準的人格發展。

◉ 二、自我觀念和自尊

自我觀念和自尊常常是交互變化使用的心理學的概念。心理學家也把自我觀念區分為生理的自我觀念、學業的自我觀念，和社會的自我觀念。就所有人而言，這些自我觀念的發展並不一定是平均的；就各類型資優學生而言，這些自我觀念也可能強弱有別。例如，學業型資優生可能有較強的學業性自我觀念，但在社會性自我觀念或生理性自我觀念也許較低；運動型資優生通常有較佳的生理的自我觀念，但學業性自我觀念或許較低；領導型資優生通常有較高的社會的和學業的自我觀念，但也許生理的自我觀念不高（Piirto, 1994）。

資優學生若感覺到其所處的環境無法滿足他們智能的或社會的需求，他們會有孤獨感及社會的挫折感。如果他們無法找到跟他有相似能力、興趣及需求的同儕，他們可能發展出很差的社會技巧，尤其是在以生理年齡

為主的普通班裡的資優學生，更可能成為該班級社會的局外人。

學生的自尊受到學業成就水準的影響。一般而言，資優學生比普通班學生有較高的自尊和自信（至少在學業方面）。IQ愈高，學業上的成就愈容易滿足其自尊；不過，社會／同儕關係愈有可能變差，甚至讓這些資優生想隱藏其資優，因為他們害怕太異類、太孤單。

◉ 三、完美主義

完美主義是一種對於工作力求盡善盡美的強迫性需求的態度。完美主義會導致卓越的工作成果，因為具完美主義傾向的人，會注意很多細節以及最後產出的品質。例如一個作家，他會一次又一次地修改他的作品，試圖達到每一個用字遣詞都恰到好處，也因此產生一些膾炙人口的偉大創作；如「僧推月下門」或「僧敲月下門」，光是一個字就讓詩人可能「推敲」許久。

資優學生的完美主義，源自於長久以來各方面不錯的表現，以及來自父母和老師等重要他人不斷的讚美與回饋。父母和老師可能會因為資優學生的表現，超乎常態兒童所能做的，而說「太棒了」、「真是天才」，或「我以你為榮」等鼓勵的話。資優學生把這樣的讚美內化成為不斷追求的目標，內心形成一股強大的驅力（壓力），想力求表現以便獲得「等值」的掌聲。因此，驅力（壓力）的來源可能包括父母（例如完美主義的父母）、老師、同儕、角色楷模、其他家人，以及自己。這些壓力有可能導致資優學生在所有領域形成不合理的完美期待，如果做得不完美，他們就會有失敗感、罪惡感、寢食難安，甚至懷疑自己的能力不再，最後可能變得什麼都不敢做；因此，有部分的低成就或青少年自殺事件，乃因完美主義所造成。

　　一個完美主義者，會把他的工作放在他的家庭、朋友，甚至自己的健康之前，工作是至高無上的。他們也常常以外在獎賞的有無來評量工作的成敗，以成敗來論英雄；所以，他們相信不是完全成功就是完全失敗，絕無所謂的一點點失敗。完美主義者也會以自己的標準來評定別人，所以在他周圍的人常感覺到不夠好。

◉ 四、低成就

　　資優低成就是困擾資優班老師最棘手的問題之一。每一個資優低成就者都是不同的，他們的問題需要做個別探討，以便能改善其低成就的現象。

　　所謂的資優低成就，簡單地說是指資優學生的學業成就，不符合其潛能應有的表現水準。葛拉格（Gallagher, 1991）認為：造成資優低成就，可能是環境的因素和個人的因素兩種。環境的因素包括同儕的影響、老師的教材教法，和學校的整體環境；改變環境或可改善此狀況，例如創造一個有利於智力的追求的友善環境、將學生抽離該環境，或改善老師的教學風格等。個人的因素包括神經學的因素如學習障礙、生理的因素如聽覺障礙，或心理的因素如低的動機或低的自我效能。

　　推孟和歐丹（Terman & Oden, 1947; 引自 Piirto, 1994）研究資優低成就者（男性），發現他們在人格上的幾個特徵包括：(1)缺少堅持；(2)無法形成目標；(3)喜歡觀望而不是實際行動；(4)低的自信，這些問題常是長期存在的。

　　瑞姆（Rimm, 1986）從行為的觀點來看低成就。她指出有四種類型的低成就者：(1)依賴型的順從者：這些學生的低成就不是很明顯，原因是他們順從，容易相處。(2)依賴型的叛逆者：這些學生對學校、對家庭的生活

有病理學的反應而造成低成就，通常是父母離異。(3)支配型的順從者：這些學生的低成就也不是很明顯，他們把課外活動擺在第一位，他們追求讚美和榮耀，而不要批評。(4)支配型的叛逆者：這些學生帶給學校和老師相當的困擾，他們反抗權威，對自己設定較低的期望，他們可能向父母抱怨老師的不是，甚至引起父母對老師或學校的不諒解。瑞姆認為，這些學生的自信來自於他們能成功地支配家庭、班級和朋友，但也是脆弱的。

　　父母離異在資優學生身上雖然少見，但有時也見到此種不可避免的社會現象，而低成就常成為此種現象的副作用。父母離異的學生常會有一段很困難的適應期，他們常無法集中注意力、有退縮的現象，或看什麼人都不順眼。他們生活沒有目標，有很強烈的無助感，缺乏成就感，幻想著「歷史」會改變。資優學生對於父母的離異甚至會有自責的現象。

　　除了以上情況外，尚有一些較常發生的問題，例如：

1. 社會關係的困難。
2. 隱藏自己的才能以便被同學接納。
3. 焦慮、沮喪、挫折。
4. 很難接受批評。
5. 對學校的工作感到缺乏足夠的挑戰。
6. 拒絕做制式化、重複性的指定作業。
7. 過度的競爭。
8. 在多樣化的興趣當中很難選定一種滿意的職業。
9. 很難發展滿意的生活哲學。
10. 不佳的學習習慣（Davis & Rimm, 1994）。

貳、諮商與輔導的實施

　　資優學生的諮商與輔導，在於協助資優學生做最好的自我發現——了解他們自己，包括了解與發現自己的能力、興趣、動機和價值；同時協助他們了解他們不是異常，他們不是孤獨的。而最好的諮商員，就是那些最能了解資優學生獨特的情緒和認知特質的人員，包括長期和資優學生相處的資優班老師、學校輔導室人員、學校心理學家，必要時，也包括資優學生的同儕、父母，或其特約指導老師（mentors）等。

◉ 一、諮商的目標

　　連壯姆（Landrum, 1987）綜合數個有關資優學生諮商方案的目標，歸納出三個領域：

(一) 在個人—社會領域

諮商與輔導應協助學生：

1. 能欣賞他們自己和別人的相似性及差異性。
2. 發展社會適應技巧。
3. 認識並接受他們的能力及限制。
4. 參與大家的活動並與人和睦相處。
5. 發展對於學校以及學習、社區及社會積極的態度。
6. 澄清他們的價值並解決道德的衝突。
7. 了解並學習克服智能的、社會—情緒的，以及生理的改變，尤其是在青少年時期。

8. 探索自己的興趣。

9. 分析個人的問題。

10. 行為的自我導向並對自己的行為負責。

(二) 在生涯／職業領域

諮商與輔導應協助學生：

1. 基於對自己長、短處的了解，而發展出對於生涯機會的覺知。

2. 透過獨立研究和第一手經驗，探索各種生涯的意涵。

3. 慎選一所與自己的生涯興趣和學業需求相一致的大學。

4. 了解工作世界和自己的能力。

(三) 在學業領域

諮商與輔導應能協助學生：

1. 在教育與課外活動之間取得平衡。

2. 獲得有效的問題解決技巧。

3. 解決會干擾學習的問題。

4. 建立可及的、合理的目標。

5. 尋找有助滿足需求的資源。

6. 分析學業的問題。

7. 發展研究的技巧和參加考試的技巧。

◎ 二、預防性諮商與輔導

　　前面提過，資優學生對於許多事情具有較大的覺知，例如面對世界局勢，缺乏公平正義之事、應然未然之事，如果加上無力感，可能促使資優學生對自己或外界感到失望。即使學生在學校適應良好，也有很高的學業

成就，有可能因為自覺其成就遠不如預期目標，而懷疑自己的能力。除了上述自我因素之外，社會文化對於資優學生的「愛恨情結」（吳武典，1997），使得他們在面對社會壓力時，不得不隱藏自己的能力，或從痛苦的社會互動中退縮，或在教室內製造問題。上述這些因素在在顯示預防性諮商的重要性。

　　然而，由於當前學校輔導人員缺乏，學生人數又眾多，使得有限的人力只能用在少數較有問題的個案，對於預防性諮商與輔導就相對缺乏，尤其對於需求性不是很明顯的資優學生更是疏忽了。我們的社會似乎存在著這樣的哲學：「還沒打破就不必修理」。然而，破碎的心是很難修補的，除非不讓它有裂痕。資優青少年自殺事件總是會占去報紙相當篇幅，也擭獲社會相當的目光。研究指出，由於不尋常的敏感和完美主義，資優青少年是自殺的高危險群（Delisle, 1986）。

　　預防性諮商是防患於未然，諮商員應規劃一個發展性的諮商方案，以協助資優學生情緒上的安寧。此發展性的諮商方案其目標包括：

1. 了解他們的優點與缺點。
2. 承認他們的限制並接受它。
3. 培養他們的能力。
4. 發展內控信念。
5. 接受錯誤並視之為學習經驗。
6. 發展衝突解決技巧及問題解決技巧。
7. 了解並接受他人。
8. 發展溝通技巧、領導技巧及做決策技巧。
9. 發展人際技巧。
10. 學習壓力減輕技術。
11. 培養對人、對事的幽默感（Silverman, 1993b）。

　　預防性諮商可以團體或小組方式定期為之，例如每個星期一次；學生們可以共同討論相互關心的事情，例如「何謂資優」、「如何與他人適當的互動」、「如何處理壓力」、「如何處理衝突」、「如何看待批評」、「如何管理情緒」、「如何看待他人期望」、「如何解讀他人感覺」，以及「如何分析現實與理想」等。預防性諮商也應教導學生同儕諮商的方法，例如如何發現同學可能出現的重大危機警訊、如何有效地協助他、簡單的危機處理技巧、詢問和主動傾聽技巧、衝突解決和協商技巧，以及如何減輕同儕壓力的方法等。

　　以當前學校人員編制而言，輔導室的輔導老師和資優班老師接受諮商訓練是較為可行的。資優班教師的職前訓練課程或在職訓練，都應強調這些技巧。預防性諮商應及於父母，父母應樂於傾聽孩子的聲音，與學校保持開放的溝通，協助孩子管理時間，包括休閒活動、支持孩子的興趣、不要期望孩子完成自己未達成的心願等。

◉ 三、治療性諮商與輔導

　　一旦資優學生出現不預期的異常行為，諮商與輔導人員的介入就變得相當重要。如何進行諮商以減輕並消弭當事人的問題，是諮商員、教師、父母，甚至同儕都應該了解的技巧。

(一) 個別諮商技術

　　雖然諮商理論各有不同，但尊重當事人則是共同的原則。在建立諮商關係中，有三個重要的原則是要把握的：真誠、無條件積極關懷，和同理心（Rogers, 1961）。真誠就是真心與誠信，它形成信任的基石；無條件積極關懷就是避免批評、欣賞對方的優點；同理心就是進入對方心靈世界、

感受對方的感覺。

　　資優學生通常是較好的問題解決者，他們喜歡能引導問題解決的傾聽者，或者能引導觀念轉變的對話者。諮商員或老師運用非指導性的方法，提供一個安全的環境以探求他們的問題所在。

　　正式的諮商是有一定程序的：例如關係的建立、問題的定義、目標的設定、策略的選擇、策略的執行、評估和結案。過程雖有次序性，但短期、非正式的諮商輔導，諮商員可視問題的定義、問題的分析、處理計畫以及執行方式，而做彈性的調整。

　　下面的一些建議或可作為初學者的參考：

1.誘導學生分享其感覺

　　老師或輔導人員通常以開放性的問題開始，且這些問題已傳達出關心和準備傾聽的意涵，例如：「最近如何啊？」「上次咱們談過之後感覺如何？」諮商員也應觀察學生的情緒狀況，以鼓勵表達感覺。

2.積極傾聽

　　諮商員透過身體姿勢、臉部表情，以及眼睛的接觸，來表示接受學生的感覺和經驗，並傳遞溫暖、真誠和安全的訊息。

3.詢求更多的訊息

　　在諮商的過程中，諮商員透過探詢技巧，以獲得更多與問題有關的訊息，例如：「請告訴我更多有關……。」

4.鼓勵情緒表達

　　有時處理學生的感覺比討論事件本身更有效果。已發生的事件無法改變，但當事者的感覺、態度及觀念可以改變。諮商員應表示可以理解當事

者的情緒反應，或澄清其情緒反應。

5.分享個人經驗

諮商員與當事者分享個人經驗，有助於拉近彼此的距離，但應盡可能簡短，否則會反客為主。因為資優學生會感覺孤獨，這種自我的「洩露」技術，有助於他了解別人也有類似的感覺。

6.協助澄清問題

諮商的最高藝術是問題的澄清，而不是急著解決問題。有經驗的諮商員會花相當長的時間去釐清問題的本質，以便能對症下藥，否則不但繞了遠路，還可能事倍功半。

7.探討問題的正面因素

學生去尋求諮商，多數時候是描述造成問題情況的負面因素，諮商員有必要引導學生探討問題的正面因素，例如：「假如你離家出走，你想你會從家裡失去什麼？」

8.協助訂出解決問題的優先順序

諮商員除了協助學生分析問題外，並應協助他訂出問題解決的優先順序，先從最容易改變的部分開始，也就是從學生自己最容易掌握的部分開始。

9.提供新的見解

和別人談論問題的好處之一，就是有可能從他那兒獲得對於問題的新見地。一個旁觀者可能會比較客觀地從不同的時間架構來看問題，但諮商員會以他對問題的直覺反應，徵詢學生的感覺或共鳴，而不代為決定做法。

10.反映矛盾

當學生透露愈來愈多的訊息時，衝突的線索可能開始浮現，他們可能出現訊息、態度，或感覺的自相矛盾現象。諮商員應在適當時候，提醒當事者注意或澄清此種矛盾。此種內在衝突或矛盾現象的澄清，有助於當事者釐清他真正的問題所在。

11.協助設定目標

設定目標代表著準備將有所改變。有些學生或許害怕改變，但諮商員應鼓勵學生設定可及的目標；只有這樣，學生才會考慮可能的解決方案。在考慮可能的解決方案時，腦力激盪是可行的方式。大多數的資優學生都有腦力激盪的實際經驗，待他詞窮意盡時，再選擇最有可能成功的解決方式。

12.發現並讚美進步

改變是困難的、花時間的，而且需要耐心。學生的進展或許是進兩步、退一步；諮商員在整個過程中扮演著支持和回饋的角色。也許學生會遭遇到瓶頸，諮商員了解其必然性，但也應讚美這一路走來的進步，再幫助他重新評估狀況，必要時改變一下行動方案。無論如何，諮商員隨時都保持溫暖的接觸，如此所建立起來的長期關係，也有助於學生發展出與他人健康的關係。

13.提出必要的轉介

有時候，諮商員所遇到的狀況，可能超乎他曾受過的訓練、經驗，以及能力之外。例如學生可能有精神分裂傾向，需要就醫，需要藥物治療；或者學生可能是酗酒、吸毒，或是家庭暴力的犧牲者等。諮商員有必要了

解社區中能處理這些特定問題的地方，以便必要時轉介學生或家庭給專家處理。我們不應期望每一位諮商員都能有效處理他所面臨的每一項心理問題，但重要的是他必須知道何時需要轉介。

(二) 團體諮商

資優學生常不太願意個別去找諮商員，不是他們沒有需要，只是他們覺得自己的問題應該是自己解決，而且能自己解決。他們比較不會去找個大人來表達其害怕和沮喪、壓力和悲傷；即使他們知道應尋求他人的忠告，也常常是猶豫不前。

因此在學校裡，將學生組成一個小的「討論團體」，讓學生討論相關的問題，也會有不錯的結果；例如討論「期望的壓力」、「緊張的抒解」、「焦慮的排除」、「未來的夢想」、「同儕的互動」、「衝突的解決」、「自我的剖白」等。輔導人員應告訴學生，這是一個不打分數、沒有競爭、相當鬆弛的活動，他們可以彼此相互學習，每一個人都是受到尊重的。

在組成討論團體時，八至十二人是比較合適的；不過，在小學階段可以減少至六到八人。每一次的討論以四十到六十分鐘為宜，太短無法達到深度的討論，太長則可能無法維持注意廣度。在大多數的討論團體中，男女混合編組有助於在坦率的討論中認識、學習異性的想法，也提供機會練習社會技巧。當然，某些情況或某些問題只適合單一性別的討論。

團體諮商的基本技術是如何將學生從旁觀者轉變成參與者，要達成此目的，諮商員應技巧地串連每一個討論主題到每一個參與者；其次，視這個團體為一個整體而不是個別的集合，也就是說，諮商員應善於營造團體氣氛；再次是協助學生注意到整個過程，例如在每一次活動結束前的三至五分鐘，諮商員應總結整個過程的所有活動內容，這不但有助於學生統整

本次的結果，也有助於下一次討論的開始。

(三) 家庭諮商

　　家有資優孩子固然是每一個父母相當高興的事，但要成為好的資優孩子的父母也不是一件容易的事。從出生開始，這些孩子就帶給家庭不尋常的挑戰，他們可能活動力強、睡得少，對於四周環境有強烈的反應。照顧者／父母對於他們不斷的需求疲於應付，但是對於他們優異的學習能力卻也是高興不已。

　　資優孩子的智力發展常超前於社會和動作技巧的發展。發展的不平均常導致挫折，包括孩子和父母。到了上學年齡，父母也常會為下列問題感到困擾，例如：要送到什麼學校、怎樣的年級安置較好、孩子的同儕關係、孩子的情緒發展、低成就，以及管教方式、生涯規劃等，因此，父母也需要輔導人員的協助與支持。若從生態學的觀點而言，資優學生的問題可能是自己本身所形成，但也可能是父母、家人對他的影響，以及父母與學校人員的關係所造成；因此，對於父母或家庭進行諮商與輔導也是必要的。下面的情況是諮商人員在面對資優學生家庭時所應加以注意的：

1.不適任感

　　資優學生的父母常會感覺到他們無法滿足孩子的需求，這些問題是下列因素的組合：(1)對於「資賦優異」的迷思和誤導；(2)對於智力的超前明的、暗的敵意；(3)對於可用的資源缺乏資訊；以及(4)有限的財力來源。

2.緊張、壓力問題

　　家庭裡同時有資優孩子和非資優孩子，對於資優孩子在家庭中的角色，以及對於他的期望，尤其是相對於非資優孩子，有的父母在拿捏上可能相當困惑，甚至造成親子間或兄弟姊妹間的緊張。尤其在子女成就間的

比較上，父母如果過於在意其差異性，常會加劇這種緊張關係。

　　諮商員可以去除父母對於資優的迷思和誤解，提供父母所需的基本親職技巧，例如平均分派家中責任、不做子女間成就的比較、不同的子女有不同的期望等。

3.家庭規範的問題

　　資優學生喜歡民主的教養方式，因為在民主的教養方式下，他們可以參與決策。有幸的是，大多數資優學生的父母很少訴諸懲罰或其他外力方式。不過，在我們的文化中，許多人仍然相信成人擁有比孩子多的權力和特權，所以，孩子要無條件地服從和尊敬長上，違犯這個教條是相當嚴重的事。

　　事實上，家庭的和諧不是來自威權，它主要來自成員間彼此的尊重；父母如能像朋友般地接納孩子並分享權力，就可以解決大多數的親子衝突。諮商員應協助父母創造一個權力平衡的家庭系統，在這個系統中，每一個成員都感受到他是受到支持的。建立家庭裡權力平衡的方法就是家庭會議，家庭會議提供民主決策的直接經驗，每一個人有機會貢獻意見，學習協商技巧、衝突解決技巧，以及練習有效的溝通技巧等。家庭會議也是建立個人自尊、凝聚家庭的方法。資優學生大約在七歲左右就有能力參與家庭會議。

4.家庭刺激

　　有相當多的研究發現，父母所提供的家庭刺激，是子女優異表現最大的潛在因素。然而，許多父母或許疑惑：提供多少以及何種家庭刺激才是適當呢？費德曼（Feldman, 1986）認為，有高成就子女的父母大都表現十分相似：負責、支持和鼓勵，家庭是穩定且凝聚的，他們建立成就、獨

立、專注和堅持的模式。

　　席爾弗曼（Silverman, 1993c）整理許多對於資優學生家庭的研究，發現有資優子女的家庭最成功的教育方式，最常被提到的活動是一起閱讀，其次是不斷地鼓勵和讚美孩子的成就。其他還包括經常對話、參與社區活動、拜訪博物館、一起旅遊、討論、專心傾聽、提問，以及回答問題，並提供強烈的家庭價值、行為標準，以及好的角色模範。還有相互的信任、支持孩子的興趣、支持情緒表達、鼓勵好奇和主動探索、傳達高的期望，以及協助孩子築夢等。

　　不論是預防性、治療性、團體性或對於家庭的諮商與輔導，諮商員其實是相當專業的，必須接受適當的訓練，特別是對於資優學生。在我國或美國的諮商與輔導專業，對於資優學生的諮商與輔導專業訓練還是相當欠缺的。資優班老師或許還可以做些個別的或團體的預防性諮商或輔導（例如在情意教育中加入必要的元素），但治療性諮商與輔導還是須由專業人員來做比較好。例如美國學校諮商人員協會（American School Counselor Association, ASCA）從 1984 年到 2010 年，其專業倫理標準就經過了五次修訂，包括：(1)諮商員對學生的責任；(2)諮商員對父母或監護人的責任；(3)諮商員對於同僚和專業協會的責任；(4)諮商員對於學校、社區和家庭的責任；(5)諮商員對自我的責任；(6)諮商員對於專業的責任；(7)諮商標準的維持等七個大項做了非常詳細的規定。例如對學生要：(1)以尊嚴相待，並尊重學生的獨特性；(2)關心學生的教育、學業、生涯和社會需求，鼓勵學生做最大的發展；(3)尊重學生的價值、信念和背景，諮商員不能將自己的價值強加於學生或其家庭之上；(4)充分認識關係到學生的法律、規章和政策，努力保護和通知學生的權利；(5)促進學生的福祉並和他們發展一個成功的合作計畫；(6)包含對於個別學生有利的支持網絡；(7)和學生保持適當的專業距離，任何與性或不切實際的關係是與專業倫理違背而禁止的；(8)

在與先前學生或其家人進入諮商關係之前，要考慮可能的傷害（引自 ASCA, 2016）。至於對當事人的保密，那是無庸置疑的。

　　資優學生從幼兒園開始到高中、大學，大家可能注目的焦點是他們的 IQ 與學業成就和生涯發展，但很少關注其潛藏的內心世界。常常要到他們感到焦慮、失眠、低成就、孤獨、行為異常、青少年犯罪、藥物成癮、輟學，甚至自傷或自殺行為，才會被注意到。其實在其看似完整無缺的外表下，或許他們所背負的期望常造成他們的困擾與痛苦。所以，老師、父母、學校輔導人員、專業心理師等，都應對資優學生的諮商與輔導有一份敏感性，減少遺憾事件的發生。

第十一章

雙重特殊學生的教學

平平是先天性盲，目前就讀音樂資優班。

　　平平專長於鋼琴、小提琴，及作曲。1994 年曾獲河合之友兒童鋼琴比賽低年級組冠軍、港都盃音樂比賽國小低年級組鋼琴第二名；1995 年、1996 年獲港都盃音樂比賽國小中年級組鋼琴第一名；1997 年獲河合之友兒童鋼琴比賽高年級組亞軍、臺灣區音樂比賽高雄初賽鋼琴獨奏優等。

　　平平的求知欲甚高，雖然無法以視覺閱讀，但透過家人的協助，以唸誦、傾聽、提問方式吸取知識；在課堂上常能舉手發表，回答問題態度認真、思慮周密。

　　平平有前後搖晃身體的習癖動作；在人際互動方面，由於視覺障礙，較處於被動；不過，在班上也有幾位談得來的朋友，有一位輕度智能障礙的女孩願意主動協助他。平平頗能自我肯定、自我接納，思考積極光明，比起同齡男孩，他似乎早熟許多。

　　老師在指導平平時，可謂費盡心思，她會以平平可以執行的方式指派作業或評量。由於平平的媽媽也是學校老師，班上少數同學會因此覺得平平倍受禮遇，認為老師不公，因此，輔導其他同學也是老師的重要任務。老師希望平平在音樂領域能開花結果，她也衷心期望社會能對弱勢者加強照顧。

　　對於平平的教養，母親是積極努力，永不放棄，父親也從消極到接納。他們也都加入相關的家長團體，彼此切磋討論，互相加油打氣；對於孩子則全力支持他朝向音樂發展，他們也希望國內的大環境，能消弭孩子升學的不便和限制，使孩子的潛能得到發揮。

　　在我們的印象裡，海倫凱勒（Helen Keller）、愛因斯坦（Albert Einstein）、愛迪生（Thomas Edison）、羅斯福（Franklin Roosevelt）、布萊爾（Louis Braille）、霍金（Stephen Hawking），以及許倬雲、黃美廉、劉俠（杏林子）、孫嘉梁、藍介洲、鄭龍水等人，都是耳熟能詳的國內外「名人」。當我們提到這些人時，也許知道他們有的在教育、科學、發明，有的在政治、藝術、文學等表現相當傑出；但如果問到這些人分別伴隨有何種障礙？可能多數人沒有印象。事實上，上述提到的這些人除了有優異的成就外，也都同時伴隨有視覺障礙、聽覺障礙、肢體障礙、學習障礙、腦性麻痺等狀況。在西方的文獻中把他們稱為「雙重特殊」（twice exceptional），國內也大致採用「雙重特殊」或「資優障礙」此一用語，不過，在新修訂的《特殊教育法》則稱之為「身心障礙的資優生」，但有愈來愈多的文獻稱之為「雙重特殊學生」。

　　對於雙重特殊此一族群的研究是晚近一、二十年的事，美國將「the gifted handicapped」列入 ERIC 的索引當中始於 1977 年（Porter, 1982）；而我國較早出現對這類學生的討論，也始於 1986 年左右（吳昆壽，1999）。雙重特殊人士受到人們的注意，或許拜特殊教育思想進步所賜，或許是因為幾位傑出障礙人士對於社會的貢獻所致。然而，我們能舉出卓然有成的身心障礙者實在有限，是因為他們的出現率低嗎？或因為他們未受到適當的教育照顧？根據強森和寇恩（Johnsen & Corn, 1989）的推估，在肢體和感官障礙的兒童當中，有 2%至 5%是資優的；果如此，若依據第二次全國特殊兒童普查（吳武典、林寶貴，1992），在六至十五歲學齡兒童當中，我國應該有 882 至 2,206 人是屬於雙重特殊者（吳昆壽，1999）。不過，依據吳武典和林寶貴（1992）的看法，本次全國特殊兒童普查的出現率偏低（只有 2.1%），因此雙重特殊學生應不只此數。如果沒有將他們發掘出來並加以適當培養，對於其個人或社會都是一種損失。

壹、雙重特殊的定義

　　我國於 1997 年修訂的《特殊教育法》定義資賦優異，係指在下列領域有卓越潛能或傑出表現者：(1)一般智能；(2)學術性向；(3)藝術才能；(4)創造能力；(5)領導能力；(6)其他特殊才能；而定義身心障礙，係指因生理或心理之障礙，須特殊教育及相關服務措施之協助者：(1)智能障礙；(2)視覺障礙；(3)聽覺障礙；(4)語言障礙；(5)肢體障礙；(6)腦性麻痺；(7)身體病弱；(8)情緒行為障礙；(9)學習障礙；(10)多重障礙；(11)自閉症；(12)發展遲緩；(13)其他障礙（特殊教育法，2014）。

　　很顯然地，「雙重特殊」並不適合以上資賦優異或身心障礙類中的任何一種，然而，卻是橫跨（兼具）兩類中的任一種（除了身心障礙類的智能不足外，但有些智能不足也可能表現出某種程度的繪畫或音樂才能）。因此，所謂的「雙重特殊」，是指那些具有卓越潛能或傑出表現，且本身兼具生理或心理上的顯著障礙，需要資優教育和特殊教育相關服務措施，以發揮其潛能者。換言之，一個「雙重特殊」者，必須是至少表現出「資優」定義中的任何一種標準，例如高 IQ 或具音樂、美術才能，同時本身也帶有「身心障礙」定義類別中的一項或多項，例如聽覺障礙、視覺障礙、肢體障礙、情緒困擾或學習障礙（Yewchuk & Lupart, 1993）。因此，「雙重特殊者」的類別可能相當廣泛，所表現出來的「優」、「弱」程度也就各有千秋，可見雙重特殊者是相當異質的群體，在個人能力的側面圖上變異性也非常大。他們需要充實的教育以發展其優異的資質，也需要補償的教育以改善其障礙的狀況。

貳、雙重特殊學生的鑑定

根據吳昆壽（1999）和盧台華（1995）的調查，雙重特殊學生大多被安置於普通班，其次是身心障礙班，只有極少數就讀資優班。可見雙重特殊學生在資優班是低代表性的（Bernal, 1982）。造成這種現象的原因，可能是傳統的鑑定工具和程序，使得他們無法充分表現其能力；但也可能是將這些學生視同身心障礙者，基於他們的障礙狀況而被鑑定、安置至身心障礙班。換句話說，人們可能只注意到其「障礙」，而忽略其還有優異的能力。

的確，鑑定雙重特殊學生是充滿挑戰的。有許多現象可能有礙雙重特殊學生的鑑定（Johnsen & Corn, 1989; Karnes & Johnson, 1991; Yewchuk & Bibby, 1989; Yewchuk & Lupart, 1993），包括：

1. **偏執的期待**：雙重特殊學生最常有的經驗是，人們只注意到其障礙狀態，而不是他們的才能；因為障礙狀態是顯而易見的，而才能（潛能）是不易察覺的。因此，先入為主的觀念就對他們的各種能力有較低的期待。

2. **障礙的效果**：障礙狀態本身可能限制或阻礙了真正能力或潛能的發揮，以致可能影響到標準測驗的正常表現。多數的測驗也大多以一般人為常模，較少含有障礙的學生；因此，以視力為主的測量，例如成就測驗或智力測驗，對於視障生顯然不利。

3. **發展的遲緩**：障礙學生在其生理年齡和身體、認知、智能及語言發展上顯得相當不一致。特定的障礙狀態例如聽障，可能導致語言發展的遲緩，也因此掩蓋了高層認知技巧的表現。

4. **專業的不足**：評量人員缺乏專業的敏感度，可能是無法正確評量雙

重特殊學生最根本的問題。資優領域的專家不熟悉障礙領域或障礙對學習的影響；障礙領域的專家也不熟悉資優教育，這些都將對雙重特殊學生的鑑定造成相當困惑。

為了增加具有高潛力的障礙學生有被選入資優教育方案的機會，學者（如 Friedrichs, 1990）建議：(1)給予障礙學生各種表現機會，以引發他們的潛能或當前優異的表現；(2)鑑定時對於其優勢加重評量；(3)根據多元側面圖來選擇障礙學生進入資優教育方案。

在美國有一個相當有名的教育方案，此一教育方案乃針對幼小的雙重特殊學生的補償和促進（Model of Retrieval and Acceleration of Promising Young Handicapped and Talented, RAPYHT）（Karnes, 1984）。其鑑定程序如下：

1. 一般的方案：第一階段提供各種機會，鼓勵學生表現其創造力、高層次的思考，和問題解決技巧，以證明或引出其能力。在此時期，教師接受訓練以便能辨認資優學生的一般特質。

2. 才能的篩選：此一階段要求老師和父母，以非正式的觀察來評量學生的表現；以障礙學生的標準，選出 12%至 15%的學生進入所謂才能庫（talent pool）。

3. 才能的鑑定：此一階段乃組織多重領域的成員，共同決定何人合於標準，有資格進入此一教育方案中。

4. 深度的評量：此一階段乃是對於潛能或功能性的才能，做較細節性的評量，其目的在發展學生的教育目標，並作為評量進步的指標。在此一階段也基於學生才能的側面圖，發展出個別化教育方案。

在鑑定雙重特殊學生時，非傳統性的方法也常常被提出來，作為改進鑑定的參考。例如，史威朵和史東柏納（Shwedel & Stoneburner, 1983）認為，在篩選和鑑定的過程，軼事紀錄可以提供資優學生充分的訊息；學生

的經驗背景、發展歷史、問題解決風格、語言發展、獨特的興趣等，都是在測驗以外很重要的訊息，這些訊息可以說明學生在家裡、學校和社區的功能性表現。

　　教師做長期的觀察對於鑑定也是有幫助的，觀察的項目可以包括七種：(1)高級的語彙；(2)記憶力；(3)因果關係的知覺；(4)擴散性思考；(5)注意力；(6)好奇心；(7)幽默感。教師和父母應該一起討論，並成為共同的觀察者（Pledgie, 1982）。

　　檔案評量（portfolio assessment）也是另一種相當有用的選擇（Barbour, 1992）。兒童的檔案中可以包括：(1)教師的觀察量表；(2)軼事筆記；(3)同儕或自我提名；(4)家庭－社區調查；(5)兒童的作品；和(6)剖面清單。阮儒里（Renzulli, 1994）的全方位才能檔案（The Total Talent Portfolio），是另一個很好的例子。此一全方位模式包含數個特定項目，以引導資料的蒐集，包括：(1)能力的證明；(2)興趣清單；(3)喜好風格，含教學、學習、思考和表達的風格。全方位的才能檔案，盡可能的提供兒童在能力、興趣和風格的多樣化長處，這在鑑定障礙學生進入資優教育方案時，在決策上是相當有用的參考資料。

　　強森和寇恩（Johnsen & Corn, 1989）也建議幾種能夠讓雙重特殊學生有機會接受資優教育方案的方式，包括：(1)調整已有的正式測驗；(2)發展精確的檢核表；(3)和有相同年齡、相同障礙狀況的同儕比較（Yewchuk & Bibby, 1989）；(4)在鑑定的過程中對於多元團隊的在職訓練；(5)發展新的工具；以及(6)使用新的科技協助鑑定，例如錄影、電腦等。盧台華（1995）建議對於各種雙重特殊學生的界定，宜以較從寬的智力為標準；梅克（Maker, 1977）主張諸如魏氏智力測驗（WISC）的作業量表，可單獨使用於聽覺障礙者，而語文量表可單獨使用於視覺障礙者。

參、雙重特殊學生的特質

　　文獻上對於資賦優異者和各類身心障礙者身心特質的研究相當多，其目的不外藉由對於身心特質的研究所得到的了解，化而對於其所需的教育與輔導提供因應的策略，可見身心特質會影響到學習，甚至整個生涯發展（李翠玲，1990）。

　　吳昆壽（1999）調查 78 位雙重特殊學生，發現：一、在身心特質方面：(1)健康狀況良好，活力充沛；(2)注意力持久、協調能力佳；(3)能自我了解、自我接納；(4)對自我有高的期望。但工作的持續力、挫折的容忍度、溝通能力和自信心較差。二、在學習特質方面：(1)理解力和記憶力佳；(2)學習動機強；(3)課業表現優良；(4)能被同學接納；(5)家長展現高度的關懷與支持。但表達能力及對課業壓力的承受度較低。盧台華（1995）研究 17 名視障資優學生、33 名聽障資優學生、26 名肢障資優學生，和 5 名學障資優學生，發現雙重特殊學生的資優特質中：(1)以學習精神良好，學科或藝能科表現優異，主動學習和理解力強等較為普遍。(2)聽障、視障和肢障資優學生能接納自身的障礙狀況，也大致能有積極向上的決心。(3)國小雙重特殊學生在自我態度問卷上，以能力成就、人格特質，及總量表的表現優於常模學生；且視障資優學生在外界接納，聽障資優學生在身體特質等分量表上亦優於常模學生。李翠玲（1990）研究 20 位傑出肢障人士，發現這些人的心理特質在自我概念、成就動機，及對於障礙事實的接納上偏於正向，他們也普遍具有內控信念，對自己充滿信心。黃瑞珍（1987）提到她所接觸過的聽障資優學生的印象是記憶力、理解力佳，思考快速且思考過程具有彈性，常識豐富並充滿好奇心。

　　惠特摩爾和梅克（Whitmore & Maker, 1985）提到雙重特殊者有一些

正向的特質，也有負向的特質。正向的特質包括：(1)渴望成功；(2)能堅持於所欲達成的目標；(3)在克服困難時，尤其是克服個人的限制有一些彈性的策略；(4)能覺知自己的潛能並充分運用自己的優點；(5)優異的分析和創造性的問題解決能力；(6)普通常識豐富，記憶力佳；(7)在語言的運用上，無論是口語或寫作，均表現優異；(8)富幽默感。而一些有成就的障礙成人，他們最主要的支持力量來自家庭，特別是父母，這些父母共同的特徵是：(1)高度的期望；(2)不特別強調孩子的障礙；(3)培養孩子的獨立感；(4)允許孩子對環境的探索；(5)重視孩子的成功；(6)對於孩子早期的教育付出極大的心力；(7)盡可能安排與非障礙的同儕有互動的機會。

　　雙重特殊者也有一些負面的特質，包括：(1)對於自我接納會有一番的掙扎；(2)脆弱的自我概念；(3)在某些學業技巧領域顯現困難；(4)對於不如意的表現顯現生氣及強烈的挫折；(5)有人際關係的問題；(6)有一種想要釋放被壓抑的能量的欲求。有一些雙重特殊學生可能在逐漸長大會慢慢出現一些情緒上的問題，感覺到被社會孤立，而發展出攻擊或退縮行為，長期於人際關係上的失敗，也會導致無助感和無望感；最後，沮喪的雙重特殊學生可能選擇規避最起碼的學習和社會的要求，以免讓他們陷入痛苦的深淵（Friedrichs, 1990; Yewchuk & Lupart, 1993）。

　　雙重特殊學生所表現出來的正向特質，大致上和一般的資優學生類似，而其所表現出來的負向特質，也大多出現在一般的身心障礙學生。因此，當資優的正向特質，遇上障礙生的負向特質時，兩相影響之下，有可能是正向特質對於負向特質注入強心劑；但也有可能是負向特質對於正向特質產生殺傷力。很可惜地，從上述學者（如 Friedrichs, 1990; Yewchuk & Lupart, 1993）的結論中發現，大多屬後者。表 11-1 是他們的摘要：

表 11-1　雙重特殊學生的特質及其影響

資優的特質	障礙的特質	影響
優異的能力	障礙的狀態	壓力不相稱的表現
完美主義	在某些方面成就低下	挫折
高度的自我知覺	過分敏感	脆弱的自我觀念
高度的渴望	低度的期望	內在的衝突
高度的智力和經歷	有限的輸出管道	經歷受到壓抑
較少資優的同儕	較少障礙的同儕	社交的困難
高度的生涯雄心	有限的發展途徑	感覺被排斥
尋求獨立	身體受限	創造性的問題解決

　　偉士比和尤佳克（Vespi & Yewchuk, 1992）研究資優學障生的特質一如資優學生，資優學障生認為成功和失敗是他們可以控制的，他們也顯示出獨立性；不過，由於成就和潛能間存有差距，因此，在功課上常感挫折和焦慮，很難集中注意，與友伴的關係有困難，工作習性亦不佳。資優學障生的自我形象（self-image）是飄忽不定的，他可能因少數幾個領域的表現成功而增進，也會因學業的一再失敗而消失。因此，特殊教育老師常常需要處理他們的社會情緒問題。

　　普利駒（Pledgie, 1982）再綜合了六種相關的資優（含障礙、文化不利、社經地位不佳、少數族裔的資優）檢核表後，對於教師觀察雙重特殊學生提出了一些在學業上、動機上的指標性項目，包括：(1)有高級的、精緻的語彙，並且可能在進入學校之前就學會閱讀；(2)很容易記得並回憶訊息；(3)清楚因果關係而不是只能回憶事實；(4)能從事擴散性思考；(5)有較長的注意廣度；(6)興趣廣泛、好奇、願意冒險；(7)表現幽默感。普利駒建議，如果老師從以上七個指標發現障礙學生的潛在能力，應和父母討論，並邀請父母成為共同觀察者。一般的資優學生，這些特質很容易觀察得到，但是對於視覺障礙、聽覺障礙、肢體障礙或學習障礙者，應該留給他們足夠的機會以彰顯其能力。

肆、雙重特殊學生的教育重點

　　過去，社會的態度對於障礙學生是否具有優異的學習能力，存有不公平的想法，因此使得多數的障礙學生必須接受「只有障礙」的宿命看法。對於隱藏在障礙背後的優異能力，也只好任其荒蕪，眾人目光的焦點也「順理成章」地視之為無助的障礙者。此種不公平的待遇，隨著對資優的障礙者特質的研究而有所改變，相信只要給予適當的教育，障礙者也有「優異表現」的一天。所以，(1)一般人對於「障礙者亦可以擁有優異的資質」的正向態度；(2)雙重特殊者本身發展對自己和對別人的積極態度；以及(3)積極的家庭參與，都是雙重特殊教育主要的關心項目。這些項目也形成雙重特殊學生在教學上的優先目標，例如：(1)增進公眾對於雙重特殊生的認識；(2)運用各種資源，以滿足雙重特殊教育需求；(3)促進全人的生涯教育；(4)避免隔離教育，使標名對於自我觀念的傷害減至最低（Mauser, 1981）。

　　強森和寇恩（Johnsen & Corn, 1989）也指出，一個良好的雙重特殊學生的教育方案，應該是：(1)父母和專業人員對於「雙重特殊」有充分的認識；(2)強調潛在的資質和優異的能力；(3)專業人員熟悉資優和障礙教育；(4)學生的IEP包含缺點的補救和優點的發揮；(5)必要時協調各種特殊的服務。尤佳克和陸帕特（Yewchuk & Lupart, 1993）認為，雙重特殊教育應該是綜合資優教育和障礙教育的，包含缺陷領域的特殊服務、資優領域的適性教學，以及自我觀念的強化。茲綜合上述觀念，提出雙重特殊學生的教育重點如下：

◉ 一、社會大眾態度的改變

假如社會大眾必須對於造成障礙狀態負責的話，那麼，社會大眾亦有責任扭轉並減低障礙所導致的影響。身心障礙者「障礙狀態」可以透過下列策略而減輕：(1)盡可能減少障礙人士的隔離；(2)假如診斷不能有助於教學，則省去任何的診斷程序；(3)當因應處置未顯現效果時，移去該處置（Mauser, 1981）。毛瑟（Mauser, 1981）提出這樣的看法乃基於一個假設：診斷和處置可能減緩正常的進步；其另一個意涵就是倒不如提供一個最正常的環境，以減少可能因此帶來的烙印；亦即除去社會大眾將它連結到「障礙」所帶來的負面效應。事實上，「障礙」可說是一種社會狀態；也就是說，只有當社會大眾認定某個人的生理或行為狀態是特殊的和不良的，則該人的生理或行為狀態才變成一種「障礙」，而這樣的定義可能透過隱含不吸引人，或無能的口語上的標名、區別性的人際互動、特殊的處置方式而表現出來。如此一來，使得被標名的人和社會一般人的生活漸行漸遠，最後，迫使得他（她）不得不認定自己真的是一個障礙的人。由於他們大多數的人感受到與眾不同的嚴重後果，就運用各種方法來避免被認為不同，而欲蓋彌彰的結果使得他們忽略了應有的能力表現，這是我們的社會大眾應該檢討的地方。毛瑟（Mauser, 1981）認為，說服社會大眾接納與眾不同的成員，比說服他們不要去任意標名容易多了。

◉ 二、學校教育的內涵

對於雙重特殊學生而言，學校教育至少包含下列兩種功能：(1)提供有意義的認知經驗，使得學生能達成學業上的成就目標；(2)提供有意義的情

意經驗，使得學生能了解他們自己為有意義的個體和社會整體的一分子。而不管是認知經驗或情意經驗的提供，基本上，都必須將雙重特殊學生視為一個完全的、有意義的個體。一個完全的、有意義的「雙重特殊」學生，超乎「資優」加上「障礙」這兩部分的總和；作為雙重特殊學生的老師，必須要面對這樣的價值觀念。不過，所提供的教育選擇，仍然要能反映「資優」部分的充實經驗，以發展學生的專長，促進高度的成就水準，增進創造力以及其他高層次的思考技巧。必要時，也要對於「障礙」部分加以補償措施，以避免因為障礙而成為才能發展及表現的阻礙。而學校人員當然包含行政人員、資優班教師、普通班教師，以及身心障礙班教師，這些人員在面對雙重特殊學生時，有三種挑戰：(1)同時具備資優和障礙這兩方面的常識；(2)善加引導雙重特殊學生，能對於其優異的特性展現堅持力和高昂鬥志；(3)提供必要的輔助性器材，以減輕學習上的不便。有一個很重要的概念是：假如雙重特殊學生不能以我們教他的方式來學習，就以他可以學習的方式來教他（Winebrenner, 2003）。如果老師一味的以自己的方式來教，學生有可能經驗到重複的失敗、挫折，甚至自責自己的無能，最後變成「自我應驗的預言」，也可能被視為懶惰或不夠聰明。當老師以雙重特殊學生可以學習的方式來教他，學生可以經驗到成功的喜悅，因為他有機會發揮他的長處，同時補償自己的短處。

　　整體而言，對於雙重特殊學生的教育，學校老師的教學應顧及全面性和個別性的考量。

　　就全面性而言，有幾個技巧是非常實用而且重要的（Winebrenner, 2003）：

1. 協助所有學生了解和欣賞個別差異，這可以在開學的時候安排適當機會，讓學生了解、尊重和支持各人的多元差異、多元背景，包括可見的外表或不可見的能力等，而且在學期中應不斷的提醒。它應

該形成全校性的共識，不允許互相揶揄、嘲笑或騷擾。

2. 了解學生的個別學習喜好，有些學生是視覺型、聽覺型或觸覺型的學習者，給予不同的學習材料或學習場所，以他們喜好的方式學習或表現學習成果。

3. 內容教學時，先給予整體觀念，再教細節。特別是學習新的單元時，如果有一圖表或流程圖，學生比較容易掌握到以後要學習的重點，也比較容易專心。

4. 教導學生如何設定合理的短期目標，並享受達成目標的樂趣，即使只是全部任務的一小部分，這有助於激發學生的學習動機去完成更大的任務。

5. 以過去的學習經驗為基礎，教導新的學習任務。老師可用有組織的圖表、語意圖或其他方式，讓學生回憶過去所學，過程中注意觀察所有學生的反應，而不是只有少數人的回應。

6. 在學習活動中充分運用多種學習感官，例如歌曲吟唱、打節奏、押韻等，觀察何種方式對學生學習最有利，或利用各種方式來回答問題。雙重特殊學生通常較喜歡動手做或實驗性活動，這樣的具體方式比較容易學得抽象概念。而對閱讀有困難的學生先聽一下課文錄音，或許更容易融入討論。

7. 對於組織有困難的學生提供特殊的指導，例如有顏色的註記，如何整理書桌、筆記、文具等。對於長期才能完成的指定作業用特殊顏色的記錄紙。

8. 發現和使用任何科技幫助雙重特殊學生正確產出，例如計算機、錄音機、文字處理器等，以幫助學生專注於觀念的獲得。

9. 必要時允許雙重特殊學生在有人看的情形下分開測驗，他們可以讀出聲，或有人幫他們讀出來。有些學生在全班的情形下不易集中精

神，此時他們也許需要在安靜的環境下測驗。

美國特殊兒童協會（Council for Exceptional Children, CEC）、科羅拉多州教育部門（Colorado Department of Education, CDE）和許多研究者（Pereles, Omdal, & Baldwin, 2009; Rollins, Mursky, Shah-Coltrane, & Johnsen, 2009）近來倡導介入反應模式（Response to Intervention, RtI），認為對於特殊學習者有治療和促進的功能。介入反應模式是指一個可以統合普通、補償、資優和特殊教育的系統，提供高品質、標準本位的教學和處遇，以符合學生的學業、社會情緒和行為需求。CEC 認為應特別考慮資優學生及其家庭的需求，尤其是雙重特殊學生，因為他們有特殊的才能加上障礙，這些學生應提供有挑戰的課程，同時注意其障礙的獨特需求。

RtI 的核心原則有三：(1)所有學生都能學習。如果給予精確的、標準本位的，和研究本位的課程與教學，所有學生都可以學習，包括雙重特殊學生。(2)早期處遇。雙重特殊學生的多元需求如加速、充實或矯正，在學校早期或許因「優異」和「障礙」互相遮蔽而不明顯，直到經過一段時間的學校教育經驗才會被發掘，所以早期處遇是重要的。(3)分層處遇。全方位、高品質的課程與教學，可以適用於約 80% 的學生；需要提供進一步持續的、密集的處遇的學生大約 10～15%；需要提供個別的指導如特殊教育、資優教育、專家介入的，大約有 5～7%（Pereles et al., 2009）。

就個別性而言：

1. 高度的期望：學校人員以及同儕賦予雙重特殊學生高度的期望，可以激勵他們達成較高的成就（Whitmore & Maker, 1985），尤其是與雙重特殊學生關係最密切的老師，可以創造一個有鼓舞作用的環境，以協助其潛力的發揮。

2. 高層次的、抽象的思考技巧：由於感官上的缺陷，障礙學生在發展高層次的、抽象的思考技巧上會受到限制。雖然如此，並不表示他

們缺乏此種能力；他們需受到加倍的注意，以培養創造性的問題解決、批判性思考、類化、分析、綜合、評鑑等技巧（Davis & Rimm, 1994）。一旦學會這些技巧，老師們應給予充分的機會，以應用這些技巧，這不但可以增進學生們獨立學習的能力，也可以提升日常生活中解決問題的自信。

3. 獨立學習的能力指導：身心障礙學生由於受到一對一指導的機會較多，致使有些學生過分仰賴個別的注意和連續的正面回饋，以支持其學習，如此將限制其學習的動機和成就。因此，障礙學生應發展其內發動機，以學習的成功作為自我的增強，這是獨立的、自發的學習基本。例如，鼓勵盲生獨自閱讀點字而不是依靠報讀，否則只有造成更加的依賴。

4. 社交技巧的指導：身心障礙學生比其他非障礙學生更需要歸屬感與社會接納，這是他們處於同儕之中安全感的需求。雙重特殊學生或許比其他單純的身心障礙者更受到歡迎，但他們也需要和有相同障礙、相同目標、相同興趣的資優同儕交往互動的機會，使他們不致覺得孤單。戴維斯和瑞姆（Davis & Rimm, 1994）認為，雙重特殊學生所需的社交技巧的指導包括：如何適度地表現自己、如何面對群眾、如何從群眾之中告退。而班上其他同學也應有一些敏感性訓練、價值澄清等，以幫助他們了解障礙學生的問題與感覺。此外，鼓勵障礙與非障礙者間做開放、誠實的溝通，以發展彼此的社交技巧和社會關係。

5. 溝通能力的指導：對於障礙學生而言，能有效、迅速且正確地與教師和同儕溝通，是他們學習與社交生活的重要工具。尤其是對於雙重特殊學生，普通和特殊教師應能協助他們透過科技輔具和特殊訓練，加強其優異能力的發揮。例如個人電腦的使用，使得視覺障礙

者、學習障礙者能增進其獨立閱讀及流暢表達的能力（Davis &
Rimm, 1994），並且降低障礙與非障礙學生在成就上的差異（Car-
nine, 1989）。

6. **教室策略的運用**：許多教室策略可以增進不同學生之間的接觸，並
改善教室氣氛，例如混合編組、合作學習、同儕教學等。透過混合
編組、合作學習和同儕教學，一般的資優學生有機會幫助資優的障
礙學生，資優的障礙學生也有機會作為普通學生的小老師，這對增
進雙重特殊學生的自我觀念有正面的意義（Friedrichs, 1990）。

◎ 三、自我觀念的指導

　　自我觀念可視為個體在與重要他人互動的過程當中，所獲得的各種經
驗，從而形成個人能力的知覺；個人並因此能力的知覺，適當地再與環境
中的人、事、物互動（Mauser, 1981）。合適的自我觀念的形成，除了來自
於他人的回饋外，也有賴於個人對於自己能力和成就的合理評價（Davis &
Rimm, 1994）。

　　特殊兒童，尤其是身心障礙者，常常是被標名、被拒絕的對象，因而
形成劣等感及負面的自我觀念；負面的自我觀念可能是學童缺乏成就的重
要因素，甚至導致對人的敵意（Shaw & Brown, 1957; 引自 Mauser,
1981）。葛拉格和葛拉格（Gallagher & Gallagher, 1994）也認為，負面的
自我觀念可能阻礙資優者創造的本能。負面的自我觀念不等於微弱的自我
觀念，一個具微弱自我觀念的小孩可能極為害羞、退縮、害怕，甚至不快
樂，他們也害怕去嘗試新的事物。

　　雙重特殊學生的自我觀念是相當複雜且脆弱的（Sisk, 1973），有時這
些學生只意識到自己「低人一等」，而忽視了他們還有一些不錯的能力。

脆弱的自我觀念可能比生理上的限制更容易造成障礙，常伴隨產生社會和情緒上的問題（Whitmore, 1981）；因此，對於雙重特殊學生的教育方案，多位學者（如 Friedrichs, 1990; Vespi & Yewchuk, 1992; Yewchuk & Bibby, 1989; Yewchuk & Lupart, 1993）強調情意的教學，以發展積極的自我觀念。

　　障礙兒童的自我價值感，可以透過具愛心的老師、「聰明的」同儕，和教學的改變而增進（Whitmore & Maker, 1985）；因此，自我觀念是可以改變的。為幫助雙重特殊學生建立健康的自我觀念，以下四個方面是老師必須知道的（Friedrichs, 1990）：

(一) 認識自我觀念的重要性

　　老師必須了解，自尊是人類行為極為重要的決定因素，它在人們的成就水準上扮演特別重要的角色；自我觀念也被認為是造成資優學生成功的主要部分（Feldhusen & Hoover, 1986）。遺憾的是，雙重特殊學生的自我觀念常常是低下的；不過，學生的自我觀念也可能因諸多因素而有所不同，例如社經地位、在學業上的表現，或標名的有無。

(二) 改善雙重特殊學生的自尊

　　在提升雙重特殊學生的自尊方面，有兩個重要層面必須要做的：首先是評估學生的自尊，包括了解兒童可以引以為傲，和自己認為較弱的部分；其次在處理兒童自認為的優劣點方面，建議老師和父母應該：

1. 對於學生的能力限制方面保持開放的心。
2. 傳達給學生合理的期待。
3. 給予適當的表現機會。
4. 鼓勵獨立完成任務。
5. 引導自我了解和增進克服挫折的策略。

6. 每天提供表現長處的機會，並欣賞成功的喜悅。

7. 安排積極的社會經驗（Whitmore & Maker, 1985）。

對於障礙學生特別傑出的成就應給予鼓勵，不只是因為他們超越了一般的學生，而是因為他們克服了個人的障礙。

(三) 提升雙重特殊學生的社會互動

假如雙重特殊學生能夠成功地與人互動，對於自尊的增進是有幫助的，而要能成功地與人互動，必須有內、外的社會能力，包括人際知覺（interpersonal awareness）和可觀察的社會行為。雙重特殊學生應該要有的人際知覺包括：

1. 能精確覺知社會環境變化的後設認知技巧。

2. 能以健康的方式處理人際困難的技巧。

3. 能容忍由於運氣不佳所造成的失落感。

　　而雙重特殊學生需要學習的社會行為包括：

1. 適當的參與團體活動並能與人合作。

2. 對於有壓力的學校情境能有建設性的反應，例如鬆弛練習、聽柔和的音樂、散步、與老師談談問題或分享感覺，或安靜的閱讀等。

(四) 安排雙重特殊學生的楷模學習

安排雙重特殊學生和可作為模範的大哥哥、大姊姊互動，也有助於自我觀念的發展，特別是那些同具障礙的大哥哥、大姊姊。此外，雙重特殊學生也可安排成為小組學習的領導者，讓他們有機會教導其他的同學（Davis & Rimm, 1994），這對於雙重特殊學生的自尊也有助益。

◉ 四、補救性的教學

　　雖然並非所有障礙學生都有學業上的問題，但有些障礙學生可能因障礙情況，而有發展遲緩或特殊的困難。雙重特殊學生如果經常顯示基本學業技巧的不足，則對以後的升學或就業都將面臨困擾。所以，學校方面一則是補救這種基本學業技巧的不足，二則是教導他們能調整學習的策略。

　　基本學業技巧的補救當然是愈早愈好，因為它可以直接減輕學習的困難，例如，羅伊德等人（Lloyd, Epstein, & Cullinan, 1981）提出對於學習障礙者做直接教學，可以有效提升其閱讀和教學基本能力；也有學者提出，直接補救教學雖不保證有助於基本學業技巧，但至少它提供某種程度的希望（如 Gersten, Carnine, & Woodward, 1987）。

　　不過，對於學業能力的增進，除了做補救性教學外，學習策略的教導相當重要，例如時間管理和組織技巧、應用自我監督、改善兒童的注意行為和學習態度、使用鬆弛技術來減緩遇到學習困難時所產生的壓力（Udall, 1985）。吳昆壽（1993）的研究指出，資優學生的學習策略優於普通學生，而有一些學習策略可以解釋學業成就，例如動機、態度、專心、時間管理和摘錄要點，前三者屬於學習策略的情意部分，後二者屬於學習策略的技能部分。許多學者的研究也指出，學習策略的教導可以改善學業成就（如邱上真，1991；Scruggs, Mastropieri, Monson, & Jorgensen, 1985）。

　　惠特摩爾和梅克（Whitmore & Maker, 1985）也建議，雙重特殊學生可運用下列技術來處理學業上的弱點：(1)面對困難的工作採取積極不放棄的心態；(2)對於想要了解的地方不懼於要求協助；(3)對於學習工作加倍努力。此外，有些雙重特殊學生可以教導他們使用有障礙的感官，以發揮到最大的可能性，以改善學習，例如視障學生殘餘視力的使用，加上新的輔

具如視觸轉換機、擴視機（Whitmore & Maker, 1985）及盲用電腦等。梅克等人（Maker, Redden, Tonelson, & Howell, 1978）對於雙重特殊學生的建議是：

1. 廣泛地閱讀老師所指定的主題。
2. 閱讀時要抓住作者的精髓。
3. 將抽象的概念以具體的事項來解釋。
4. 多跟願意協助他們的朋友在一起。
5. 多討論、多問問題以澄清某些概念。
6. 要求班上筆記做得最好的同學借用其筆記。
7. 修習獨立研究課程。

伍、雙重特殊學生的教師

強森和寇恩（Johnsen & Corn, 1989）在一篇討論雙重特殊學生教育的過去、現在和未來的文章中指出，此一領域的發展有幾個障礙：(1)父母和專家對於雙重特殊學生的認識有限；(2)在資優的學生當中只有極小的比率是身體和感官障礙者，所以往往受到忽略；(3)一般或資優教育的教師對於有障礙或難教的學生，不一定具備積極的態度；大多數的老師都希望教室內學生的差距愈小愈好，結果使得有障礙的資優學生也被視為增加教學上的困難；(4)不適當鑑定工具和方法的使用加重此一領域發展的困難；以及(5)經費的限制。

康尼絲（Karnes，引自 Whitmore, 1989a）也在一次受訪當中，提到雙重特殊教育方案的主要障礙，她認為：(1)缺乏有力的領導；(2)不論是職前或在職教育，資優學生的教師對於身心障礙者，或身心障礙學生的老師對於資優者並無相對的認識；(3)缺乏研究經費；(4)資優班教師和身心障礙班

教師缺乏密切的工作關係；(5)不知道如何教雙重特殊學生。普利駒（Pledgie, 1982）也指出，如果學校人員（尤其是老師）對於雙重特殊學生的存在，具有一定的敏感度，則對於鑑定和方案的發展都有助益。可見教師的態度和敏感度，以及對於雙重特殊教育的認知，對於雙重特殊者教育相當重要。吳昆壽（1996）在一篇研究國小教師對於雙重特殊者教育方案的看法中指出，我國國小教師對於雙重特殊者的態度是積極的，他們普遍認為雙重特殊學生是有價值的個體，他們是可信賴的、和氣的、友善的。而在教導（安置）雙重特殊學生時，老師們最關心的是：(1)雙重特殊學生要有一個合理的、健康的自我觀念和自尊；(2)強調其優點更甚於注意其缺點；(3)老師應對於學生的能力充滿自信；(4)在教學上應加強其優點並符合其需求的領域；(5)職前和在職教育能使老師更有效地教導雙重特殊學生；(6)鼓勵同儕支持，以發展雙重特殊學生的自我觀念和社會技巧；(7)教導雙重特殊學生獨立的學習及高層次的思考；(8)教導雙重特殊學生克服挫折的技巧；(9)老師本身應受諮商訓練；以及(10)不斷地給予雙重特殊學生情緒上的支持等。

因此，就雙重特殊學生的老師，學者提出其訓練和相關能力如下：

一、 師資訓練的注意事項

惠特摩爾（Whitmore, 1989）認為，在一般學校內，普通班教師、資優班教師，和身心障礙班教師缺乏合作的機會，有關訊息的交換也付之闕如。她認為在師資培育方面，不管是在職或職前，相關的課程應該強調：

1. 合作規劃IEP的技巧，此IEP不但要能發展資優領域，也要能調適其障礙或補救其不足。寇恩和畢夏普（Corn & Bishop, 1983）在一篇對於雙重特殊學生的師資培育方案的調查中，也強調編寫IEP能

力的重要性。

2. 幫助雙重特殊學生克服挫折、設定合理的自我期望和目標的技巧。事實上，教師要幫助學生設定合理的期望，首先本身也要對學生有充分的認識，並設定合理的期望；因為有些老師會受到標名的影響，而發展出對於學生錯誤的期望（Johnson & Johnson, 1984），例如太過於注意其障礙的事實，可能對他（她）會有失敗的期望，或過度要求成就以作為補償。

3. 幫助雙重特殊學生的父母設定合理的期望、安排良好的家庭學習環境，以及主動參與孩子的教育計畫的技巧。有時，大人們可能透過一些可被覺知的行為，如同情、忽略或迴避，有意無意地傳達逐漸降低的期望；或者，大人們一面稱讚障礙者的表現，卻也一面提醒他們存在的障礙，這種讚美事實上是帶有傷害的（Whitmore & Maker, 1985）。此外，教師要能運用各種教學技術、諮商與輔導於日常生活當中。

◉ 二、教師的相關能力

1. 雖然諮商員對於雙重特殊學生扮演著極為重要的角色，但與學生學習和生活相當密切的老師，可以訓練成為最好的諮商員。首先，老師必須廣泛地了解一般雙重特殊學生，以及特殊群體的雙重特殊學生所顯現的優點和需求；其次是主動尋找個別雙重特殊學生的優、缺點；最後，老師應設法讓學生了解他（她）自己的優、缺點，以便對於學習和生涯有所規劃（Robertson, 1985）。

2. 在學校裡，不只是老師協助雙重特殊學生，同儕也扮演相當重要的支持角色。在教學時，老師應避免一般的同學過分地與障礙的同學

競爭或揶揄他們，組成討論團體、合作學習團體、敏感訓練、價值澄清、小老師制度（例如一般資優學生對雙重特殊生，或雙重特殊生對一般同學）等，都有助於雙方關係的增進，促進彼此的了解（Davis & Rimm, 1994）；老師也可以透過影片的介紹，教導普通學生有關障礙的本質，來建立普通學生對於障礙同儕的積極態度。

3. 除了學校之外，社區資源的運用，對於雙重特殊學生的成長與發展助益頗大，例如醫療機構、良師典範、支持性組織等；老師若能充分了解社區裡可運用的資源，對於教學及學生本身都有幫助。在障礙兒童的發展過程裡，醫生是相當重要的人物，他必須提供父母及老師精確且完全的訊息，對於施用藥物及復健，也應充分讓父母及老師了解，避免因不適當的使用而導致潛在的危險（Whitmore & Maker, 1985）。社區裡有專長並且願意指導後進的資源人士，老師應能蒐集組成人力資源庫，必要時介紹並促成雙重特殊學生與良師（mentor）的交往互動（吳武典，1986；吳昆壽，1992b）。老師亦可經由支持性組織（例如資優教育學會、障礙聯盟等），獲得教學與輔導上的協助，這些組織也是吸引政府支持障礙教育、資優教育的重要力量（Jacobs, 1983）。

4. 鼓勵父母積極參與孩子的學習，參加有關的大團體聚會、小團體討論，或關於其孩子的特殊會議、教室活動的觀察，及閱讀有關資優和障礙類的文章、書籍等，都有助於父母成長，間接幫助孩子發展（Karnes, Shwedel, & Lewis, 1983）。

雙重特殊學生的教學比一般資優或單純障礙學生的教學更具挑戰性，老師要具備兩者教學上的特殊之處，掌握兩者教學上的精髓，加上父母與社會大眾對雙重特殊存在的認知，才能讓他們獲得公平的待遇。

第十二章

資優學生的老師與
班級經營

陳老師是高雄市○○國小資優班的老師。她在資優班服務已經十多年了，原先她也是普通班的老師，在學校成立資優班時，由於陳老師是特殊教育系資優教育組畢業，所以也就很自然地成為創班元老；因為對資優教育有一股熱忱，所以一待就匆匆過了十多年。

　　從事資優教育，陳老師頗能體會「得天下英才而教之」的快樂。雖然她也覺得壓力很大，但看到學生在她的指導下快樂地成長，壓力便成為甜蜜的負擔。

　　資優學生個個都是相當鬼靈精怪，在課業的學習上不必太過操心，只要適當的引導，大多可以學習得很好，也可以舉一反三。不過陳老師認為，課業學習的優異並不代表資優教育的成功，資優學生更需要的是那份謙虛、感恩與關懷的心。能謙虛就不會狂妄，待人和氣受歡迎；感恩的心就是要感謝父母、老師、社會、國家等對他（她）的一切恩情；關懷的心就是要關心他人、弱勢者，甚至擴大至天下所有的人。既會讀書又懂得謙虛且常存感恩與關懷之心，就能貢獻所學而不自私，是最快樂的聰明人，所以，陳老師非常重視學生的情意教育。

　　陳老師帶班很受學生和家長的歡迎，她視學生如自己的子女，學生來到她的班上都非常快樂，家長也很認同陳老師的教學。

　　或許會有許多人問：「在資優班教的老師是不是也都是資優？」「在資優班教的老師是不是得是個萬事通？」「在資優班教的老師是否自己覺得比全校其他老師優秀？」事實上，在面對個個古靈精怪的資優學生時，老師需要準備得更多、更充分，運用更有效的方法來激發學生的潛能。資優班老師所面對的壓力和挑戰是相當大的，每一位資優生在心理上、生理上都是精力充沛的，他們不時會有相當挑戰的問題，老師也不一定都能回答一個有如小專家的問題。或許是因為訓練、準備和經驗的關係，資優班老師在某些學科領域可能懂得更多；或許是因為長期與資優學生相處，他們對於資優學生的社會／情緒特徵摸得比較清楚。然而，像一般人一樣，資優班的老師也會犯錯，當他（她）準備不足時，學生也會知道，在上臺之前，一定都得是有備而來。

　　孟子說：「得天下英才而教之，一樂也！」選擇在資優班教的老師如果都能細心體會這句話，讓每位資優學生的每一天都很充實，自己也就能天天快樂。

壹、資優班老師的特質

　　在第二章中，我們談到資優學生的特質，包括學習快速、閱讀得多又廣、記憶佳、興趣廣泛、表現抽象推理與思考、目標導向、對有興趣的事情很專注、獨立思考、完美主義、敏感等。他們需要比一般學生更具有挑戰性的課程，安排更適合獨立學習的環境，在學習的路上當然也需要老師和家長的支持。在面對這樣的資優學生時，一個有效能的、成功的資優班老師應具備何種特質？

　　蔡崇建（1997）認為，資優良師的特質可分三方面來說：在人格上應是健康、成熟、自信、幽默且充滿智慧；在能力上須是學識淵博、教學生

動且富啟發創思；在態度上須是熱心、友善、真誠、了解學生且接納學生。費德休森（Feldhusen, 1997）也在其文中舉出許多研究者研究資優教師應具備的特質（pp. 547-548），歸納而言包括：

1. 高的智力。
2. 具有追求文化和智慧的興趣。
3. 努力追求卓越或高度的成就。
4. 對於才能學生有高度的熱忱。
5. 成熟、有經驗，且充滿自信。
6. 能從學生的觀點看事情。
7. 對於學生的意見持開放的態度。
8. 能與資優生維持良好關係。
9. 能彈性或開放地看待改變。
10. 尊重個別的才能。
11. 有責任感。
12. 喜歡資優學生。
13. 良好的幽默感。
14. 協助學習而不是指揮學習。
15. 努力工作並從工作中獲得快樂。
16. 有廣博的普通知識和專門知識。
17. 認知個別差異的存在。
18. 能應用資優教育理論於教學中。
19. 組織良好，能有系統地處理事情。
20. 支持資優教育方案。

　　事實上，高的智力並非得是個天才；這世上有許多重要的工作，大約只需智商 125 至 145；在此範圍內的人大多能精通大部分的工作，做好他

們所選擇的職業，甚至比極度的高智商者（例如智商 145 或 150 以上）有更佳的職業功能。記住，高智商只是一組個人特質之一，忠實、幽默、堅強的自我觀念、快樂、熱忱、真心地喜歡資優學生、終身學習的態度，是很重要而且有用的特質。從資優學生的觀點而言，希望老師能了解他們、有幽默感、讓學習變得很好玩、支持並尊重他們、有耐心、具有彈性等，都是資優學生所喜歡的（Delisle & Galbraith, 2002）。

貳、資優班老師應有的能力

作為一個資優學生的老師，首先自己要很清楚地知道：(1)何謂資優？(2)資優學生有哪些特質？(3)他們是如何被選出來的？(4)他們有哪些特別的需求？又如何滿足他們這些需求？(5)資優班會有哪些做法而這些做法是不同於普通班級的？這些問題都有可能必須向父母、其他的老師、行政人員，甚至資優學生解釋。

要回答這些問題並不難，本書的前面幾章應該可以說明上述的問題，一個受過良好訓練的資優班老師，應該隨時可以向有興趣知道的人解釋。更重要的，一旦資優學生已經被篩選出來，老師要如何經營一個資優班，這是資優班老師最需思考的問題，而且也是資優學生家長最關心的問題。

有一些建議是成為一個好的資優班老師首先要思考的：

1. 假如你還沒有接受資優教育的特殊訓練，應該盡可能取得資優教師資格。許多現職的資優班教師都具有非常優異的學科知能，如果能再接受在職訓練，例如進修資優教育學分或取得特殊教育碩士學位，將能有效地增進你的能力。此外，盡可能地閱讀相關書籍、參加相關學術團體的活動，或參觀有成效的資優教育班級，都可從中獲得不錯的啟發。

2. 利用全校教師進修機會，讓全校老師們也了解資優學生和資優教育，因為資優學生是屬於全校的一分子，所有的老師和同學都會有與他們互動的機會；尤其在融合教育的思潮下，資優學生除了抽離的（pull-out）時間外，本屬於各班級的，老師們對資優學生和資優教育多一分了解，就多一分支持、多一分合作。

3. 從普通班教師那裡獲得支持、獲得合作，是資優教育進行順利的基礎；但這還不夠，資優班教師彼此要建立一個社群對話網絡，孤立是不好的。若能建立學區、縣市，甚至是全國的聯絡網，不管是正式或非正式，在資優教育的路上擴大對於自己的支持，就不會感到寂寞，甚至可以從對話當中獲得專業的成長。

4. 保持與資優學生的父母對話，特別是方案剛開始時，老師有必要讓父母了解你對孩子們的安排。組織班級的或全校的父母團體對於支持資優教育是有幫助的，父母團體的運作，不論是組織或財務都由他們自己來。資優班老師會發現，父母團體是支持資優教育有力的來源，特別是當財政困難時，或當政策問題威脅到資優班存廢時，父母的支持可以協助資優班度過難關。

5. 對於一個新到資優班的老師而言，盡快地熟悉資優教育及其運作是必要的，但他也必須告訴自己，設定合理的目標以及完成的時間，追求完美是你的期望，但不要給自己時間壓力，也不要給學生壓力。照顧好自己，不要超時工作太久，長時間緊繃自己或學生，容易造成彈性疲乏，對資優教育都不是好現象。

6. 為資優教育辯護，保障資優學生的受教權，也是資優班老師的神聖任務。社會上或許有一些人會認為資優學生不必太多照顧，他們自己會成功；也有一些人認為資優教育分去了太多教育資源，連帶使得身心障礙教育資源不足，但這些都不是事實。資優班教師可以很

容易舉證說明這種似是而非的說法（例如從教育部每年出版的《特
殊教育統計年報》，就會發現資優教育經費實在少之又少），資優
學生也需要經費，以獲得適性的教育，他們的潛能才能獲得發展。

7. 享受「得天下英才而教之」的樂趣，同時不斷地學習並從學習當中
獲得喜樂。或許有時候老師會覺得，在某些方面學生所知道的比自
己還多，而感到不自在。老師應該知道，除了不斷地自我學習外，
不要只站在教室前面傳播知識，而是要組織他們的學習，引導學生
要往何處去的路徑，也就是在旁邊引領而不是在後面指揮。

其他值得思考的問題有：

1. 當你告訴別人你在資優班教，你的感覺是驕傲？不好意思？很希望
能告訴別人？罪惡感？或沒什麼特殊感覺？

2. 你是否想過你的資優學生和與他相同年齡的普通學生有何相似的地
方？

3. 你是否想過你的資優學生和與他相同年齡的普通學生有何不同的地
方？

4. 什麼時候或什麼事情讓你覺得與資優學生相處是最愉快的？

5. 什麼時候或什麼事情讓你覺得與資優學生相處是最痛苦的？

6. 你如何改進你的教學？

7. 就整個教育環境而言，你覺得我們的資優教育需要做什麼樣的改變
或改進？

8. 你學校的資優教育方案可以做什麼樣的改變？

美國全國資優教育協會（National Association for Gifted Children,
NAGC）和特殊兒童委員會—資優協會（Council for Exceptional Children-
The Association for the Gifted, CEC-TAG）共同訂定「全國資優教育標準」
（National Gifted Education Standard），列出了十項標準、七十個知識和技

巧的陳述，作為師資培育、師資認定的能力指標，這些標準或陳述值得在此提出供資優教育教師參考，請見本章末附表 12-1（Johnsen, 2008, p. 7-21）。

2013 年，NAGC 和 CEC-TAG 又將上述版本加以修訂，此次修訂大為簡化職前和在職資優教育師資訓練標準，總共只有七個標準，二十八項敘述。表 12-2（請見本章末附表）為 2013 年修訂後之版本。不過，檢視新的標準，雖然簡化，但對於資優教育師資訓練，比起 2006 年之版本，顯然不夠精確。

參、教室策略的運用

在教室裡，老師的一言一行、對於學生肢體的或眼睛的接觸方式、在作業上所給的評語或口頭的提示、清楚的傳達期望、給予忠實的和支持的回饋、對於學習歷程和學習結果的獎勵、讓學生參與決定、耐心傾聽、視自己為協助者而不是知識的傳播者等，所有這些老師的態度和技巧都會影響學生情緒上的安寧。因此，老師所創造的支持性環境，是從學生第一天走進你的教室那一刻開始，伴隨之後你所從事的每一項教學任務。這種支持性的環境除了表現微笑、熱忱、鼓勵之外，發自內心喜歡資優學生是重要的。

(一) 策略一：讓學生了解老師的角色和學生的角色

前面提到老師必須是一個能引導學生學習的人，引導學生在學習的路上如何自我學習。換句話說，老師是一個「教他釣魚方法」的人，而不是「只給他魚吃」的人。當然，人們需要給他魚吃以解立即的飢餓，但是教他如何釣魚可以一輩子不會飢餓。當今知識的增加非常快速，許多現在視

為新的東西，很快就過時了，所以必須隨時加以更新（update）。學生需要先知道一些事實、觀念和方法，然後做自我思考以及自我學習，以便能自我更新，例如問問題、分析問題、做主題探討，以及評估結果等。老師要讓學生了解，每一個人（包括老師）不可能什麼都知道，因此不斷地學習是更新知識的方法。

(二) 策略二：讓學生了解老師的期望

在學期開始，最好準備書面資料讓學生了解老師對他們的期望，和老師希望他們完成的任務。包括：(1)各領域的學習目標；(2)各領域的學習內容；(3)所希望的學習結果；(4)可用的學習方法；(5)學習評量的時間、標準和做法；甚至(6)可能來臨的自我挑戰機會，如參加比賽。這些期望最好也能和父母一起討論，讓父母了解，並希望獲得父母的支持。當然，在溝通的過程中，允許父母或學生提出問題討論並做修正；也就是說，父母的期望和學生本身的期望是受到尊重的。學生了解老師的期望，可以讓他們更清楚知道自己學習的重點，也更能自己負起學習的責任，甚至可以自我檢視學習的進程與成果。

(三) 策略三：設定班級或團體規範

遵守團體規範是文明人的表現。學生需要學習如何在班級或團體中表現出適當的言行舉止，才會受到大家的歡迎；資優學生在團體中更需要懂得謙卑，才能獲得尊重。幾乎每一個班級或團體都會訂有規範，這些規範告訴學生該如何行為，因此大多是正面表述；少數班級或團體可能也會以負面表述的方式，提醒學生違犯行為的處罰方式。不管是正面表述或負面表述，老師都需要讓學生完全了解它們的意義，以便一體遵行；民主式作風的老師會與學生討論他們的規範。下面是一個例子（引自 Delisle & Galbraith, 2002, p. 105）：

沒有愚笨的問題或愚笨的回答。

這是一個允許冒險以及從錯誤中學習的地方。

這裡沒有揶揄、威脅、無禮和譏諷。

你可以說不同意，但要說明你的想法。

你可以勇敢地說「我不知道」，因為人不是完美的。

不斷地提問，直到你真正弄懂為止。

不管你同不同意別人的想法，請勿隨意批評別人。

討論時注意傾聽是禮貌的行為。

用心做好一件事情。

(四) 策略四：設定獎賞以及如何獎賞

　　獎賞是在鼓勵正向行為的發生，也可以引導預期行為的出現。哪些是多數老師所鼓勵的正向行為，相信每一位老師心裡都有相同的一把尺；哪些是你特別希望的行為，但它還沒發生，那就有賴老師的觀察，特別是新接觸的班級或團體。資優學生和大多數人一樣，需要這種外在的獎賞，以增強其行為；外在的獎賞／增強又可分為物質的和心理社會的，運用的原則是先物質增強再心理社會增強，先外在增強再形成內在的自我增強。在資優的班級或團體裡，學業上的成就固然值得鼓勵，但應該淡化其色彩，以免造成不愉快的同儕競爭；倒是積極的社會行為（例如幫助別人、關懷弱者）、情緒的成熟（例如自我控制、同理他人）以及資優行為（例如發揮耐心、主動積極）等，更是值得獎賞。獎賞不同於處罰，獎賞的目的和作用在告訴學生對的行為，而且獎賞並不一定要當下施之於每一位學生，因為獎賞可以造成社會學習效果；處罰不但造成痛苦的結果，它並未告訴學生接下去該如何做。

(五) 策略五：善用問卷和調查

讓資優學生願意告訴你一些事情是了解其想法的方法，因此老師要隨時打開心門，接納並傾聽。老師們似乎都知道，學生年紀愈小，愈容易在你周圍唧唧喳喳，很熱心地告訴你一些事情；但是年紀愈大，學生們的心門似乎變得愈小，愈無法從開放的溝通中了解其內心深層的想法，特別是壓力和衝突。因此，使用問卷或調查是一種相對安全且不需要公眾反應的方式。通常問卷或調查使用匿名方式，使得學生比較願意談論一些敏感的問題，例如有關課業壓力、社會壓力、社會期待、生涯選擇等；或者，個人如何紓解課業壓力、社會壓力，以及如何做生涯選擇。老師可就問卷調查結果與全班分享、討論，讓學生了解大多數人的想法，原來自己並不寂寞，也可以從分享討論中學習別人不錯的想法。

(六) 策略六：撰寫日記／教室日誌

寫日記或許是某些人的習慣，將每天所看、所聽、所想的記錄下來，不但有助於個人日後的回憶，也可能是個人進德修業的最佳省思。如果老師要求資優學生寫日記，除了了解資優學生心裡的想法外，應該在其日記上做適當的回饋，寫一些鼓勵或建議的話，對於學生的輔導會有幫助。當然，每天改日記一定會花掉老師許多時間，所以和學生討論多久寫一次，或只鼓勵有興趣的人寫，都是一種變通方式。如果每天寫，對某些人來說可能變成流水帳，反而達不到寫日記的作用，最好是有主題、有針對性，然後敘述個人的看法；或許必要時徵得寫作較佳同學的同意，以他的某一天日記作為範本，同儕的學習往往可以獲得最佳效果。

同樣的事情，老師若能就每天教室的教學、教室裡所發生的事情、學生的行為處理，或是與家長的溝通聯繫事項等，就最有意義的事件寫下教

室日誌；它除了是教室生活的紀錄外，也是一件非常有助於班級經營的方法，因為除了忠實地還原教室生活的原貌外，也可以有一點省思。或許老師會認為教學那麼忙，每天要處理的事情又那麼多，哪有時間寫教室日誌。忙也的確是事實，但若每天教學完後，讓自己的心情沉澱一下，把今天的影像倒帶回去，很快地做一回顧，將最有意義的事情做一個紀錄，久而久之，這種紀錄會愈來愈快、愈來愈能抓住重點，那將成為你教學生涯最有意義的資產。

(七) 策略七：運用讀書療法

簡單地說，讀書療法就是利用書本幫人們解決問題。透過引導性的閱讀，讓學生了解他們自己、他們所處的環境、建立自尊、度過青少年發展期的挑戰，以及學習克服困難的技巧（Delisle & Galbraith, 2002）。讀書療法不是只指定學生自己閱讀、自己思考，它是一種老師與學生結構化的互動；換句話說，老師指定學生閱讀某本書，然後與學生做有意義的討論。要做有意義的討論，老師也必須讀過該本書，然後提出一些討論議題，這些議題是可以做深入思考的，而不只是做表面回答；當然，議題的深淺需視學生的年級、能力，以及老師所要達成的目的。老師所選的書本必定是有針對性，例如，有關資優學生／成人的故事、資優的機會與責任、角色楷模（可以是一般的楷模，或是特殊的楷模，如女性資優、身心障礙的資優、少數族群的資優、特殊領域的資優等），或特定問題的解決，例如壓力的紓解、挫折的克服、心理的疏離、人際的互動、同理心的表現、道德與品行的建立、領導才能、自主與主動、完美主義、手足或同儕的競爭等。

一個老師要搜尋那麼多有關主題的書不是一件容易的事，全體資優班老師的通力合作是必要的。大家分頭去找，或許需要一點時間，然後列出

清單以及可以討論的主題，之後按照年級程度或閱讀的難易、問題的重要性或急迫性，排出閱讀計畫，有計畫的實施必定能看出效果。

(八) 策略八：規劃每週定期的會議

在一般的教室裡，從小學、中學到大學，每週與學生定期的會議是導師的例行工作。正式的會議像班會，可以用來訓練學生學習民主的程序與風範，會議由學生自己主持、報告，以及檢討班級一週來的表現，教室成為一個自治團體，老師是此一自治團體的引導者而非主導者。這種每週定期的會議不能省略，更不能作為學科教學之用。在自足式（集中式）的資優班裡，要找出時間作為定期的會議比較容易；但在抽離式（分散式）資優班裡，這種每週的定期會議變得比較不容易，但還是值得克服困難，做定期的班級經營。

每週定期的會議除了作為班會外，老師也可利用此時間作為情意輔導之用。此外，老師也可自訂一個時間，學生在這個時間裡，隨時歡迎個別到老師的辦公室談事情，尤其是心理的問題、社會的問題或學習上的問題。這些未決的問題若不解決，很可能影響心理的健康、人際的互動或學習的成就。

(九) 策略九：組織同儕團體

在資優班級裡，學生們個個似乎都有自己的主張，在學習上或人際互動中，誰也不服誰，因此，團隊精神的培養是重要的；我們的社會也需要能相互合作又能各自貢獻所長的一群人。在資優的班級裡，或許也有一些不具社會性資優，甚至有情緒困擾或學習障礙的獨行俠，他們需要有人關心、有人帶領他們走出困境。在老師的教學中，也常常會以分組方式討論或做主題探討。因此，如何組織同儕團體是極為重要的班級經營策略。

老師會因不同的目的而做不同的分組，學業上盡可能做異質分組，不但可以減少無謂的競爭，而且有助於合作學習、相互幫忙。對於內向或有心理困擾的學生，為了減少他（她）的窘迫，盡可能採大團體分組，且安排一個體貼的小天使帶領他（她）。主題探討或小組獨立研究，人數太多可能對工作分配反而不利，他們必須是一群志同道合、願意共同付出的人。

(十) 策略十：轉介輔導與諮商

在資優班裡，老師或許會遇到一些棘手的特殊個案，例如情緒困擾或心理問題的個案。一般而言，老師在教室裡可以做的是初級預防，透過情意教育讓學生有好的自我觀念，減少情緒或心理問題。如果問題未見改善，或許需學校專業的輔導人員介入，這是二級預防。如果問題仍存在，轉介專業的治療人員是必要的。老師的專業是教書，心理治療人員的專業是處理較為棘手的心理問題。一旦進入治療的程序，老師溫暖的支持是非常重要的；老師的態度、言詞、行為，甚至肢體語言，都可能傳達你對他的支持與關懷，甚至老師的這些態度、言詞、行為或肢體語言，都影響同儕對他的態度，因此不可不慎。老師也需要對其父母做心理建設，父母需要伸出溫暖的手，支持孩子度過難關。

肆、製作教學檔案

教學檔案是教師將與其教學有關的資料，有目的、有組織地蒐集在一起，成為一個文件檔案，以展現個人整學期或整學年教學的用心、教學的發展與教學的成果。教學檔案不但有助於教師保留教學資料，也能協助教師做反省式的教學思考，其目的在促進教師個人的專業成長。此外，教學

檔案也可作為教師教學成效考核的參考資料；在講求績效責任的現代組織裡，教師教學的成效是教育行政當局、學校和家長所關心的，教學檔案有助於向他們說明老師的用心。如果老師因為生涯規劃或生活因素需要異動時，教學檔案是向新的工作單位展示其專業成果的有力工具。

　　作為資優班的教師，教學是相當具有挑戰性的。由於資優學生的學習特性有別於普通學生，學習的內容相當的豐富多元，資優班老師若能在一開始就有計畫建立教學檔案，不但可以為自己的教學生涯寫歷史，也可以作為後進老師的楷模，對於經驗的傳承有絕對的效果。在每三年一次的特殊教育評鑑中，教學檔案也是有力的績效證明。

　　老師在建立教學檔案時，有一些內容是值得考慮的：

(一) 第一部分：個人的履歷資料

　　每個人對於自己的履歷資料到底要陳述些什麼或許各有千秋，不過，下面的資料應該是可以初步顯現出老師對於資優教育的專業特質與素養。這一部分不必太多，但卻是最先讓人認識你的地方。

1. 學經歷：老師可就小學、中學、大學，甚至研究所一路成長的歷程條列出來。尤其是大學、研究所階段，更可以顯示專業的訓練。經歷通常是曾經服務的學校或單位。

2. 簡要自傳：簡要自傳可就個人從小到大的成長歷程、家庭、自己的特質與期許等，做一綜合描述。

3. 資優教學理念：老師可就資優班的教學、班級經營、對資優學生的看法與期許等，敘述個人獨特的看法。資優教學理念可以看出老師對於整體資優教育的專業素養。

(二) 第二部分：教學的紀錄與省思

教學的紀錄與省思是老師建立教學檔案的主體，也是最能看出老師教學專業的地方。這一部分的資料最多、最難整理，因此也考驗老師管理檔案的能力。

1. 學科教學計畫：老師可就本科／領域的學期和學年教學計畫陳列出來，包括教學目標、教學大綱、教學方法、教學材料等。這一部分主要是在穩固資優學生的基本技能，如同一般學生具備應有的能力。

2. 充實教學計畫：充實教學計畫是對應本科的學期和學年教學計畫。對資優學生而言，本科的學期和學年教學計畫應該加以濃縮，節省下來的時間可以作為充實教學之用。這一部分是資優教學的特色，對於一般學科／領域內容做計畫性、固定性的增加，以擴展資優學生的基本技能。

3. 校外教學計畫：本科／領域教學的老師可就學期或學年想做的校外教學，與全體資優班教師討論後，訂出校外教學計畫。校外教學計畫應該包括整個實施流程，甚至是學習單。

4. 教學資源：不論是本科／領域的教學、充實教學或校外教學，老師教學時所用的教學資源，如ppt檔、投影片、幻燈片、補充資料和（或）學習單等，都可依教學單元之順序加以整理。這些教學資源在以後的教學中，只要加以補充或修正，就可以節省老師許多教學準備的時間。

5. 評量計畫：評量乃是針對教學，可分為形成性評量和總結性評量。評量要多元化，包括觀察、實作、實驗、口頭報告、書面報告、展示、表演或紙筆測驗等。評量也包括自我評量、同儕評量和老師評量。

6. 學生作品示例：教學過後老師可就代表性的學生作品蒐集一份以茲對照。

7. 省思筆記：老師若能於教學的過程或結束之後，將本科／領域的教學做一點自我檢討，包括心得感想和改進意見，對於以後教學必有助益。

(三) 第三部分：班級經營

　　班級經營是指班級中一般事務的管理，班級經營得當可使班級運作順暢，也可看出老師處理事情的科學化、條理化。資優班的班級經營，不論是集中式或分散式，都會花去老師很多時間，有許多事情也都是固定時間要做的；因此，若將事情做科學化、條理化的管理，可以省去老師很多時間。

1. 班級經營各種表件：老師可就各種會議通知（例如課程說明會、班親會等）、校外教學計畫（含通知書）、獎勵制度、學習契約、家庭聯絡單、學生通訊等，依學期中可能發生事件的先後，將各種表件以電腦檔案的方式加以整理、保存，要用時只要在電腦中修正小部分就可使用。

2. 班規：班規是與學生共同討論所訂下來的規範，最好是每位學生持有一份，並有家長簽名，以共同維持班級的平順運作，並養成資優學生遵守團體規範的好習慣。

3. 輔導／晤談紀錄：班上若有特殊個案，在老師輔導的過程中宜有紀錄。輔導紀錄可能包括學業輔導、生活輔導，甚至心理或情意輔導；或者，這一部分記載的是與家長的晤談。

(四) 第四部分：專業成長紀錄

1. **參加教育研習或受訓紀錄**：這一部分代表老師在服務期間參加各種研習或訓練的成果，代表個人的專業成長。如果能將研習或受訓之後的心得加以整理，不但可作為日後查考的依據，更能顯示出老師專業成長的用心，對於評鑑絕對有加分效果。

2. **個人研究、出版**：老師可就個人研究或出版情形做一目錄，並將研究出版品加以陳列。這一部分最能代表老師個人的專業成長。資優班老師要指導學生做獨立研究，本身若能不斷有研究或其他出版，對於指導學生做獨立研究一定有幫助。

　　一如其他的教育工作者，從事資優教育絕對是一件挑戰的工作。資優班老師要面對的是一群或許比他（她）聰明的學生、社經水準平均較高的家長，以及不太支持資優教育的社會環境。這些現象或許會使老師有一些遲疑：我真的要從事資優教育嗎？我可以勝任嗎？其實，不論你從事何種工作，只要抱持一份堅持、一份理想，願意接受挑戰，做事講求效率，不斷自我充實，都能將事情做得有聲有色。資優學生的老師要秉持一個信念：發展學生的最大潛能和為社會培育人才，則從事資優教育必是一件快樂的工作。

表 12-1　美國全國資優教育標準（2006 年開始使用）

標準 1：基礎（foundations）
    1.1　從不同觀點了解資優教育的歷史基礎。
    1.2　支持資優教育的哲學、理論、模式和研究。
    1.3　有關聯邦、州和當地的資優教育法律及政策。
    1.4　關於（不同背景）資優的概念、定義和鑑定的問題。
    1.5　不同文化價值、語言和習慣，在學校與家庭間所可能形成的衝擊。
    1.6　社會、文化、經濟、反智主義、公平或卓越等因素，可能增進或阻礙資優教育的發展。
    1.7　有關普通、特殊，和資優教育的多樣化及融合的問題與趨勢。

標準 2：學習者的發展與特質（development and characteristics of learners）
    2.1　智力、學術、創造力、領導才能和藝術領域，不同背景資優者的認知與情意特質。
    2.2　文化和環境對資優者發展的特徵與影響。
    2.3　家庭與社區在支持資優者發展的角色。
    2.4　資優者從幼兒早期到成人的重要發展里程。
    2.5　資優者這個群組和一般人的相似性與差異性。

標準 3：個別學習差異（individual learning differences）
    3.1　資優者多樣化因素的影響。
    3.2　資優者（含障礙者）學業和情意特質與學習需求。
    3.3　來自不同背景資優者的特殊性學習型態。
    3.4　資優者不同群組之間和之內，其家庭、學校和社區之不同信念、傳統及價值的影響。
    3.5　在設計資優者教學時，統合不同群組的觀點。

標準 4：教學策略（instructional strategies）
    4.1　包含內容專家的學校和社區資源，以支持差異性。
    4.2　對特殊學習需求者有效的課程、教學與管理策略。
    4.3　應用教學法的內容知識於資優者的教學。
    4.4　在內容領域應用高層思考和後設認知模式，以符合資優者的需求。
    4.5　提供資優者有探索、發展或研究其興趣領域的機會。
    4.6　給予資優者各種領域學習需求前測，並基於連續評量而調整教學。
    4.7　課程與教學的步調與資優者的需求一致。
    4.8　從各種背景的挑戰、多元文化課程吸引資優學習者。
    4.9　運用資訊或輔助科技，以適應特殊學習需求者。

表 12-1 美國全國資優教育標準（2006 年開始使用）（續）

標準 5：學習環境和社會互動（learning environment and social interactions）
5.1 資優群體被刻板化的方式，資優教育經歷到歷史的和當前的不公平待遇及其可能影響。
5.2 資優者社會和情緒發展對人際關係與學習的影響。
5.3 設計能讓資優者增進自我知覺、正向同儕關係、跨文化經驗和領導才能的學習機會。
5.4 創造能讓資優者增進自我知覺、自我效能、領導才能和終身學習的學習環境。
5.5 創造能讓資優者安全的學習環境，鼓勵主動參與個人和團體活動，以增進獨立、相互依存和積極的同儕關係。
5.6 創造能讓資優者欣賞他們自己和他人的語言及文化傳統的學習環境與跨文化經驗。
5.7 發展資優者社會互動和處理技巧，能論述包括區別化及刻板化印象的個人和社會問題。
標準 6：語言和溝通（language and communication）
6.1 教導來自不同背景資優者必要的溝通類型和方法。
6.2 多元化溝通的衝擊。
6.3 文化、行為和語言在資優者發展中的可能影響。
6.4 增進包括那些具有超前溝通能力和英語學習資優者的溝通技巧之可用資源及發展策略。
6.5 運用超前的口頭和文字溝通工具（包括輔助科技），以增進特殊學習需求者的學習經驗。
標準 7：教學計畫（instructional planning）
7.1 運用理論和研究模式，形成課程發展和教學實務的基礎。
7.2 為特殊學習需求者，從普通課程區別區分性課程的特性。
7.3 課程強調資優者的認知、情意、美學、社會和語言的領域。
7.4 連結當地、州和國家課程標準的區分性教學計畫。
7.5 為來自不同背景的資優者設計區分性學習計畫。
7.6 發展資優者的學習領域和序列性的計畫。
7.7 選擇課程資源、策略和結果，以反映資優者的文化、語言和智力差異。
7.8 選擇和採用各種差異性課程，包括超前、挑戰觀念、深入、區分和複雜的內容。
7.9 學習計畫中能統合資優者的學業和生涯輔導經驗。

表 12-1 美國全國資優教育標準（2006 年開始使用）（續）

標準 8：評量（assessment）
8.1 鑑定資優者的過程和程序。
8.2 運用多元評量鑑定包括來自不同背景的特殊學習需求者，並應注意其限制和解釋。
8.3 運用評量，記錄資優者的學業成長。
8.4 運用沒有偏見和公平合理的方法，鑑定包括來自不同背景的資優者。
8.5 運用適當的質與量的評量，鑑定與安置資優者。
8.6 發展和運用不同的課程本位評量於教學計畫中。
8.7 使用替代式評量與技術，評估資優者的學習。
標準 9：專業和倫理實務（professional and ethical practice）
9.1 個人和文化參照架構影響對資優者的教學，注意包括對於來自不同背景者的偏見。
9.2 關聯到資優教育領域的組織和出版。
9.3 評估教導特殊學習需求者所需的個人技巧和限制。
9.4 維持與資優者信任的溝通。
9.5 鼓勵和示範對資優者間的多樣性表示尊重。
9.6 在執行資優教育活動時遵從法律、政策和倫理實務標準。
9.7 透過在資優教育領域連續的、研究支持的專業發展，改進教學實務。
9.8 參與和資優教育有關的組織的活動。
9.9 將改善教學和引導資優教育專業成長反映在個人實務上。
標準 10：合作（collaboration）
10.1 從文化角度反映出的行為，能促進與資優者、他們的家庭、學校人員和社區成員做有效的溝通與合作。
10.2 反映對資優者家庭的關心。
10.3 與校外服務有特殊學習需求者及其家庭的組織負責人合作。
10.4 支持資優者及其家庭的利益。
10.5 與資優者、他們的家庭、普通和特殊教師及其他學校人員合作，以相互綜合連貫學前到中學教育方案。
10.6 與家庭、社區人員和專業的資優評量人員合作。
10.7 溝通和諮詢學校人員有關包含來自不同背景資優者的特質和需求。

表 12-2　美國全國資優教育標準（2013 年）

標準 1：學習者發展和個別學習差異（learner development and individual learning differences）
1.1　了解語言、文化、經濟狀況、家庭背景、和（或）障礙領域如何影響資優者學習。
1.2　運用對於發展和個別差異的了解，反映到資優者的需求。
標準 2：學習環境（learning environments）
2.1　創造安全的、融合的、反映文化的學習環境，使資優者從事有意義和精確的學習活動與社會互動。
2.2　運用溝通、激勵和教學策略，以協助了解學科內容，並教導資優者如何適應不同的環境和發展倫理的領導技巧。
2.3　調整／適應他們對於個別的語言流暢、文化和語言差異的溝通方式。
2.4　證明／說明他們對於多元環境的了解，那是對於資優者服務連續體的一部分，包括利與不利的各種環境，並教導學生適應這些環境。
標準 3：課程內容知識（curricular content knowledge）
3.1　了解核心觀念的作用、學科結構以及他們所教內容領域的探究工具，並運用他們的了解去組織知識、統合跨學科技巧，在年級水準內和跨年級水準發展有意義的學習進程。
3.2　設計資優者適當的學習和表現的改變，以增進學科和特殊領域的創造力、加速、加深和複雜性。
3.3　運用評量以選擇、調整和創造教材的差異化教學策略；選擇和調整普通和特殊課程以挑戰資優者。
3.4　了解資優者有廣泛的進階知識和表現水準，並能適當的調整普通和特殊課程。
標準 4：評量（assessment）
4.1　了解某些資優族群在資優教育方案是低代表性的，能技術性的選擇和運用正式與非正式評量，以減少對這些資優者在資優教育方案中鑑定與服務的偏見。
4.2　運用評量原則與實務的知識，做差異化的評量與結果的解釋，以引導對於資優者的教育決定。
4.3　在使用多種形式的評量訊息作為鑑定和學習進展的決定時，應與同事和家庭合作，以減少評量和決策的偏見。
4.4　使用評量結果以發展長、短期目標時，應考慮個別能力和需求、學習環境和其他關係到多樣化的因素。
4.5　應約定資優者評量他們自己學習和表現的質，以設定未來目標。

表 12-2　美國全國資優教育標準（2013 年）（續）

標準 5：教學設計和策略（instructional planning and strategies）
5.1　應了解證據本位、差異化和加速實務的原則，並能掌握眾多的教學策略，以增進資優者批判和創造思考、問題解決和表現技巧。
5.2　運用適當的科技以支持教學評量、規劃和資優者的教學。
5.3　應與家庭、專業夥伴和其他教師合作，以選擇、適應和使用證據本位的策略，以促進普通和特殊課程的學習挑戰機會。
5.4　強調終身的發展、實務和轉化跨環境進階的知識和技巧，以便資優者在多元文化社會能導致創造和生產性的生涯。
5.5　運用教學策略增進資優者的情意發展。
標準 6：專業學習與倫理實務（professional learning and ethical practice）
6.1　運用專業倫理原則和特殊化方案標準，以引導其實務。
6.2　了解基本知識、觀點、歷史的和當前的問題，如何影響學校和社會專業實務、教育及資優者的處遇。
6.3　表現尊重差異，了解它是社會制度統合的一部分，在資優教育時影響資優者的學習。
6.4　知道他們自己的專業學習需求、了解終身學習的重要，並參與專業活動和學習社群。
6.5　透過從事活動如支持和良師指導以增進其專業。
標準 7：合作（collaboration）
7.1　應用有效合作的基本要素。
7.2　成為同事的合作資源夥伴。
7.3　運用合作，透過各種環境、經驗和合作者，以促進資優者福祉。

資料來源：引自 http://www.nagc.org/sites/default/files/standards/NAGC-%20CEC%20CAEP%20standards%20%282013%20final%29.pdf

第十三章

資優教育班／方案的規劃與評鑑

寧寧現在是○○國小資優班五年級學生，在父母眼中，寧寧是一個善解人意的小孩。她有一個弟弟現在就讀一年級，每天都是由她帶著弟弟上學，姊弟倆的身影出現在校園裡，構成一幅溫馨的畫面。

　　寧寧原先就讀別所國小，二年級資優班甄選時，成績達到錄取標準，所以，在三年級時就轉到這所國小的資優班，這都要感謝原級任蘇老師的推薦，才有機會進到資優班來。聽說有些國小的老師怕好學生被拉走，不太願意推薦學生參加甄選，使得一些優異的孩子失去接受資優教育的機會，實在可惜。

　　就讀資優班是在這樣的機緣下，所以爸媽都非常珍惜。其實，寧寧的才能也是多元的，包括游泳、書法、繪畫和鋼琴。在課業方面，寧寧擅長的是數理，社會科相對的就比較弱，但並沒有讓她補習功課，因為父母認為正常的生活作息很重要，不會因為就讀資優班就給予較多的壓力，提供孩子快快樂樂的學習環境才是最重要的。

　　父母認為，寧寧最令人讚賞的個性是懂得欣賞他人的長處，這對小小年紀的她是非常難得的，希望她能繼續保持這個優點。

　　一般而言，資優教育採取充實（enrichment）、加速（acceleration）和能力分組（ability grouping）三大類方式辦理（吳武典，2005）。充實是在一般的教材之外採取加深或加廣方式；加速則是採取提早入學或縮短修業年限等措施；能力分組在現行我國的資優教育制度，則是在甄選之後採取集中成班，或甄選之後分散在各班，再以抽離的方式分組上課。目前我國的資優教育，不論是集中式資優班或分散式資優班，也都採取充實和加速策略，且以充實為主，加速為輔。

　　為了確保資優教育方案的順利運作，在設立之初，適當的規劃是必要的。而在運作一段時間之後，資優教育方案是否達成預期目標？有無偏離設立宗旨？方案的評鑑也是必要的。

壹、 資優教育班／方案的規劃

　　地方教育行政主管機關都會要求各校在辦理資優班／方案前，要提出設班／方案計畫，詳細說明設立資優班的理由、設班目標、設班條件、實施方式，以及預期成效等。芮絲（Reis, 2006, p. 75-77）認為，一個高品質的資優教育班／方案有幾個特色宜同時考量之：

1. 服務的源起（derivation of the services）：資優教育服務是經過需求評估的，也就是學區有這個需要，學校對於課程是有準備的，家長和專家也認為對資優學生的服務是必要的。

2. 綜合性（comprehensiveness）：課程除了學業外，同時考慮學生的各種特殊才能、領導才能、創造力、學生的社會和情緒需求、學生未來的發展等。各種課程的設計應有現在和未來發展的連貫性。

3. 實用性（practicality）：除了校內資源外，校外有哪些人力、物力資源可用。縣市行政支持和經費的支援是常態性的。

4. 一致性（consistency）：從教育哲學、相關法規、教育政策、方案目標、任務描述、學生鑑定，甚至學生學習的剖面描述（如優弱勢、認知技巧、學習風格等）是連貫在一起的。

5. 明確性（clarity）：計畫的敘述對於老師、行政人員、父母等參與人員是很容易了解的，甚至可用圖示方式做清楚的描述。

6. 有效性（availability）：計畫對於校長、老師、父母都能清楚了解，必要時對於教師、專業人員、父母等所應負的責任應提供訓練，讓每個環節的服務都到位。

7. 連續性、延伸性和可評估性（continuation, extension and evaluation）：整個計畫應有執行的總負責人；年度報告或方案評估可提供回饋的參考，所以在蒐集、分析任何資料都要事先規劃，執行過程當中應與時更新；並評估有哪些額外的資源可供運用，例如學區諮詢人員。

一般而言，學校所提出的設班計畫必須清楚說明下列事情：

◉ 一、計畫緣起

通常是說明為何要申請設立此資優班／方案，學校的各項優勢條件如何。

◉ 二、計畫依據

一般會陳述設班所依據的中央或地方法規，例如《特殊教育法》或《藝術教育法》或縣市政府所頒布的相關子法、設班公文等。

◉ 三、計畫目標

設立資優班／方案希望能達成的目標，此目標也作為即將設立的資優班／方案的指導原則。當然，計畫目標會因著不同的教育方案而有所不同，以一般資優班為例：

1. 培養資優學生健全人格，發展良好的社會適應能力與領導才能。
2. 開發資優學生內在潛能，培養關懷社會、服務人群的熱忱。
3. 發展資優學生創造思考以及獨立研究的能力。
4. 培養資優學生具備前瞻的理念與關懷世界的胸懷。

以音樂資優班為例：

1. 發掘具有音樂才能的學生，施予有系統的音樂教育，以培植國家優秀的音樂人才。
2. 透過對音樂之認知、鑑賞及演奏活動，涵養學生高尚的美感情操。
3. 發展學生優異的潛能，奠定我國文化建設所需人才的基礎。

◉ 四、行政組織

學校要成立「資優教育推行小組」，以推動資優班／方案。推行小組以校長為召集人，下設執行祕書，並結合教務處、學務處、輔導室、總務處、會計室、家長會等單位通力合作；另外，非常重要的，還應該包括課程規劃小組和資優學生鑑定小組。召集人校長要綜理一切資優班／方案事宜；執行祕書通常由輔導室主任或教務主任擔任，統整規劃，並執行資優教育班／方案各項工作；教務處負責師資遴聘、成績計算處理；學務處負責導師遴選、清潔及秩序維護；總務處負責設備支援、資源採購及出納、

庶務等工作；會計室負責經費之核銷；家長會主要是協助、支援資優教育班／方案，必要時協助爭取社會資源。

　　資優班老師當然更是資優教育推行小組的重要成員，尤其是在課程規劃小組和資優學生鑑定小組。課程規劃小組負責課程規劃、設計、教材研發和教法創新工作；資優學生鑑定小組負責擬定資優班／方案新生甄別計畫、鑑定方式與工具、審核新生初選及複選名單，甚至審核學期中學生的回歸事宜。

　　資優教育推行小組的組織架構如圖 13-1（以高雄市三民國中為例）：

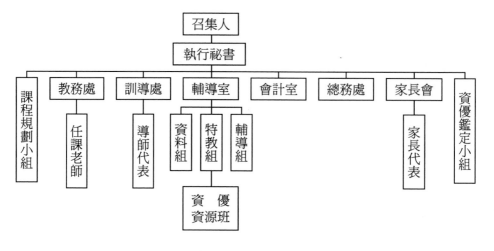

圖 13-1　資優教育推行小組組織架構

◉ 五、鑑定與安置

　　在規劃資優班／方案時，很重要的一件事是學生如何鑑定的問題。這些問題包括報名資格的界定、鑑定的方式與科目、鑑定的程序與成績的計算等。一般智能優異或學術性向優異班級，不論國中或國小，大多會訂定報名資格；以某國中為例，其訂定的資格包括下列各項之一者：(1)級任老

師推薦表；(2)國小畢業獲得市長、議長、局長、區長或校長獎等獎項者；(3)國小資優班畢業；(4)學業總成績在學校同一年級居於前5%者；(5)參加全市（縣）有關學科競賽獲得前三等獎項者；(6)參加學術單位有關學科長期輔導成績優異，經該單位推薦者。藝術才能優異班級如音樂、美術、舞蹈等，所訂定的資格比較寬鬆，只要對音樂、美術、舞蹈有興趣者都可以報名。

　　新生鑑定學校要做的通常分初選、複選兩階段，最後再交由縣市鑑輔會遴選決定名單。因此，學校要在新生鑑定上分別擬定初選和複選的科目、程序，以及成績計算方式。在一般智能優異或學術性向優異資優班，初試、複試大多是紙筆測驗，部分學校會增加口試或實作方式；為減少筆試給人一試定終身的疑慮，大部分的學校會規定在初試錄取之後，有一段時間的觀察期，並將觀察期所得結果列入成績計算當中，與其他科目一樣占有一定的加權比重。在藝術才能資優班，鑑定時術科所占的比重就較高，當然也包括藝術才能性向測驗，例如音樂性向、美術性向等。

　　初試、複試完後，鑑輔會才根據學校所呈報的資料，對照招生簡章的規定核算成績，開會決定錄取名單。

◎ 六、實施方式

　　在設班計畫當中，要指明本資優班／方案的實施方式，例如編班原則、上課方式、教學型態，以及成績評量等。編班原則通常是指集中成班或分散編班。集中成班會將錄取的學生編在同一個班級中，所有的作息與一般班級相當，這也是所有家長最容易了解的編班方式；另一種編班方式則是將錄取的學生平均分配在各普通班級裡，上課時再以分組或集中的方式，將資優學生從普通班抽離，因此上課方式採外加，利用早自習、空白

課程、社團活動等時間進行。目前法令規定國小、國中資優班一律採分散式編班、巡迴輔導，或特殊教育方案辦理。所以計畫中要加以說明每週抽離多少節課上資優班課程。各校現在的藝術才能班，還是採集中成班的方式進行。

資優班的教學型態，不論是集中式或分散式，通常是比較多元，例如班級教學、小組合作學習、個別指導、獨立研究、專題講座、校外教學、研習營，或成果發表等，旨在充實資優學生各項知能，激發學習及創造潛能，培養問題解決能力，啟發多元智能。至於評量方式，除了一般的紙筆測驗外，應多採用觀察、實作、口頭發表、表演等，重視學生的學習態度、研究成果和實作表現。

◉ 七、課程與教學

課程與教學是規劃資優班／方案非常重要的一部分，計畫中應該指出這個班／方案預計要實施何種課程，以及如何實施。一般智能集中式資優班，主要課程與普通班相同，但由於資優學生學習能力強、領悟力高，學習的速度比一般同儕快，因此可以將普通課程加以濃縮，以節省下來的時間做充實或加速的學習，另外再安排一些情意課程、創造思考、獨立研究、校外教學或專題講座等。一般智能集中式資優班在課程的安排上比較容易做調整，因為作息時間相同。分散式資優班每週只抽離六到八節，一般而言是不會上普通班要上的課程，因此，在課程的規劃上就要清楚地敘明每週會有哪些課程、節數如何。分散式資優班有些是一般智能，有些是強調數理、有些是強調語文，大致上依據學校的師資、設備做考量。

藝術才能資優班如美術、音樂、舞蹈班，其課程有一致性的規定，通常要依據「高級中等以下學校藝術才能班各年級教學科目及授課內容參考

原則」來安排課程。以舞蹈班而言，課程包括基本動作（民族舞、芭蕾舞、現代舞、土風舞）、即興與創作、小品演練與欣賞、舞蹈與音樂、舞蹈欣賞、舞蹈概論、運動傷害預防與處理等；以音樂班而言，課程包括音樂基礎能力訓練、音樂常識／樂理、個別課程（自選樂器）、共同課程（合奏、音樂欣賞）等；以美術班而言，課程包括平面與立體媒材（水墨、水彩、版畫、設計、素描、雕塑）、電腦繪圖、美術欣賞、美術史等。藝術才能資優班除規定的課程外，學校可以就學校的特色，發展學校本位課程；此外，情意課程、創造思考、獨立研究、校外教學、專題講座及成果發表等，也都是可以加入的課程或活動。

◎ 八、師資

　　學校在提出設班計畫時，最有利的說服依據之一就是師資。依據《特殊教育法施行細則》第十五條之規定，準用「特殊教育學校設立變更停辦合併及人員編制標準」，因此，國民小學資優班每班應配置兩位合格教師，國民中學資優班每班應配置三位合格教師。所謂合格教師就是除具備學、術科專長外，應修畢資優教育職前教育課程四十學分；以目前的規定就是至少修畢資優教育三十學分，加上普通教育至少十學分，這是登記為資優教育合格教師的基本資格。國中階段因為是分科登記，因此，基本上必須具備學科專長，如英文、數學、化學等，加上資優教育學分，才是國中階段資優教育合格教師。藝術才能班的學科教師如同一般智能優異班級教師，術科教師則應該具備術科專長，如舞蹈、國畫、西畫、鋼琴和資優教育學分。

　　學校在提出師資陣容時，除姓名、性別外，最好包括最高學歷、授課年資（包括一般班級、資優班級）、預計教授科目、授課時數、相關研

習、進修和研究成果等。如上所言，特別強調與資優教育有關之進修或研習是重要的。要從事資優教育，除了具備學、術科專長外，對於資優學生的特質、鑑定、安排加深或加廣課程、諮商與輔導、情意教育、獨立研究指導、多元評量等，應該有基本的認知。

◉ 九、空間與設備

學校有哪些空間與設備可以支援資優教育的？就空間而言，一般資優班、學術性向資優班、藝術才能資優班除了普通教室外，還需要有諸如語言教室、物理實驗室、化學實驗室、生物實驗室、電腦教室等。音樂資優班還需有隔音設備的個別練習室、團體合奏室；美術資優班還需有國畫教室、西畫教室、陶藝教室、版畫教室等；舞蹈資優班還需有加裝反射鏡的牆面和軟質地板的舞蹈教室。

就設備而言，如音樂資優班的鋼琴、定音鼓、大鍵琴、木琴、鐵琴、低音提琴、豎琴等大件樂器；美術資優班的窯燒設備、練土機、拉胚機、版畫翻印機、石膏像、畫架等；舞蹈班的音響等。

學校在申請時，就應該詳列出現有可資利用的空間與設備，有些設備若限於經費因素無法一次購足，也應該提出分年添購計畫。

◉ 十、學生輔導

資優學生入班以後，學校對他們的輔導措施應該事先加以規劃，包括學習輔導、生活輔導、生涯輔導、親職教育、追蹤輔導等。(1)在學習輔導方面，資優學生需要培養他們主動學習的能力，協助他們訂定學習的計畫、獨立研究的計畫，以全方位的學習啟發學生的多元智能，必要時要協

助學生檢討其學習狀況、學習策略。(2)在生活輔導方面，協助學生分析自己的優缺點、了解自己的興趣，發展自尊、自信，培養自我管理及工作承諾，學習面對成功與挫折，發展人際溝通能力以及實施領導才能訓練等。(3)在生涯輔導方面，協助學生澄清個人價值，培養正確的價值觀，配合學生個人特質與興趣，提供不同的生涯選擇方案。(4)在親職教育方面，應定期辦理家長座談會，溝通家長觀念如課程安排、教養資優子女；或者協助家長組織讀書會，幫助家長了解資優子女以及資優教育等。(5)在追蹤輔導方面，建立資優學生和家長的聯絡網，追蹤學生學習狀況、人格發展，以及適應狀況，尤其是畢業以後的發展以及成就。

◎ 十一、回歸

　　資優學生入班以後，若有適應不良或學習態度不佳，經輔導無法獲得改善者，得由學生家長、學生本人，或資優班老師提出退出資優班之申請。若是由學生家長或本人提出申請，或者由特教組蒐集學生相關資料，經通知家長後，學校都應有輔導措施；經輔導無效後，學校應召開鑑定與輔導會議，做出回歸之建議。至於回歸以後所造成的缺額，為了不浪費特教資源，學校也可以訂定優秀學生申請入班辦法；就普通班中優秀學生依其意願提出入班申請，經審查其觀察紀錄、學科成就、特殊表現，及老師推薦函，得經鑑定與輔導會議，先入班試讀，再決定是否進入資優班。這樣的做法有如「旋轉門模式」，有助於在資優班找到能力與興趣都很優秀的學生。

◎ 十二、社區資源

　　資優班的設立，不管是一般智能、學術性向或藝術才能班，除了政府或學校所提供的人力、財力和物力支援外，爭取和運用社區資源是非常必要的。社區資源包括人的資源和組織的資源，《特殊教育法》所稱「特約指導老師」就是人的資源，社區裡有哪些專業或專長人才可為資優班運用，學校應做適當的調查，例如有哪些專業人士、藝術專長、音樂專長或舞蹈專長人士？他們或許是學校學生的家長，或許是學校的傑出校友，或是鄰近高中老師、大學的教授等。他們不僅可到校做專題演講、指導學生，也可作為典範良師（mentor），長期指導有興趣的學生，對資優學生生涯的影響非常大。

　　組織資源是指可供資優學生做充實學習的校外單位，例如附近的博物館、社教館、音樂廳、展覽館、縣市政府、議會、工廠、報社、古蹟，甚至是地理景觀等。這些資源都可將教室延伸至社區，使資優教育與社區相結合；也可將資優教育成果推展至社區，例如藝術才能班的展演等。

◎ 十三、在職訓練

　　辦理資優教育不只是資優教育推行小組或資優班老師的事情，它是全校的事情，必須得到全校老師的支持。所以，除了即將擔任資優班老師應具備資優教育素養外，學校行政人員和全校老師也要對資優教育有所了解。因此，在計畫初期擬定老師和行政人員的在職訓練計畫是必要的。

　　在職訓練可以以演講或工作坊的方式辦理，課程要讓資優班老師和全校老師了解資優教育的必要性、資優學生的特質和需求、資優課程的調整

方式、鑑定和老師的角色、加速或充實計畫、資優學生的情意教育與輔導等，這些在職訓練可強化所有老師對資優教育的興趣和投入。

有時候，安排參訪鄰近辦理資優教育較有成效的學校也是非常有幫助的，除了可以了解他校辦理的經驗外，社群的對話在資優教育是非常重要的。資優教育需要一群夥伴互相支持、互相學習，從中獲得成長；此外，與其他各種專業社群的連結更有助於拓展資優教育資源。

貳、資優教育班／方案的評鑑

行政三聯制有所謂的計畫、執行與考核。計畫就是在執行前的規劃，規劃完善可確保執行時順利；而在執行一段時間之後，檢討該計畫是否按照當初規劃的細節和理想在進行，是否需要修正？這都是行政上確保績效的必要手段。

縣市政府都會要求各校在辦理資優教育時，提出設班計畫，經審查通過後才准予設班。因此，在設班計畫中也應該提出評鑑的規劃。

評鑑是在對計畫的成效，或事實表徵做出價值判斷（Worthen, Sanders, & Fitzpatrick, 1997），據以提出繼續、修正，或停止與否的建議。黃政傑（1997）認為評鑑乃在於有系統地檢視現行教育方案中，所發生的事件或所造成的結果，以便方案的改進或作為其他類似方案的參考。評鑑要用各種方法蒐集資料，包括質的與量的資料。就過程而言，評鑑可分形成性和總結性，或所謂的過程評鑑和成果評鑑。就方法或執行者而言，評鑑可分內部評鑑和外部評鑑。學校執行資優教育方案時，應該進行內部評鑑，而且應該包括形成性和總結性評鑑。縣市政府為了解各校資優教育的成效，通常都會進行外部總結性或成果評鑑。依據《特殊教育法》（2014）第 47條之規定，特殊教育應至少每三年評鑑一次。評鑑對於實務人員有關方案

評鑑的知識、態度、技能都有實質的幫助，特別是改善學校相關人員對於學生的服務成效，學生的學習結果也會有增進（Robinson, Cotabish, Wood, & O'Tuel, 2014）。

卡拉翰（Callahan, 2006, p. 198）認為，一個高品質的資優教育班／方案評鑑應具備幾項特質：

1. 回應性（responsiveness）：評鑑是否考慮到利害關係人所關心的問題？例如提供給資優學生服務的執行與結果如何？

2. 重要性（importance）：評鑑的設計是否包含重要的評鑑問題，而不只是容易回答的問題？

3. 組合性（alignment）：評鑑是否注意到其定義，說明其目的、目標以及方案所需要的結果？

4. 公正和公平性（fairness and impartiality）：評鑑的設計是否給予各個地區、各個學校有公平的發聲機會？不管有多敏感，對於每一種聲音給予適當的權重，而不是只重視有權力和影響力者。評量工具的選擇或創造能否注意到所要評量元素的信、效度？

5. 尊重所有參與者（respect for all involved）：評鑑的設計是否考慮到會衝擊學校和人員的脈絡和情境因素？所有工具和資料蒐集的程序是否確保他們不至於反彈？評鑑活動蒐集資料過程中，是否浪費學生、老師或其他參與者過多的時間而無助於好的決策？

6. 足夠的經費（adequate funding）：有無足夠的經費以完成評鑑工作？

7. 及時而且中肯（timeliness and relevance）：資料的蒐集、分析和報告對於決策過程的考慮是否及時？結果和建議呈現給有關人員是否能讓他們清楚了解？

◉ 一、評鑑模式

為了達成評鑑的目的，學者建議有幾個評鑑模式可供參考：

(一) CIPP 模式

CIPP模式是指背景（context）、輸入（input）、過程（process）和結果（product）的評鑑（王文科，1994；黃光雄，1989；Stufflebeam, 2001）。

背景評鑑主要是在了解資優班／方案設置目標是否符合需求，以及為達成設置目標其支持性措施如何。評鑑包括整體方案設計的樣貌，如實施計畫以及課程規劃，所以，它關心的是方案的整體性、邏輯的一致性與需求的關係性等。

輸入評鑑主要是在了解資優班／方案是否有足夠的資源，以便達成設班目標。評量包括人員、設備、經費、空間等，以及這些資源是否如規劃般適當到位。

過程評鑑主要是在了解資優班／方案的執行是否順暢，有無遇到一些特殊的事情，以及如何修正。評量包括計畫中活動辦理的情形、辦理的紀錄，以及辦理的品質。

結果評鑑主要是在了解資優班／方案經過一段時間之後，辦理的成效如何，包括短期結果和長期結果、結果與目標之間的差異等。結果評鑑所提供的資訊，通常作為決策人員的參考。

(二) 個案研究模式

個案研究模式（Stake, 1995）是在對資優班／方案做深入的了解，由

內而外探究資優班／方案運作的多元脈絡。個案研究法的應用由來已久，舉凡人類學、臨床心理學、法律、醫藥，以及社會工作等皆可。資優教育的個案研究在了解其地理的、文化的、組織的和歷史的脈絡，徹底地檢查它的內部運作、如何運用輸入的資源、過程如何、預期的和非預期的結果又是如何。

在執行有效的個案研究時，評鑑者要用到各種質的和量的方法，包括檔案分析、工作樣本蒐集、文件內容分析、參與的和非參與的觀察、晤談、焦點團體訪談、問卷和評定量表等。因此，在報告時就要深入地描述，說明所看到的、所聽到的和所蒐集到的資料，集中焦點於重要事件，並得出主要結論。

個案研究模式特別適用於資優班／方案的評鑑，它不需要控制組，只關心它們自然發生以及變化的情形。以三角校正多方去印證資料的真確性是重要的，也就是從多元觀點、方法和訊息來源做系統化的分析，以便達成評鑑的目的。

(三) 認可模式

認可模式是由各專業團體或各地區的認可協會，派遣專業人員訪問學校，根據預先決定的評鑑標準，來判斷學校的教學品質與成效，是一種強調專業判斷的評鑑模式（House, 1993）。主要目的在了解並審查學校的教學內容和水準、辨認學校的優缺點，以及刺激學校藉由不斷地自我評鑑做自我的改善。

認可模式的評鑑程序如下：

1. 認可專業機構公開評鑑的標準。
2. 學校依據評鑑標準，陳述相關事實與最佳實務。
3. 學校從事自我評鑑研究，以書面資料將自我評鑑研究結果送給認可

專業機構。

4. 認可專業機構仔細研究學校所提的自我評鑑報告，派遣訪問小組實地訪問；訪問時根據學校的報告，評鑑其實際執行的成效，並加以價值判斷。

5. 認可專業機構根據評鑑小組的判斷，做更進一步的審查與分析，公布評鑑結果。

6. 所有學校定期自我審視，以確保學校不斷地自我改進。

教育部這幾年對各大學的校務、系所評鑑，就是採用認可模式。而各縣市政府對資優班（或特教班）的評鑑大多依循 CIPP 模式，而對於評鑑不佳的學校，或教育部對於地方政府特殊教育績效評鑑，成效不佳的縣市，其事後追蹤，其實都可採用個案研究模式。

◉ 二、評鑑程序

教育評鑑是一套科學化的流程，必須讓執行評鑑工作的小組、學校人員，和關心教育的社會大眾了解評鑑的規準與流程。美國心理學會（American Psychological Association）、美國教育研究學會（American Educational Research Association），和美國全國教育測量協會（National Council on Measurement in Education）共同訂出教育評鑑的規準，包括有用性（utility）、可行性（feasibility）、適當性（propriety），和精確性（accuracy）。有用性是指評鑑所得訊息可以滿足使用者的需求；可行性是指評鑑是實際的、謹慎的、靈敏的，和節約的；適當性是指評鑑能合法、合理地執行，且能考慮到評鑑之後的效益和評鑑結果的影響；精確性是指評鑑的技術能準確地傳達方案的樣貌，決定其價值或優點（VanTassel-Baska, 2004）。

因此，有效的資優教育方案評鑑，不論是內部評鑑或外部評鑑，準備評鑑的人員需要好好規劃整個評鑑的流程。范塔索—巴斯卡（VanTassel-Baska, 2004）建議下列九項執行流程：

(一) 決定評鑑的目的和問題

評鑑小組首先應訂出資優教育方案評鑑的主要目的，一般而言不外乎：(1)確認資優教育服務的有效性；(2)確認資優班／方案的優點和弱點，並建議最適當的服務模式；(3)提出資優班／方案改進以及長遠發展的建議。

基於上述目的，評鑑應能回答下列問題：(1)資優班／方案的目標符應實務運作的程度如何？(2)資優班／方案符合學生需求的程度如何？(3)參與資優班／方案的學生實際上的表現如何？(4)資優班／方案的優、缺點如何？

(二) 決定評鑑的設計

運用多元策略並配合問題使用適當的策略，是評鑑設計的準則。如同一般的研究設計，評鑑設計應該包括主要的問題、回答這些問題的資料來源、使用的工具、蒐集資料的方法、人員安排，以及時間安排等。

(三) 發展評鑑工具

范塔索—巴斯卡建議下列蒐集資料的工具：

1. 調查問卷：調查問卷的主要目的在了解鑑定與評量、課程與教學、分組、評鑑、行政、人力發展，以及親師溝通等問題。調查對象包括老師、行政人員、父母、學生等。這個問卷因對象不同而設計不同的版本，大約三十題左右。

2. 教室觀察表：教室觀察表主要用於蒐集一般教學實務，例如老師的

教學策略、師生的互動、教學媒體的使用、鼓勵創造思考、批判思考等。

3. **行政人員晤談表**：行政人員晤談表主要在探求行政人員，如校長、主任、組長等，對於資優班／方案發展的認知，以及了解其資源運用的情形。

4. **焦點團體晤談表**：焦點團體晤談表通常列出五到七個開放性問題，針對教師、父母和學生的特性而有不同的問題；主要也是依照評鑑目的，蒐集教師、父母和學生對於資優班／方案的看法。

5. **文件概覽表**：文件概覽主要是在查閱資優班／方案所準備的書面資料，通常會包括行政、經費、設備、課程與教學、學生輔導與追蹤、特色等。

(四) 執行評鑑工作

依照資料蒐集的策略，評鑑人員開始展開評鑑工作。調查問卷可以事先透過郵寄方式，也可以評鑑當天到校實施之；其他如教室觀察、晤談和文件查閱，必須是評鑑小組到校蒐集所需資料。

(五) 分析與三角校對資料

評鑑完後必須對所蒐集的資料加以分析，所有測驗分數、問卷和觀察量表要用量的分析；晤談、焦點團體訪談和開放性問題要用質的分析；與方案有關的文件也要做內容分析。

評鑑人員要針對上述所蒐集來的資料，依據評鑑目的，仔細地核對相關資料的一致性，這就是所謂的三角校對。

(六) 回答評鑑問題

一旦資料蒐集且分析完畢，也經過仔細地核對，就必須根據這些資料

回答評鑑當初所設定的問題。在回答評鑑問題時，通常需要將不同來源的資料加以彙整。例如要回答學生學習成效的問題，或許需要彙整測驗分數、問卷調查、相關文件、學生座談等資料。

(七) 提出評鑑結果的建議

評鑑除了發現做得比較好的地方應予鼓勵外，也會找到一些做得不足或缺失的地方；對於做得不足或缺失的地方，評鑑人員須提出建議，以便資優班／方案相關人員作為改進的參考。例如評鑑人員或許會發現資優課程缺乏結構性，建議應確立課程的架構、範圍與序列。

(八) 溝通評鑑結果

接受評鑑的學校、教育局人員、家長和一般社會大眾，大多希望了解評鑑的結果。因此，評鑑的結果應該做成書面報告，並且向學校或相關人員做口頭的說明。書面報告可以作為歷史文件，口頭說明有助於向聽眾解釋並回答問題，都是評鑑不可或缺的一部分。

(九) 發展行動計畫

對於學校而言，評鑑結束是另一個行動的開始。學校應依據評鑑人員的建議，提出資優教育改進的策略，作為未來行動的準則。

◉ 三、評鑑實務

各縣市為了解資優班實施的情況，都會依據《特殊教育法》之規定，每三年評鑑資優班一次。依據評鑑的目的，事先訂出評鑑項目與指標，各校根據評鑑項目與指標，準備相關資料供查閱。評鑑人員除了查閱資料外，還會與學校行政人員、老師、學生、家長訪談，並參觀現場教學、教

學環境與設備等。大多數縣市評鑑的項目與指標不外下列各項：

(一) 行政與組織

行政組織的評鑑通常會關心下列事情：(1)學校是否在特殊教育推行委員會下組織資優教育工作小組，而且小組分工明確、定期開會，且有紀錄。(2)訂定具體可行的發展計畫、設班計畫，並經特殊教育推行委員會討論通過。(3)擬定資優班年度工作計畫，且依計畫確實執行。(4)各處室配合、行政上支援資優班情形。(5)行政人員含校長、主管處室主任、特教組長參與資優教育相關研習進修情形。

(二) 鑑定與安置

鑑定與安置的評鑑通常會關心下列事情：(1)訂定招生鑑定工作計畫、召開鑑定工作會議。(2)公告鑑定流程，並做適當的宣傳。(3)鑑定之後召開檢討會議，針對鑑定的實施進行檢討與修正。(4)聘請學者專家協助鑑定工作。(5)對於不適應學生，訂有輔導計畫或轉安置的機制。(6)加強輔導社經文化不利及身心障礙的資優學生。(7)各項通報資料和學生檔案完整，並及時更新資料。

(三) 師資與進修

師資與進修的評鑑通常會關心下列事情：(1)任教資優班教師的專業背景，包括合格教師的比率、教師專業進修與研習。(2)資優班教師的研究、出版情形。(3)資優教育研習辦理成效追蹤。(4)資優班教師的課程會議或班務會議辦理情形。

(四) 經費與設備

經費與設備的評鑑通常會關心下列事情：(1)資優班經費的來源與使用

情形。(2)資優班活動空間的規劃、使用與管理。(3)資優教學相關設備的建檔、維護、使用與管理。(4)資優班教材、教具與圖書的建檔、存放,並能有效管理及運用。

(五) 課程與教學

課程與教學的評鑑通常會關心下列事情:(1)成立課程與教學研究小組,規劃與研究資優班相關課程。(2)排課彈性化,符合學生學習需求。(3)課程兼重認知與情意,適合學生的學習特性、程度與需要。(4)訂定課程大綱與教學進度表。(5)教學方式多元,採分組教學、合作學習或獨立研究指導。(6)能自編多樣化教材且符合資優學生學習需求。(7)採用多元評量,兼顧形成性與總結性評量,對於學習成效不佳者進行輔導與追蹤。(8)戶外教學、寒暑假或週末研習營及社區資源運用、社區服務情形。(9)獨立研究指導或協助學生進行展演。(10)學生學習成果的管理。

(六) 輔導與追蹤

輔導與追蹤的評鑑通常會關心下列事情:(1)情意教育教學計畫及辦理情形。(2)學生基本資料的蒐集、彙整、保管與分析,提供有關教師參考。(3)學生學習與生活輔導情形,並有紀錄可查。(4)必要時召開個案輔導會議,並有詳細的紀錄。(5)進行家庭訪問或召開親職座談會或舉辦親職教育講座。(6)對於畢業之資優學生進行長期的追蹤,並建立人才檔案。(7)邀請畢業之資優學生返校與學弟妹座談或演講。

(七) 學校特色

縣市政府通常鼓勵各校發展特色,因此學校可就上述評鑑項目之外,認為資優班本身做得較好的地方列出並做說明,一般作為評鑑的加分項目,但也有些縣市是不予計分的。

在評鑑當天，評鑑人員與學校行政人員、老師、學生、家長訪談是必要的安排。與相關人員訪談，除了補資料查閱之不足外，也可以作為三角校正之參考。評鑑人員應依評鑑目的，事先擬訂相關問題，例如：(1)對於這個資優班，您個人的整體理解如何？（一般性問題）(2)從哪些事證可以說明這個資優班的效能？您依什麼標準如此認為？（一般性問題）(3)就您的了解，這個資優班是如何鑑定學生的？這樣的鑑定程序是否真的可以有效鑑定出資優學生？（鑑定與安置問題）(4)資優班的課程都強調些什麼？資優班的教學有哪些是不同於普通班的？（課程與教學問題）(5)資優班有哪些適異性課程？課程與教學的品質如何？（課程與教學問題）(6)資優班都用什麼方式來評量學生？那些評量方式有效嗎？（課程與教學問題）(7)父母通常以什麼方式參與學校資優班的教學或活動？這樣的參與可以達到其效能嗎？（輔導與追蹤問題）(8)您覺得這個資優班有哪些不錯的地方？有哪些比較不足的地方？（一般性問題）(9)這個資優班有哪些需優先改進的地方？（一般性問題）

上面這些問題會因不同的對象而修正問題的敘述方式。例如，如果問學生有關「鑑定與安置」問題，上面的問題或許可以改為「您進到資優班是經過哪些鑑定程序？」如果問學生有關「課程與教學」問題，或許可以改為「在資優班上課，課程對您來說有挑戰性嗎？老師都用什麼方式來評量同學的學習情形？」

訪談時先以一般性、非結構性問題作為暖身，然後再提出特殊性、結構性問題；先提出比較不敏感的問題，再提出較為敏感的問題，例如有關缺點或待加強的地方是較為敏感的問題。

現場教學的參觀有幾個重點，例如教學方案設計、師生互動（包括老師的引導、學生的反應、增強的使用）、教學型態（例如全班團體教學、

小組教學、小組合作學習、一對一指導、個別練習等）、視聽器材的運用、教學評量、指定作業等。至於教學環境與設備參觀，主要是了解資優班學習空間是否足夠？設備是否充實？是否有效管理？不管是教學現場參觀或教學環境與設備參觀，最好都能依項目各設計一個檢核表，逐項給予評等，以作為三角校對之參考。

評鑑的目的不是在證明（prove），而是在改進（improve）（Stufflebeam, 1983）。也就是在發現資優班／方案的優點、困境或缺點，給予改善或成長的助力。因此，資優班的設立不但要有好的規劃，也應在規劃之初就設定自我評鑑和接受外部評鑑，讓資優教育發揮應有的成效。

第十四章

普通班級中資優學生
的適性教育

洋洋就讀高雄市○○國小四年級普通班，在班上他的功課平均而言大致維持在前五名；但若以數學科而言，他的能力已經達到六年級的水準。所以經過單科跳級甄試，他的數學就跳級到六年級就讀，學校也相當配合他的學習作息，特別安排六年級能同步上數學課的一個班級。

　　洋洋的爸爸是高中數學老師，不知是遺傳爸爸的數學頭腦或爸爸特別給予啟發，洋洋從小就對數字特別感到興趣，聽過的數字可以很容易地記住，並無誤地回憶，幼兒園和一年級對於加、減、乘、除就很有概念。大他兩歲的姊姊的數學課本是他常拿來演算的「課外讀物」，一有不懂就問姊姊或爸爸。

　　除了數學課到六年級上外，其他的課還是與四年級同班同學一起上。在班上，他也是其他同學的數學小老師呢，大家都暱稱他為數學小博士。

　　二年級時，洋洋也曾經參加資優班甄試，但由於智力測驗未達標準，所以還是就讀普通班。洋洋的媽媽認為學校這樣的安排也不錯，可以和同儕按部就班學習，但又能發揮單科專長。她也希望將來附近的國中能就近安置洋洋的數學科加速學習。

　　前教育部長郭為藩先生在 1996「全國資優教育會議」上提到，當我們討論資優教育的同時，不宜截然跟一般教育分開。他相信，當普通的教學環境可以對資優學生做到相當好而個別化的照顧時，或許現行的資優教育會消失。所以談教育改革，應使我們的教育制度更彈性化、對於學生做更個別化的適應，在課程、教材教法及升學方式要做到更合理，更能照顧到有特殊性向的學生（郭為藩，1996）。

　　目前我國的資優教育只集中在少數幾個辦理資優教育班／方案的學校。吳武典（2006）依據教育部的統計指出，就學校而言，93 學年在 3,989 所中小學校中，辦理資優教育的校次僅有 519 所（若干學校不只辦理一類），占 13%。雖然這些學校在招生時也採開放的方式接受推薦，然而，並不表示我們的資優學生就只有這些，普通班老師不宜驟然下斷語曰「我們班沒有資優學生」。就人數而言，93 學年度高級中等以下學校接受資優教育服務的人，僅占學生總人數的 1.27%。若以資優出現率為 3% 推估（以多元智能和特殊才能的觀點來看，人數應再向上推估），則接受資優教育的人數還有相當大的增長空間（吳武典，2006）。因此，如果我們把「資優」的定義予以廣義解釋的話，普通班級中資優學生的樣貌就會一一浮現出來，例如前面第一章所談到的馬蘭（Marland, 1972）的報告、阮儒里（Renzulli, 1978）的資優概念、葛德納（Gardner, 1983）的多元智能論，和泰勒（Taylor, 1988）的多元才能論。這些資優學生需要老師依其特殊性向做個別化的輔導，以發展其潛能。也就是說，資優和才能兒童是很容易在普通班裡被找到的；老師們可以是伯樂或鍾子期，良駒或知音在在需要老師們的識才和惜才。

壹、普通班優異學生的特徵

　　普通班老師在忙碌的教學工作之時，如果能花一點工夫做觀察的話，不難從一些線索中發現資質優異的學生。多一些客觀的方法，減少猜測和直覺是觀察的開始。下面將介紹一些資質優異學生的特質，但是老師們要知道，這些特質不是包羅無遺的，它也無法像石蕊試紙般地絕對檢測出資質優異的學生，學生也無法表現出所有特質，但任何一個或多個特質值得我們做進一步的探討。因此，老師可視之為觀察的一般性指引。

1. 對於新的東西學得很快，而且在很小的時候就比同儕學得快。
2. 能夠長久記住所學過的東西，而且可以很容易地回憶。
3. 能夠處理對同齡同儕來說較為複雜和抽象的觀念。
4. 對於某一個或某些主題有強烈的、長久的興趣，而且會花很多時間學習它、研究它。
5. 似乎可以一心多用，可以在同一時間同時處理多樣事情。

　　資質優異學生大致上會具有這些特質，如果經過老師長久的觀察，學生非常一致性地表現多個行為特質，優異的可能性是非常大的；如果再與父母的觀察查核一下，或許可以更加確定是資質優異的學生。或許，普通班老師也可以從其他方面來觀察：

(一) 語文流暢學生的特徵

1. 比較少說錯話。
2. 發音較為正確。
3. 發展大量的字彙且使用較為高級的語彙。
4. 使用較為清楚的、複雜的句子結構。

5. 說故事時說得很完整，頭頭是道。

6. 能很容易地記得一些成語、詩詞和故事。

7. 喜歡較多字、較少圖畫的書。

8. 閱讀的時候常喜歡問一些問題。

9. 小時候閱讀得早，且進步神速。

10. 喜歡玩一些字詞的遊戲。

11. 很容易而且自動地描述新的經驗。

12. 對於問題會給予清楚且完整的回答。

13. 會以不尋常的方式說明他的想法。

(二) 數學優異學生的特徵

1. 對於與數有關的訊息從小就表現出好奇。

2. 很流暢、很有彈性地處理數學的問題。

3. 推理常常表現出可逆性，也就是常見反推現象。

4. 解決困難的數學問題很堅持，不達目的絕不終止。

5. 對於新鮮的情境好奇且願意去嘗試解決。

6. 能以各種方式組織資料，或將不相關的資料區分開來。

7. 對於數字、形狀、模型顯示興趣與好奇。

8. 對於數學故事、數學程式、電腦程式或棋弈有興趣。

9. 對於數字很有概念且記憶很清楚。

10. 能以簡化、經濟、合理、有效的方式解決問題。

(三) 好奇學生的特徵

1. 常常問一大堆問題，且一個接一個地問。

2. 很想了解抽象觀念，例如愛、感覺、公平、時間、空間、關係。

3. 問一些很難的問題，例如：「為什麼會肚子餓？」

4. 很用心聽你的回答，有時會不滿意你的回答。

5. 有各種不同的興趣且努力去研究它。

6. 喜歡嘗試新的事物或動手做一些不一樣的東西。

(四) 創造力學生的特徵

1. 喜歡玩一些假設性的遊戲。

2. 喜歡塗鴉或自己做一些別人沒玩過的東西。

3. 對自己的作品會注意細節。

4. 喜歡嘗試使用一些新的材料。

5. 喜歡與人分享自己的想法。

6. 描述事情或說故事時會用一些有戲劇效果的姿勢或表情。

7. 經常問很多問題，對於問題願意嘗試一些可能的回答。

8. 常以一些有創意的方式解決問題。

9. 說故事時會注意或增加一些細節。

10. 常可以創造出一些複雜的遊戲或玩法。

(五) 對事情很專注學生的特徵

1. 對他正在做的事情積極且投入，不會注意其他事情。

2. 沉浸於他個人世界，且樂在其中。

3. 有特定的目標，且盡力去完成它。

4. 有蒐集一些個人興趣的事物的習慣。

5. 可以一次同時處理兩、三樣事情。

6. 善於觀察、非常機警，不會錯失事情。

7. 堅持對的事情，且一試再試直到成功。

8. 忽略任何會分心的事物。

(六) 敏感學生的特徵

1. 很有同理心，能了解別人的想法與感覺。

2. 很有社會良心，關心一些不公平的事物。

3. 能很快的了解別人的情緒並適當的處理。

4. 能察覺別人沒有注意到的細節問題。

5. 能關心別人、環境和世界的問題。

6. 喜歡美的事物和音樂。

7. 對於生與死的意義好奇。

8. 透過音樂、藝術、舞蹈、雕刻、歌唱等傳達感覺或情緒。

　　普通班級中資質優異的學生，有的是全面性的優異，包括學科表現很好，也很有責任心、做事情很專注、很能同理別人；有的是一、兩方面的優異，例如語文或數學特別好；或者有的是做事情很專注也很有創意。這些都值得老師給予特別的幫助，以發揮他們的潛能。

貳、應該教給普通班資優學生什麼

　　在普通班級中，資優學生和他們的一般同儕一起學習；基本上，不同的教育考量是必要的，因為每一位學生都有其獨特的學習需求和風格，且任何一種教育的經驗都無法給所有學生相同的受益。因此，能符合學生們各種不同的需求、興趣和學習風格的學習，就顯得格外重要。對於普通班級中資質優異學生，下面的訴求重點是尤需考慮的（吳昆壽，1997）。

1. **基本技巧的精熟**：資優學生的學習特徵之一是學習快速，他們會以較快的速度和方法有效地吸收知識；此外，他們對於知識的理解也

較同儕們深入。雖然如此，基本的學業技能如精確無誤的讀、寫、算等技能仍需要求。

2. **自我知覺**：個人對自己的看法常會提升或限制個人潛能的發揮，因而決定一個人的成就。資優學生興趣廣泛，有時常會對自己有不尋常的高度期許，如果再加上父母的驅策，往往帶給資優學生不當的壓力。因此，了解自己的長短處、真正的興趣，以及學習風格等自知之明，就顯得格外重要。

3. **研究技巧**：除了基本的讀、寫、算等學業技巧外，資優學生應是知識的生產者，所以，他們必須具備各種深入探索的研究技能。尤其是在普通班的學習環境，充實的學習（不論是水平的或垂直的充實）常常需要他們去探討從未探索過的學習內容。因此，如何尋找資料、運用資源、分析與解釋資料、傳達研究結果，就成為相當重要的研究技巧。

4. **人際關係**：資優學生常常是人緣佳的，不管是學習、遊戲或分組活動，常常是同儕爭取的對象。因此，普通班老師應善於引導此種良好的人際關係，並施以領導才能訓練，因為領導技巧是講究人際關係的，它也需要自信、開朗、負責、溝通，以及成熟的情緒發展。

5. **創造力**：克拉克（Clark, 1992）認為，創造力是資賦優異的最高表現。人類文明的進展，不管是物質的或精神的，乃是創造力發揮的結果。在教室裡，不論是普通兒童或資優兒童，教師提供一個有刺激、富變化的環境，以及鼓勵、接納的學習氣氛，都有助於使創造思考成為一種學習的習慣。

6. **尊重他人**：民主的具體表現乃充分地尊重他人，我們的社會號稱民主，可是，種種的社會異常現象卻是對別人不尊重的結果。不管是上智或下愚，尊重他人乃是好禮社會的首要課題。資優學生負有服

務社會、造福人群之務，更需有尊重他人的體認。「愛人者，人恆愛之；敬人者，人恆敬之」。

7. **未來意識**：回溯人類的發展歷史，常可以歸納出某一些人在某一時代，帶給人類劃時代的改變，這種現象在快速進展的現代以及最近的將來愈有可能發生，我們的社會也需要資優者的高瞻遠矚，以引導社會更加進步，更加安定祥和。因此，在課程設計上應提升資優學生的未來意識，引導他們對未來產生興趣，關心影響個人及人類未來的生存與發展。

8. **生涯規劃**：生涯的規劃對每一個人都是重要的，因為它不但關係著個人現在的努力，也影響著個人未來的發展與幸福。資優學生需要協助認識自己的興趣、人格，以及能力，對於未來生涯做明確化的選擇；協助他了解各種生涯的個人需求、訓練、生活方式，以及利與不利。

9. **發展學習的喜樂**：學習是一輩子的事情，學習不只在追求知識，更重要的是在獲得智慧。有智慧的人懂得運用知識去增進人類的福祉，沒有智慧的人只會利用知識去製造麻煩。有智慧的人可以自我超越，不自私、有人性，能替別人著想（郭為藩，1996）。資優教育就是在培養一個有智慧的人，而且是一個將學習當作是一件快樂事的人。

參、適應普通班資優學生的學習

在普通班級中，老師所提供的教材、教法，大致上是配合大多數學生的一般需求。老師又如何適應那些學習快速、深度要求的資優學生呢？或許我們可以從下列方向來思考：

(一) 學習內容的適應

1. **學習內容的加速**：內容的加速旨在就已有的基礎背景下，加速其下一步驟的學習。在普通班級顧及大多數學生的學習下或許不易實施，不過，跳級或許也是在普通班級內資質優異學生加速學習的一種考量。跳級可以是全部學科跳級、單一學科跳級，或者是多科跳級；單一學科跳級或者是多科跳級，是指學生單科或多科到適合他能力的年級上課，但其餘科目仍留在原班級上課。

2. **學習內容的充實**：內容充實的目的在提供一個廣泛的、額外的經驗，使學生能對標準課程中的重要概念更加精熟。普通班老師可以交付資優學生就平時上課無法充分補充的概念加以深入探討，並向全班報告、分享。

3. **學習內容的複雜**：內容複雜化活動的目的是利用資優學生已有的優異知識和技巧，引導他們發現和探究更複雜的觀念系統。普通班老師應引導資優學生就問題做充分的分析、綜合和評鑑，這樣做的結果可幫助資優學生對於複雜的概念做充分的釐清。

4. **學習內容的新奇**：內容的新奇，可讓資優學生用來探究聯合兩個學科領域的主題，標準化課程很少有時間做跨學科的學習。老師可就某一主題，例如發展地方性觀光資源，要求學生就此一主題結合文化的、科學的、環保的、交通的等方面做統整性的學習。

就學習內容的充實和學習內容的複雜兩項而言，普通班老師可以思考運用布魯姆（Bloom）的教育的認知目標分類模式：知識、理解、應用、分析、綜合、評鑑。如老師們所知，這個認知目標分類是由最簡單、最基本的思考如「知識」，到最高層、最複雜的思考如「評鑑」。

「知識」是指學生能回憶他所學過、所知道的東西，可以是口頭回答或將所知道的寫下來，例如，回答老師有關課文的問題。

「理解」是指學生可以用他自己的話，說出或寫出自己所知道的一些意義或概念；從這當中，老師可以判斷學生是否真的了解所學的主要概念，例如，學生能以自己的話說出課文大意，而不是只摘述課文文句。

「應用」意指學生可以運用他所學過的東西在另一情境當中，例如，運用所學過的四則運算，解決日常生活中的數學問題；或者運用所學過的新詩體例，完成自己的一篇詩作。

「分析」是指學生能了解某些東西或概念彼此之間連結的屬性，能夠互相比較或對照，例如，比較和對照古體詩和新體詩的異同，或指出民主制度和集權制度對人民生活的影響。

「綜合」是指學生能將所學到的知識、概念、原則、方法或策略，整合於一種新的任務當中，通常學生要用到創造思考，例如，將所學到的營養概念，設計一份運動員或減肥控制班的食譜；或將所學到的問卷設計、有關的研究法和統計概念，做一篇獨立研究。

「評鑑」是指給予或自己列出一些標準，以判斷事物的對錯、好壞、優劣或美醜等，例如，給予或要學生列出一些評量兒童文學的標準，寫出一篇評論的文章。

普通班老師在適應班級內多元能力學生的學習需要時，以上的認知目標都應該同時考慮。對於一般能力學生，或許要比較著重知識、理解、應用等層次；對於高能力學生，除了一樣要有知識、理解、應用之教學外，更應強調分析、綜合與評鑑等高層次思考能力的培養。因此建議普通班老師，在每一單元或主題教學之前，先仔細瀏覽單元或主題內容，思考要教學的主要概念，然後與認知分類模式中的六個目標結合，做成一個雙向細目表（如表 14-1）。如此一來，就會形成一些小細格，每一小細格就可以

思考具體的教學目標和教學活動，高層次教學目標是給資優學生的挑戰，可以列入學習契約中供資優學生個別化學習。

表 14-1　主要概念的雙向細目表

認知分類 主要概念	知識	理解	應用	分析	綜合 （創造）	評鑑
1.						
2.						
3.						
4.						
5.						

以研究阿美族為例，或許主要概念包括：

1. 阿美族人的頭目與宗族制度。

2. 阿美族人的主要經濟活動。

3. 阿美族人的慶典與祭典。

4. 阿美族人的信仰與價值觀。

若以「阿美族人的慶典與祭典」此一概念為例，依照布魯姆的認知目標分類，或許可以訂定相關的教學目標和教學活動如下：

1. 教學目標：能描述豐年祭的主要特徵（知識、理解）。

　　教學活動：觀賞阿美族豐年祭影片。

2. 教學目標：能依阿美族人豐年祭的精神圖騰，製作本班的精神圖騰（應用）。

教學活動：討論並利用相關媒材，製作代表本班精神的圖騰。

3. 教學目標：能指出阿美族豐年祭與新年慶典（或結婚儀式）的異同（分析）。

   教學活動：觀賞阿美族豐年祭與新年慶典（或結婚儀式）影片或閱讀相關報導。

4. 教學目標：能表演一段豐年祭舞蹈（綜合、創造）。

   教學活動：蒐集、製作豐年祭所需之服裝、道具、音樂並排演。

5. 教學目標：能指出本班所排演豐年祭的優缺點（評鑑）。

   教學活動：就本班的表演，提出三項優點、三項可改進之處。

另外，老師也可以使用另一種表格來思考（如表 14-2），如何給班上資優學生較為充實、較為複雜的學習活動，主要還是以認知分類的概念來思考。資優學生在學習這些較為充實、較為複雜的學習任務時，老師可以與他們訂定學習的契約，他們可以在其他同儕共同學習的某一、兩堂課，在教室的某一個學習角或離開教室到適當的學習場所，完成契約內的工作；當然，與全班同儕分享他們的成果是非常棒的安排。

表 14-2　主要活動的雙向細目表

認知分類	主要活動	使用時機	適用學生	產品或結果
知識				
理解				
應用				
分析				
綜合（創造）				
評鑑				

(二) 普通班級中的分組

1. 群聚團體（cluster grouping）：這是指將一群高能力學生安置在一起，並給予一些較具挑戰性的學習機會和材料。教師有較大的彈性去調整這些學生學習的步調和深度；學生也有機會和一群相似能力的同學互動學習。

2. 興趣團體（interest grouping）：這是指將具有相同興趣的學生安排在一起，以探討他們共同興趣的主題。例如，或許有一群學生有興趣於電腦、廣播，或雜誌、校刊編輯，集合這些共同興趣的學生正可以發揮腦力激盪的力量，以創造更好的學習成果。

3. 技能團體（skill grouping）：技能團體乃是基於班上學生學業上的需要，將學生依各學科能力分成數組。學生不是整年都在相同的能力組，當他們的能力有所改變時，就可移動至上一級能力組；或許某一學生在各學科分屬不同能力組別，此一分組方法可配合混合年齡班級（打破年級）實施之。不過，在行政上的配合與教師間的協調合作是必要的。

(三) 個別化學習契約的應用

個別化學習契約主要是適應個別化指導的需要，也是一種契約式的充實學習活動。老師可與學生（個別或小組）就應該擴展的學習內容，共同訂定學習的主題、目標、內容、如何達成、何時完成，以及如何評鑑等。訂定契約時，家長亦可參與，但學生自己應承擔主要的學習責任，他有權以自己喜歡的學習方式，適合自己的能力程度，自訂學習進度，但老師應協助學生獨立學習。若需評定成績，則以學生本身的學習成果來評定之，或許此項成績可以代替一般的考評，以增強學生在契約式學習的動機。

個別化學習契約的形式如下，但老師可以依據學習的需要，自行做些修改（範例如表 14-3）。

1. 「**主題／單元名稱**」：是指同儕正在學習的主題或單元，它可能是普通班在該主題或該單元一個星期或兩個星期的學習活動。

2. 「**契約學習目標**」：是指需要資優學生自行學習的任務，它是衍生自老師所定學習目標中比較高層次的目標，或許是分析性、綜合性（創造性），或評鑑性的教學目標，也就是上述較為充實、較為複雜的學習活動。

3. 「**主要學習內容**」：也就是將上面的學習目標加以細部化的描述。可以依完成的步驟，分項列出學習的任務。學習內容列得愈詳細，對於完成工作愈有幫助。而這也可以作為以後寫成果報告的指引。

4. 「**完成學習的方法**」：若要完成上述任務，有哪些方法需要考慮的？這或許包括閱讀哪些資料？做調查或訪問、做實驗、寫劇本和排演、利用視聽媒體，或實地參觀等。

5. 「**完成學習的時間**」：本項學習目標、學習內容何時完成？老師與學生要訂下完成的時間表，以便掌握進度。但不宜只訂一個最後完成日期，應該訂出分階段的完成日期，而且在分階段完成日，老師應與學生有所接觸，一方面是討論，一方面是檢核學生的進度。

6. 「**評量**」：在完成獨立學習之後，老師可以依據學生的學習成果，給予本單元或主題的評量。老師可以與資優學生訂定本項學習成果評量所占的比率，和他參與一般同儕的評量所占的比率，兩者合併為本單元或主題的學習成績。數量化的成績是現行成績考核辦法暫時無法改變的，但這種契約式學習更需要老師給予學生質化的評定，多給予正面肯定，以加強學生的興趣與信心。

此項學習契約是由老師和資優學生共同討論商定的，除了學習內容的

個別約定外，有關個別化學習共同的約定（引自 Winebrenner, 2001, p. 51），也應讓從事個別化學習契約的學生了解老師的期望，所以應由老師和學生共同簽名。此外，希望家長共同來見證或協助學生的學習計畫，所以家長也要簽名。

表 14-3　個別化學習契約範例

個別化學習契約

一、主題／單元名稱：

二、契約學習目標：

三、主要學習內容：

　　1.

　　2.

　　3.

　　4.

　　5.

四、完成學習的方法：

　　1.

　　2.

　　3.

　　4.

　　5.

五、完成學習的時間：

　　1.

　　2.

　　3.

　　4.

六、評量

　　★個別化學習共同的約定★

　　1. 個別學習是你自我學習的機會，請全力以赴。

　　2. 當老師在對全班教學時，不要和老師說話。

　　3. 當你需要協助但老師正在忙時，要求同樣個別學習者的協助。

　　4. 假如其他人也無法協助，請繼續嘗試直到老師有空。

　　5. 當需要討論的時候，請能輕聲細語。

　　6. 不必誇耀你有個別學習的權利／機會。

　　7. 假如你必須進出教室，請盡可能安靜而不影響別人。

　　8. 當你需要到另一個地點學習時，請能遵從該地負責人的指示。

　　9. 當你學習時，請勿干擾任何一個人。

　　10. 請能專心一致，不要自我分神。

　我同意這些約定，我也了解假如我不遵守這些約定，我將失去這自我學習的機會，而且必須再回到班級團體接受老師的教導。

七、學生簽名：

八、教師簽名：

九、家長簽名：

(四) 獨立研究指導

　　個別化學習契約通常使用在某一單元或主題學習時，給予資優學生一些擴展性／充實性的學習目標，通常是圍繞該單元或主題給予可促進高層次思考的學習任務，使資優學生的學習更有挑戰性；這樣的學習任務通常隨著單元或主題教學的結束而結束，然後再移到另一個單元或主題。

　　然而，假如班上資優學生經過鑑定，可以免修某個科目或學習領域，

但他也不願意該科跳級到高一年級去，老師或許可以輔導他做獨立研究。以該科目或學習領域找一個有興趣的研究主題，進行獨立研究。當然，老師也應該和他訂立獨立研究契約，獨立研究契約可以如上述個別化學習契約加以變化，重要的是，指出研究的主題和研究的目的（或研究的內容）、研究的方法、完成的時間和撰寫報告等。普通班中的獨立研究其實是一種差異化（適異性）教學，很重要的是要讓學生有發聲（voice）的機會，並連結到真實世界（real-world）（Powers, 2008）。所謂「發聲」就是讓學生自己決定有興趣的研究主題，而不是老師指定，它可以引發學習的動機與熱情（passion），而不會覺得是苦差事，也才能維持長久，如果學校有資優班，和資優班老師合作是必要的。與真實世界的連結就是探討學習領域中，舉凡文學、藝術、社會科學、生物科學等議題，和現實世界有關，能增進他們的知識，能改善他們的世界觀，值得深入探究的主題，例如仿生學研究等。表 14-4 為獨立研究契約範例。

表 14-4　獨立研究契約範例

獨　立　研　究　契　約
一、研究主題：
二、研究目的：
1.
2.
3.
4.
三、主要研究內容：
1.
2.
3.
4.

四、完成研究的方法：

　　1.

　　2.

　　3.

五、完成研究的時間：

　　1.（何時完成研究計畫）

　　2.（何時完成資料蒐集）

　　3.（何時完成報告撰寫）

六、報告的撰寫：

　　1.研究動機

　　2.研究目的

　　3.研究方法

　　4.研究結果

　　5.結論與建議

七、學生簽名：

八、教師簽名：

九、家長簽名：

(五) 良師指導

　　良師指導是有利於充實制的另一種選擇，它通常也提供加速學習。良師是指學有專精的人，他（她）不一定是學校老師，家長、退休人員、社區中的專家都可以成為良師制的輔導人員。良師制類似古代的師徒制，注重學習輔導和人格輔導，而相互的興趣與信任是良師制成功的重要因素。學生對於誰是學有專精的人可能無從知曉，級任老師或學校的教務或輔導

人員可就社區中的人力資源，經適當篩選可以作為指導者，建立人才檔案，以作為學生諮詢、學習的對象。

作為一個普通班老師要適應全班每一位學生的學習需求，本來就是一件極為挑戰的工作，特別是去面對那些資質優異的學生，了解其學習特質與需要，並提出一些因應方法，更是每一位負責任的老師所應做的工作。請記住，如果真是一位資優學生，則他（她）一天二十四小時都是資優，但不會不學而能。最後，願在此提出在普通班級中教導資優學生的十二項守則：

1. 發現他們已經知道的。
2. 對他們已經精熟的觀念給予接納。
3. 別要求他們重複年級水準的工作。
4. 提供有選擇性的挑戰活動。
5. 發現他們興趣所在。
6. 給予時間上的彈性。
7. 允許他們加速的學習。
8. 運用發現式學習技術。
9. 信任他們以非傳統的方式學習。
10. 協助他們尋找志同道合的同伴。
11. 尊重他們的選擇。
12. 給予機會設定自己的目標，並評估他們自己的工作。

第十五章

資優教育的法令基礎

喜歡看書的東東今年十歲，就讀國小資優班三年級，個子小小的。他有一個姊姊也就讀美術資優班，不過年紀大他七歲。

　　東東的專長學科是數學，喜歡推理、思考，學習如何解決問題是他最大的樂趣；他喜歡電腦和英語，最近流行的金庸小說的軟體，他也有一套呢！對於電腦遊戲中的人物都很熟悉。他學英語也有半年多了，現在會唱幾首簡單又好聽的英文歌曲。

　　運動也是東東的最愛，別看他小小的身子，他可是班上跑得最快的，所以有「飛毛腿」的稱號。此外，他也喜歡畫圖，班上有位家長在每星期三下午都會義務指導小朋友畫圖。

　　東東上課滿認真的，對於老師的發問，即使知道答案，也不會搶著發言；在同學眼中，東東是善良的，他很會體諒別人，當有團體競賽的時候，如果他所屬的隊伍輸了，他會有點自責，認為是他的錯，有時會難過得哭起來。

　　東東的爸爸、媽媽對於國內的資優教育沒有受到太多的重視，覺得有點可惜，學校課程中的加深、加廣也並未落實，所以極為盼望政府能依法落實資優教育，如此才不會浪費許多有利的人力資源。

　　1998 年 6 月在臺北舉辦了慶祝我國實施資優教育二十五週年的研討會，換算之，就是以 1973 年的資優教育實驗為起點；但是如果再往前回溯的話，早在 1962 年的第四次全國教育會議有關發展我國資優教育的提案，以及 1963 年省立臺北師專開始的資優教育實驗，歷史更早。不過，一般是以 1973 年的資優教育實驗作為起始點；如此一來，我國資優教育到 2006 年可說已有三十三年的歷史（吳武典，2006）。不過，在 2009 年和 2013 年，特殊教育法規又分別有些異動，所以若算至 2015 年的話，我國資優教育也過了「不惑之年」。本文旨在回顧這些年來，推動我國資優教育的相關法令沿革，並簡要介紹美國的資優教育法案。

壹、萌芽階段

　　我國於 1962 年召開第四次全國教育會議，在該次會議中，有孫亢留、吳鼎等人提出「發展資賦優異學生教育案」（第 125 號）（參見許信枝，1978）。案中曾列出具體的發展計畫，其辦法包括：

1. 資賦優異學生的發掘。
2. 資賦優異學生的培育。
3. 資賦優異及特殊才能學生的升學、轉學，與升留級規定。
4. 相關的配合措施。

　　就第 1 項：資賦優異學生的發掘而言，所謂資賦優異係指「普通智慧特高」或「某種智慧特高」，除由學校辦理學生智慧、性向、興趣等心理測驗外，學校應隨時注意觀察及記錄學生的表現，以便及早發掘之。

　　就第 2 項：資賦優異學生的培育而言，強調應適應學生的個別需要，實施分組教學、增設選科、調整學習內容、運用社會資源、增加教師員額，必要時設立有系統之特殊學校。

　　就第 3 項：資賦優異及特殊才能學生的升學、轉學，及升留級而言，資優學生的入學年齡、入轉學資格得放寬其限制，可以越級選修或跨校選修，學校招生考試得增額錄取資優學生，或對於資優學生實施保送升學。

　　就第 4 項：配合措施而言，教育部應設特殊教育委員會，政府應酌列專款，設獎學金、鼓勵研究、培育師資、編製各種測驗及研發教材。

　　此一發展資賦優異教育提案，對於我國資優教育勾勒出了一個輪廓，教育先進的努力值得敬佩；雖然它不是具約束力的法令，但可說是實施資優教育的指導方針，影響了其後的資優教育實驗階段。

貳、實驗階段

　　雖然於 1963 年，省立臺北師專開始了資優學生教育實驗，臺北市陽明、福星兩國小也試辦資優班，但都屬於試辦個案。1968 年，政府公布「九年國民教育實施條例」，條例的第十條提到「對於體能殘缺、智能不足及天才兒童，應施以特殊教育，或予適當就學機會」，這是政府法令首度提到應注意資賦優異兒童（當時稱天才兒童）教育。此後在臺北市大安國中、金華女中也有實驗方案，而真正多點連線實驗始於 1973 年。

◉ 一、第一階段實驗計畫

　　1973 年，教育部公布「國民小學資賦優異兒童教育實驗計畫」，選定北、中、南共六所國民小學以能力分班方式成立實驗班。此項實驗班以：(1)研究資優學生之智能及人格特質；(2)發展資優學生潛能；(3)探討適合資優學生之課程及教學方法；和(4)輔導資優學生健全人格為目標。並希望能將實驗之結果作為推廣及確定制度之參考，可見此次實驗具有篳路藍縷，以啟山

林之目的。

　　參與實驗的學生必須是智商 130 以上者，以集中成班（每班人數三十五至四十五人為原則）的方式上課；實驗科目除一般規定之科目外，以常識、自然、社會、數學、國語為主，課程以部頒課程標準為主，但可視情形增加深度及廣度；每班教師兩人（兩班以上時，每班一點五人）。

　　本項實驗初期從一年級學生開始試辦，並逐步推進到各年級，必要時學生可以跳級或縮短修業年限。這一階段的實驗從六十二學年度到六十七學年度，為期六年，並訂下十年的追蹤期。

二、第二階段實驗計畫

　　1978 年，教育部檢討了第一階段的實驗計畫，認為「尚具績效」，但是建議：(1)一年級成班太早；(2)家長觀念需加以糾正；(3)國中亦需設立資優班；(4)能讓資優學生跳級或縮短修業年限（參見毛連塭，1980）。於是，又訂頒了「國民中小學資賦優異學生教育研究第二階段實驗計畫」。

　　第二階段的實驗計畫，其目標大致上同第一階段，但加上國民中學。參加實驗班的學生，國小必須是智商 130 以上、國中必須在 124 以上者，採集中或分散方式上課，每班以三十人為原則。辦理集中式實驗之學校，應增進資優學生與普通生之互動交流，並加強家長觀念之溝通；辦理分散式實驗之學校，應注意學生的個別或小組輔導；兩者都應加強指導學生的獨立研究。實驗科目國小不變，國中以數理和語文為主，原則還是在部頒課程標準之上加深、加廣教材，並注重創造思考教學活動。實驗班之教師編制以國小兩名、國中三名為原則，且應受特殊教育專業訓練。

　　本階段的實驗，國小從二年級下學期、國中從一年級下學期開始，逐年推進；此一階段的實驗期間暫訂為三年（七十學年度止）。

◎ 三、國民教育法

1979 年，政府公布《國民教育法》。法中第三條規定「……對於資賦優異之國民小學學生，得縮短其修業年限，但以一年為限……」。第十四條規定「國民教育階段，對於資賦優異、體能殘障、智能不足、性格或行為異常學生，應施以特殊教育……」。《國民教育法》修正了前述「九年國民教育實施條例」中所謂「天才兒童」為「資賦優異」，並增列了性格或行為異常學生；至於「縮短修業年限」只是將前述第一階段實驗計畫的原則(二)賦予正式的法律位階，但明白規定以一年為限。

◎ 四、國民教育法施行細則

1989 年，政府公布《國民教育法施行細則》，細則中並未進一步提到資優教育如何實施，但在第七條中指出應依學生的個別差異，彈性編選教材，因材施教，並注重啟發學生思考能力及自動研究精神。

參、法制階段

◎ 一、特殊教育法及其施行細則

《國民教育法》當中，雖然規定資賦優異等四種特殊學生應施以特殊教育，在世界潮流趨勢以及國家經濟發展進步的情形下，教育也應講求質量並重，特殊教育更是彰顯國家進步的指標；可是若無《特殊教育法》，

則仍然無法落實特殊教育。政府乃於 1984 年公布了《特殊教育法》。1997年對《特殊教育法》做了第一次的修訂。

1984 年的《特殊教育法》可說是將我國的特殊教育推向了一個新的紀元。本《特殊教育法》共分為四章，將資賦優異教育和身心障礙教育分章並列，其中第二章專談資賦優異教育，包括下列幾個重點：

1. 將資賦優異界定為一般能力優異、學術性向優異，和特殊才能優異。
2. 對於有優異表現或家境清寒的資優學生，政府應予以獎勵（助）。
3. 強調資優教育階段，學校之間縱的聯繫，並充分運用社會資源辦理充實活動。
4. 資優學生可以以較快的速度或保送甄試方式升學。

而在 1987 年公布的《特殊教育法施行細則》，其第二章有關資優教育的實施，重點包括：

1. 資優學生的鑑定程序應含推薦與遴選。
2. 詳列一般能力優異、學術性向優異及特殊才能優異的參照標準。
3. 國民教育階段的資優教育不受學區限制。
4. 各校應視學生需要加強資優學生的輔導，包括不適應者的轉班、轉校。

1997 年修訂的《特殊教育法》，不再以專章的方式規範資賦優異教育和身心障礙教育。其中專談資優教育的部分在第四條、第二十八條、第二十九條。比起 1984 年的舊法，對於資優教育有些突破的地方（吳武典，1997）。

1. 將資優的定義予以擴大，除原先的一般能力優異、學術性向優異，及特殊才能優異外，將「創造能力」、「領導能力」也包括進來，另列了「其他特殊才能」（原特殊才能改為藝術才能）。

2. 資優學生可以經學力鑑定參加高一級學校入學考試或保送甄試升學，而其學籍及畢業資格，比照應屆畢業生辦理。（註：此一規定於 2001 年修訂時被取消，改為資賦優異學生得降低入學年齡或縮短修業年限，縮短修業年限之資優學生，其學籍、畢業資格及升學，比照應屆畢業生辦理。）

3. 資優教學可以聘特殊專才者為特約指導老師，擴大教師來源。

4. 重視少數族群資優學生的存在，應加強鑑定與輔導，如身心障礙及社經文化地位不利的資優學生。

　　此外，為因應特殊學生的身心特性及需要，課程及教材教法應保持彈性，對於資優學生得降低入學年齡或縮短修業年限。

　　2009 年，《特殊教育法》又做了一次大幅度的修正（2013 年有一些條文修正），以專章、專節方式規劃特殊教育。除了一些共同性原則外，資賦優異教育在該法的第二章第三節有一些規範，基本上與 1997 年無太大差異。就辦理的方式而言，學前採特殊教育方案，國民教育階段採分散式資源班、巡迴輔導班及特殊方案，高中採集中式及巡迴輔導方式，高等教育階段採特殊教育方案辦理。高中以下各教育階段要為資賦優異學生訂定個別輔導計畫。資賦優異學生有特殊表現者，各主管機關應給予獎助。對於身心障礙及社經文化地位不利之資賦優異學生，應加強鑑定與輔導，並視需要調整評量工具及程序。

　　至於依循 1997 年《特殊教育法》的修訂而修訂的《特殊教育法施行細則》（1998 年），對於資優教育亦無專章規範其實施，只在第十四、十五及二十條條文中專提資優教育。其中第十四、十五條的精神「學校應加強資優學生入學後的個別輔導，必要時應輔導轉班或轉校」，同 1987 年的施行細則。第二十條對於身心障礙及社經文化地位不利的資優學生的教育，則有較詳細的規定：

1. 就鑑定而言：應選擇適用於身心障礙及社經文化地位不利之資優學生的評量工具及程序，得不同於一般資優學生。
2. 就安置而言：其教育方案應保持最大彈性，不受人數限制，並得跨校實施。
3. 就教學而言：應就其身心狀況，予以特殊設計及支援。

2012 年公布或 2013 年修正的施行細則，對於資賦優異教育基本上無太多著墨。

◉ 二、身心障礙及資賦優異學生鑑定標準

《特殊教育法》修訂（1997 年）後，除了《特殊教育法施行細則》的修正公布（1998 年）外，第一個公布的相關子法，稱為《身心障礙及資賦優異學生鑑定原則、鑑定標準》（1998 年），原依據《特殊教育法施行細則》第二條之規定而訂定。《身心障礙及資賦優異學生鑑定原則、鑑定標準》，於 2012 年起改為《身心障礙及資賦優異學生鑑定辦法》。

本鑑定標準，主要是依據《特殊教育法》第三條所列各類身心障礙學生，及第四條所列各類資賦優異學生，訂定其鑑定時應遵行的原則（所謂多元評量之原則）及標準。原先它是規範於 1987 年的《特殊教育法施行細則》，但由於：(1)受教對象的增加；(2)受教對象名稱的更改；以及(3)原施行細則對於受教對象並未全部訂有鑑定標準，且特殊學生的鑑定條文至少有十八條（張蓓莉，1997），因此有必要另訂子法規範之。

2012 年有關資優學生的鑑定部分是第二條後半及第十五條至第二十條，分別就一般智能、學術性向、藝術才能、創造能力、領導才能，及其他特殊才能優異學生訂定其鑑定標準，歸納其重點如下：

1. 資賦優異學生的鑑定，應以標準化評量工具，採多元多階段之評量方式，依觀察、推薦、初審、初選、複選及綜合研判之程序辦理。

2. 進一步明確界定各類資賦優異學生，例如：

   (1) 所謂一般智能資賦優異，是指在記憶、理解、分析、綜合、推理、評鑑等方面，較同年齡具有卓越潛能或傑出表現者。

   (2) 所謂學術性向資賦優異，是指在語文、數學、社會科學或自然科學等學術領域，較同年齡具有卓越潛能或傑出表現者。

   (3) 所謂藝術才能資賦優異，是指在視覺或表演藝術方面具有卓越潛能或傑出表現者。

   (4) 所謂創造能力資賦優異，是指運用心智能力產生創新及建設性之作品、發明或解決問題，具有卓越潛能或傑出表現者。

   (5) 所謂領導能力資賦優異，是指具有優異之計畫、組織、溝通、協調、決策、評鑑等能力，而在處理團體事務上有傑出表現者。

   (6) 所謂其他特殊才能資賦優異，是指在肢體動作、工具運用、資訊、棋藝、牌藝等能力，具有卓越潛能或傑出表現者。

3. 有關標準化的智力測驗、性向測驗、成就測驗、創造力測驗，或領導才能測驗之規定，由原先的高於一點五個標準差或百分等級九十三以上（1999 年），修正為高於二個標準差或百分等級九十七以上（2006、2012 年）。

4. 有關參加國際性或全國性競賽表現優異，是指獲得前三等獎項者。

5. 有關參加學術單位輔導之相關活動，經學者專家、指導老師或家長推薦，需檢附具體資料以資佐證。

三、資賦優異學生降低入學年齡縮短修業年限及升學辦法

這是依據《特殊教育法》第二十八條規定而訂定的相關子法。事實上，這是衍生自「特殊教育學生入學年齡修業年限及保送甄試升學辦法」（1988年），將辦法中的第二章有關資賦優異的部分單獨訂定之，但取消保送甄試。就本辦法的精神，重要者臚列如下：

1. 取消資優學生進入各級學校最低年齡之限制。
2. 提早入學國民小學的未足齡兒童：(1)智力評定要在平均數正二個標準差以上或百分等級九十七以上；(2)社會適應行為評量要與適齡兒童相當。
3. 資優學生縮短修業年限的方式多樣化，包括：(1)學科成就測驗通過後免修該科課程；(2)逐科（學習領域）加速；(3)逐科（學習領域）跳級；(4)各科（學習領域）同時加速；(5)全部學科跳級；(6)提早選修高一年級以上之課程；(7)提早選修高一級以上教育階段之課程。
4. 對於提前修畢各科課程之資賦優異學生，得經主管教育行政機關認定其畢業資格，並應給予追蹤輔導。提早選修高一級以上教育階段課程者，該校對其及格科目於入學後得予抵免。
5. 依《藝術教育法》甄試通過之特殊藝術才能學生得準用本辦法。

本辦法自2012年改稱為「特殊教育學生調整入學年齡及修業年限實施辦法」，也刪除上述第五項，同時將縮短修業年限調整為五項：學科成就測驗通過後免修該學科（學習領域）課程、部分學科（學習領域）加速、全部學科（學習領域）同時加速、部分學科（學習領域）跳級、全部學科

（學習領域）跳級。

◎ 四、特殊教育課程教材教法及評量實施辦法

依照《特殊教育法》之規定，特殊教育之課程、教材及教法，應保持彈性、適合學生身心特性及需要。有關資優教育的部分，其重點包含：

1. 資優教育課程、教材、教法及評量方式應融入個別輔導計畫實施。
2. 資優教育之適性課程，除專長領域之加深、加廣或加速學習外，應加強培養批判思考、創造思考、問題解決、獨立研究及領導等能力。
3. 特殊教育課程應依學生之個別需求，彈性調整課程及學習時數。課程之調整包括學習內容、歷程、環境及評量方式。
4. 資優教育為達個別化教學目標，可採個別指導、小班、分組、師徒、協同或同儕教學、遠距教學，並充分運用社區資源。
5. 為強化資優教育的實施，應經常舉辦資優學生夏（冬）令營、研習營、學生學藝競賽及成果發表會。

◎ 五、其他相關法令

依據《國民教育法》及《特殊教育法》有關規定，教育部亦在 1988 年訂定有：(1)國民中小學設置音樂班實施要點；(2)國民中小學設置美術班實施要點；以及(3)國民中小學設置舞蹈班實施要點。之後於 1999 年，依據《藝術教育法》訂定「高級中等以下學校藝術才能班設立標準」。依據該設立標準，各校在辦理音樂班、美術班、舞蹈班時，得依據該標準提出設班計畫，包括設班目標、設立條件（師資、空間、設備、經費等）、施教

方式與重點、員額編制及上課節數等。

　　高級中等以下學校設立藝術才能班，目前都是以自足式特殊班的方式進行教學。主要是希望能早期發現具有音樂、美術或舞蹈才能優異之學生，透過系統之音樂、美術、舞蹈教育，增進藝術才能優異學生對藝術認知、展演、創作及鑑賞能力，涵養學生之美感情操，發展其健全人格，奠定我國文化建設所需人才之基礎。

　　藝術才能班的施教重點包括：(1)加強藝術專業之知能；(2)強化藝術表現之技能；(3)增進藝術鑑賞及創作能力；(4)重視傳統藝術之研習及創新。其藝術與人文領域學習節數每週以六節為原則，得由中小學課程綱要所列之領域節數，或高中課程標準所列各科教學時數中調整。其上課方式包括分組教學、個別教學、協同教學、資源班教學、組成專案輔導小組教學或其他適合的方式。

　　辦理音樂、美術或舞蹈等藝術才能班之學校，每學年一般都由各校輪流舉辦學生教學成果（作品）發表會、教學觀摩或研討會。

　　依據 2012 年公布的「高級中等以下學校特殊教育班班級及專責單位設置與人員進用辦法」，資優班教師員額在國民小學每班置教師二人，國民中學及高級中學每班置教師三人。集中式資優班每班置導師一人，由教師兼任；分散式及巡迴輔導班視實際需要，每班得置導師一人，由教師兼任。

　　我國資優教育的實施，從第四次全國教育會議中「發展資賦優異學生教育」的提案，經過兩階段的實驗，到《特殊教育法》的公布及修正，匆匆走過數十寒暑。雖然沒有所謂的「資優教育法」，資優教育就在《特殊教育法》及其若干相關子法的引導下，逐漸開創出宏規，服務許多稟賦優異的學生。誠如吳武典（2013）所言，臺灣資優教育經過萌芽期（1973 年以前）、實驗期（1973-1983 年）、發展期（1984-1994 年）、穩定期

（1995-2005 年）、重整期（2006 年以後），透過不斷的對話、反思，此時應該是資優教育重新再出發的時候。

肆、他山之石

其實，資優教育進步如美國者，於 1988 年通過的《資優和才能學生教育法案》（Jacob K. Javits Gifted and Talented Students Education Act），也是在《初等和中等教育法案》（Elementary and Secondary Education Act）中的第四部分（參見 Piirto, 1994）。《資優和才能學生教育法案》對於資優教育的規範，可分成如下幾個重點：

一、發現和目的

本法案於 1994 年再度受到國會的支持，乃因國會發現並宣稱（見吳昆壽，1998）：

1. 所有學童都可以學習以達高標準，並發現其潛能。
2. 資優和才能學生是國家的資源。
3. 有太多學校常常無法激發學生盡其所能以表現高標準的成就。
4. 除非資優和才能學生特殊能力被辨認和發展，否則他們貢獻於國家的潛能就被抹殺。
5. 源自於經濟不利的家庭和地區的資優和才能學生，以及受限於英語流暢的學生很有可能被忽略掉。
6. 州和地區教育機構，以及非營利學校常缺乏必要的資源以計畫和執行有效的方案。
7. 聯邦政府可以執行一個有限的但重要的角色，以激勵研究和人員訓

練。

8. 得自於發展和執行資優與才能學生教育方案的經驗，可以且應該作為提供所有學生一個豐富且挑戰的課程之基礎，並鼓勵努力讀書的習慣。

◉ 二、定義

本法案所稱「資優和才能學生」是指在一般智能、創造力、藝術才能、領導能力或特殊學術領域，表現出高度成就或潛力的兒童和青少年，他們需要有別於一般學校所能提供的服務，以便完全發揮其能力。

◉ 三、授權的方案

聯邦應支援或與州及地方教育機構、高等教育機構，或其他公私立教育機構和組織訂定契約，以協助他們執行本法案所授權的計畫方案，有關經費的使用包括：

1. 資優教育人員（含領導人員）的在職和職前訓練。
2. 建立資優學生鑑定和教育的示範方案，包括結合工商業和教育的夏日方案及合作計畫。
3. 加強州教育廳和高等教育機構對於地方教育機構以及非營利私立學校的領導與協助。
4. 技術協助和宣導。
5. 研究資優學生的鑑定與教學的方法和技術。
6. 方案的調查與評鑑，以及相關資訊的蒐集、分析和發展。
7. 設立全國資優教育研究與發展中心。

◉ 四、優先方案

1. 研究對於經濟不利、有限英語能力，以及身心障礙等學生的鑑定方法和教育方案。
2. 發展與改進某些州或地區各學校在執行資優教育的能力。
3. 對於經濟不利資優學生的服務。

◉ 五、行政

在教育部設立或指定一個行政單位，以便：
1. 執行本法案所授權的計畫。
2. 協調各個部門所執行的資優教育方案。
3. 作為全國資優教育領導和資訊中心。

美國的《資優教育法》是 1988 年通過的已如前述。但從 1957 年受到蘇聯史波尼克（Sputnik）人造衛星升空的刺激，到如今其國內資優教育受到重視的程度也是起起落落；有高峰期，也有低谷期，有如鐘擺在「卓越」與「公平」之間擺盪。例如 1993 年的第二次聯邦報告，提到對資優兒童的服務是不夠的，國家呈現一種「寧靜危機」（a quiet crisis），不過相關研究還是不斷的。2004 年，以芮絲（S. M. Reis）為總主編，就邀集了多位學者協編，蒐集了多年來在《資優兒童季刊》（*Gifted Child Quarterly*）的重要研究，出版了一系列總共十二冊的相關研究專輯，從定義、鑑定、課程、雙重特殊、社會情緒、藝術才能、創造力、評鑑和公共政策等。芮絲特別在每一專輯的序文中提醒大家三件事：(1)尊重過去（respect the past）；(2)讚頌現在（celebrate the present）；(3)擁抱未來（embrace the future）。前人在資優教育領域所累積的知識有如掘井和播種；現代的研究者繼續有一些令人興奮的成果並指出一些新的方向；未來我們還有一些未完成的任務，必須在質與量和縱向的研究，以及某些只抓到表面的變項或問題繼續探究，讓老師、社區、家庭更能有效的服務資優學生（Reis, 2004）。

阮儒里和他的同事們在這個法案通過後的二十六年（2014 年），發表了兩篇有關的回顧，敘述法案的通過過程，及該法案所支持的資優教育研究中心的重要研究成果。該法案的通過，美國全國資優兒童學會（National Association for Gifted Children, NAGC）及幾位有影響力的國會議員扮演重要角色。這個法案除了支持一些授權的方案外，同時也支持設立全國資優和才能研究中心（National Research Center on the Gifted and Talented, NRC/GT）。該法案最開始是重視鑑定與服務那些經濟不利、英語不流暢 以及障礙的資優，最終是減少成就的落差，鼓勵建立所有兒童公平的教育機會。

全國資優和才能研究中心其實是分工的，除了康乃狄克大學之外，喬治亞大學、維吉尼亞大學和耶魯大學各有其重點工作，其後又包括史丹佛大學、紐約市立學院。研究中心主要是研究政策及其在實務上的應用，並將研究結果以消費者導向的指導手冊、電子產品、技術報告、期刊論文、工具典藏等方式展現其成果。中心也提供機會培養有興趣的年輕學者（Renzulli, Callahan, & Gubbins, 2014）。

全國資優和才能研究中心相關學者也注意到，隨著教育和認知心理學的推進，在鑑定的設計上應特別注意幾件事：

1. 採用清楚的定義，但放寬資優的概念。
2. 採用多元標準，而不是鑑定過程的多元障礙。

3. 對於不同領域的資優採用獨特的、區分的工具。

4. 確定這些鑑定不同領域的資優的特殊工具是有信度、效度的。

5. 不要使用單一截斷分數或矩陣作為篩選和鑑定的依據。

6. 鑑定和安置學生不應受限於數字或定額（也就是窄門）。

7. 充分認知資優可能表現在不同方式、文化或社經群體。

8. 避免從數個評量工具加總成一個分數來認定資優（引自 Gubbins, Callahan, Renzulli, 2014）。

此外，在鑑定過程應重視真實評量，鑑定應與教學連結，也應研發較好的工具供經濟不利或文化偏異的資優評量。對於經濟不利或文化偏異的資優，應重視觀察其動機、興趣、溝通技巧、問題解決能力、探究能力、洞察能力、推理能力、想像／創造能力與幽默感等項目（Frasier et al., 1995）。不過，文章中（Gubbins et al., 2014）也引述一個研究，這個研究調查 3,000 個三、四年級老師有關鑑定實務的問題，他們發現公立學校學區有 79% 使用成就測驗、72% 使用 IQ 測驗、70% 使用教師提名作為鑑定之用。在另一項針對 32 個州有實施資優教育的州負責人的調查發現，44% 使用 IQ 分數、44% 使用州的成就評量的排名、41% 使用（學校）成就資料、9% 使用教師提名。

從上述資料可以發現，雖然文獻上對於智力或資優的概念有所放寬或更迭，但對於鑑定實務上還是變化不大，這是美國資優學生鑑定上的障礙。雖然老師相信應擴大蒐集各種資料，例如個別表現的例子、個案研究資料、非智力因素、持續的評量、替代性的鑑定標準，以及平時定期的檢閱，這些方法在學區的政策和實務上始終是不明顯的。

就課程與教學的研究方面，古民斯等人（Gubbins et al., 2014）的文章也綜合提到一些研究發現：(1)95% 的老師能區分出他們教室中高能力的學生，並辨認出他們的長處；(2)80% 的老師能證明高能力學生已經精熟的部

分，也能列出這些學生所需的教學策略及證明其成就的標準；(3)對於高能力學生，有些人的數學、語文、社會、自然等學科，大約有40～50%的普通班教材可以根據前測資料將它們移除；(4)當老師移除50%的教材，後測資料顯示這些學生的成果沒有顯著差異。這是課程濃縮的必要性，也說明充實群組（enrichment clusters）教學的必要性，讓資優學生有機會和相同能力的同儕學習進階教材，一起分享共同的興趣和目的。

有關專業發展，文章中指出幾個方向需要努力：

1. 參與者需要個人和專業的作為，以改變現存的策略與實務。
2. 對於想要專業發展的老師要能反映其需求。
3. 對於實務、回饋和表達需要有一段時間的等待。
4. 對於老師、學生、課程、學校政策的相關衝擊要有明確而清楚的描述。
5. 需要個人和專業的成長計畫。
6. 需要行政和大學的支持。
7. 蒐集、分析和應用學校和學區資料以作為決策的依據。

了解我國的《特殊教育法》和幾個相關子法對於資優教育的有關規定，以及概覽了美國《資優和才能學生教育法案》，可以發現我國的法令比較偏向執行層面的規範，而美國的《資優和才能學生教育法案》則比較傾向於大原則的確立，並且注重研究、發展與（技術）領導。當然，美國是一個地方分權的國家，聯邦政府大都居於支援、協助與建議的角色，地方有相當的自主權。不過，從法案中可以看出，聯邦政府體認到資優教育的重要性，它要扮演一個「有限但重要的角色」，以激勵研究和人員訓練，幫助各州和地區發展資優教育，以發展資優和才能學生的潛能，開發國家無限的人力資源。

　　我國有關資優教育的相關法令不可謂不完備，但大多散落於其他法令中。為了有助於我國資優教育的發展，希望會有一部規範完備的「資優教育法」。

第十六章

資優低成就學生
及其輔導

小澤目前是資優班六年級學生，功課上表現平平，在人際關係上和同學相處得還算融洽。不過，小澤在數學科的表現一直不如預期的好。

　　一般而言，資優學生要學的東西會比一般同學多，例如加深、加廣。當面對課業壓力時，抗壓性和挫折容忍力必須足夠才有辦法適應。小澤在數學科的學習抗壓性不高，遇到不會的問題容易退縮，對自我的期許也不高，容易敷衍了事，所以數學科成績常讓老師或父母操心。

　　小澤以前學過鋼琴，但因課業較重就停止練琴，不過目前還有學書法和繪畫，媽媽說學這些當作休閒，又可學得一項才藝，一舉兩得。

　　媽媽對於班上老師教學進度超快有一些意見，雖然老師可能為了學生要跳級，進度超前然後不斷複習，可是學生是否都能快速吸收呢？就像小澤的數學，會不會得到反效果呢？媽媽認為，為學最重要的還是打好根基，讀書的路很長，若是一味地揠苗助長，根基不穩對日後學習是很不利的。她認為跳級不應是資優教育的目的，學得多、學得廣、會利用、能創造才是正途。

　　在資優班級裡，有些老師或許會抱怨，班上有幾位同學總是跟不上進度，規定的作業無法及時完成，或者隨便應付了事，每次的評量結果很不理想，在班上也比較沒有人緣，久而久之便成為班上的邊緣人。在老師或一般人的想法裡，資優學生都是經過層層篩選，無論是智力、學業成就、創造力或其他特殊才能，都須符合鑑定標準，才能進入資優班就讀；照理說，各方面的表現都應比普通班同學優秀，但為何會有低成就的現象呢？這種現象常造成老師、父母，甚至同學的困擾。資優和低成就實在無法被聯想在一起，但為何在資優教育領域裡常常被提起呢？是鑑定有問題，他（她）根本不是資優，或另有其他原因？

壹、資優低成就的意義

　　低成就最常被提到的定義是「真正的成就與智力之間有差距」；更正確的說法應該是「實際的表現與智力測驗分數預期的表現有落差」。在學校裡，這種「實際的表現」和「預期的表現」通常是指等第或成就測驗結果。雖然智力測驗分數是廣泛被採用的標準，而且它在預測學業成就的準確性也屬中等，平均值約為.50（Brody, 1992）；然而，還有別的因素也會影響學業成就，例如成就動機、人格特質、學習方法等（見第一章）。成就也不單是學業表現，我國特教法或美國所謂的資賦優異，也不單從一般智力來定義，其他尚有創造力、領導才能、藝術才能和其他特殊才能。

　　如果符合資優的鑑定標準，不論是一般智能、特殊學術性向、創造力、領導才能或藝術才能等，就是所謂的資賦優異（giftedness）或特殊才能（talents）。這些鑑定標準，例如智力測驗、學業成就、行為特質或其他優秀的具體表現等，都是有一定的學理基礎，經過法定程序，是大多數人所同意的。然而，符合這些大多數人所同意的鑑定標準，他（她）在現

在或未來的成就應該如何，卻沒有一定的標準，這或許也是一般人對「資優」這品牌困惑的地方。

　　同樣的，成就該如何定義也是言人人殊。在學校就學期間，或許大家會想到學業成就或其他在校表現，那校外的表現算不算？畢業離開學校以後，怎樣才算高成就？標準又是如何？定義這些成就要以誰的標準去衡量？是學校老師、家長、同學，或社會大眾？所以，如何決定一個孩子的成就是有困難的。

　　學業成就可以用標準化的成就測驗去衡量，我國學生在國中升高中時要參加「基本學力測驗」，高中升大學時要參加「大學學力測驗」或「大學指定科目考試」；美國高中生要升大學須參加「學術性向測驗」（SAT），這些常被視為衡量學生學業成就的指標。但大多時候，學生在校的學業表現是以教師自編測驗為參考，然後與同班級或同年級做比較。如果未達到應有的表現水準，就會被認為是低成就，而「應有的表現水準」在解釋上又有很大的模糊空間。例如智力分數屬於最高的前 5%，但成就分數低於平均值者就被認為是低成就（Colangelo, Kerr, Christensen, & Maxey, 1993），甚至只相當於同年齡同儕的表現水準，就是低成就（Blaas, 2014）。若使用這個標準，學生的學校表現在平均值或高於平均值一點點，就不被認為是低成就，這有一點武斷，因此研究者建議每個人應有自己的評斷標準。研究者認為應以其智力水準（即使是非資優），參照同年級表現，如果某學科低於一個年級表現，就被認為是低成就（Blaas, 2014; Matthews & McBee, 2007）。這個「低成就」的定義，比「資優低成就」更為明確。其實資優有很多種形式，非單指學科表現，而且低成就可能包含許多社會／情緒因素，如悲傷、沮喪、社會不適應、不佳的學習技巧、缺乏自信、學習缺乏組織等。期待成就和真正的表現之間差距愈大，學生本身、父母或老師的挫折愈大。經過鑑定的資優生，對他應有的表現水準

期待更高，不論是老師、父母、同學，或一般社會大眾的觀點皆然。學業成就是最常被用來認定低成就的一個指標。不過，惠特摩爾（Whitmore, 1989b）認為資優低成就至少有三個類別：(1)因為缺乏參與的動機，對於學業的求成欲不高；(2)因為未被鑑定為資優，缺乏環境對他的激勵因素，因此激不起高的學業成就；(3)因為身心障礙而影響學習，無法發揮應有的水準。她認為資優低成就者都有低自尊、高焦慮、低自我觀念，以及社會孤立的現象。這些不是與生俱來，而是因特殊因素或學校經驗而學得的行為。其他常被提到的低成就特徵包括：消極的學習態度、缺乏堅持、缺乏目標導向的行為、基本學習技巧不足、缺乏大人的激勵、過分要求、家庭衝突、心理的防衛機轉、不當的課程、教室學習環境影響、情緒與行為問題、缺乏個人內在激勵因素等。

貳、資優低成就的原因

　　資優低成就不是生來就是低成就，必定有其形成低成就的原因。有的人認為是學校經驗造成，有的認為是學校以外的因素，有人則認為是家庭因素或學生本身的因素。彼德森（Peterson, 2003）將其原因歸為三類：個人因素、學校因素、家庭因素。

◉ 一、個人因素

(一) 情意特質

　　資優低成就者在面臨學業上的競爭時，經常是提不起興趣，無法容忍曖昧不明的事物，他們比較不容易被激勵。資優生的高度敏感性雖然有利

於其社會關係，但資優低成就者可能會導致分心、過度活動、感覺被拒絕和產生社會孤立現象。資優生的完美主義和自我批判，可能導致不合理的自我期待、不適任感、不願意冒險和對成就的不滿意。

(二) 低自尊

低自尊經常與低成就連結在一起，但低成就者可能會以浮誇的言行、反抗，或其他防衛機轉隱藏其低自尊。一般學生大致上會以保持學習動機來維護其自我價值感／自尊，低成就者不必然缺乏學習動機，但更有可能以避免失敗來保護其自我價值感。如果有威脅到其自我價值／自尊的地方，可能以自我設障（self-handicapping）作為其防衛機轉（Snyder & Malin, 2014），也就是個人試圖創造一個障礙，來原諒其潛在的失敗，而不是他能力不好，以保護其自尊，減輕表現不佳的個人責任，維持其高能力的感覺。

(三) 學習與認知風格

我們在談到資優生的制握信念時，提到資優生比較傾向於內控型（見第二章），但低成就者則比較傾向於外控型（Pendarvis,1990）。而提到資優生的學習風格時，他們比較是自動自發、主動參與的學習者，但低成就者的學習風格比較是被動的。就認知風格而言，成就者和低成就者也是不同的，由於學校較常獎勵符合教師期望的行為，聚斂思考者常成為學業上的成就者；相反的，創造／擴散思考者常會被老師認為是挑釁、尋求注意、衝動、干擾談話，而需要行為改變，這種與教師期待相衝突的行為可能消弱創造的能量和學業上的成就。

(四) 發展的不一致

在第九章我們也談到資優生在認知、情緒和生理發展速率不一致的問

題。各項發展速率的不一致，除了造成情緒的困擾外，也會影響到學校的表現，例如資優生可能因某些發展的落後而造成內在衝突、焦慮、憤恨、消極抗拒、過分依賴、退縮或逃避傾向，甚至攻擊行為，造成學業上的低成就。

(五) 性別

有非常多的研究提到，男生低成就的比率遠多於女生，被鑑定為資優低成就者甚至有 90%至 95%是男生（Colangelo et al., 1993; Whitmore, 1980）。女生被認為是低成就者較少，因為她們較能維持其資優的水準，少部分是她們較能巧妙地隱藏其低成就（Hansford, 2003）。而男生常會被認為是缺乏堅持和成功的渴望，或被認為是努力不足或缺乏動機；女性在低社經情況下，常因沒有受到鼓勵或缺少角色模範，而在成就上低落。

◎ 二、學校因素

(一) 老師的期望

學校是低成就現象最容易被發現的地方，而老師是與學生學習關係最密切的重要他人，老師的教學方式、教學結構、教材組織、人格特質等，都影響教室中孩子的成就。老師的低期望會以三種方式造成學生的低成就：(1)自我應驗的預言（self-fulfilling prophecy）會使學生朝向老師的期望發展，例如老師對於違反教室規則的同學給予較低的等第作為懲罰，學生感覺被老師拒絕而不喜歡學習，學習成果因而不佳，也使老師認為當初的決定是對的，造成自我應驗的預言發生。(2)知覺的偏見會讓老師對於學生

的能力有錯誤的想法，例如對於不常發言、避免與老師眼光接觸的學生，老師會認為他可能什麼都不懂。(3)教學的無能以及師生的教學／學習風格，會造成老師對於學生能力的誤解，例如教學缺乏組織，使學生因無法理解而成就低落，老師卻以為是學生能力不佳（Peters, Grager-Loidl, & Supplee, 2000）。

(二) 老師的信念與價值

老師於教室中，對學生的成就扮演著重要的角色，老師的想法、信念影響教室實務，例如對學生的推薦或許會以學生的行為做考量，其次可能是語文能力、社會技巧、參與教室的討論、受歡迎的程度、與老師的互動、參與學校活動、經常獲獎、父母參與學校活動等。學校老師和行政人員的文化價值，常會支持或抑制孩子的表現，即使是經過篩選的資優生，受到老師和行政人員鼓勵的行為，孩子會表現正面的結果；受到老師和行政人員忽視、不符合期望行為的學生，可能因此在學業上表現不佳。

老師也傾向於喜歡動機強、成就欲高的學生，符合這些期望的學生會被視為成就者。此外，合作學習、參與團體活動、社交好、盡責、能分享知識、有洞察力等，也會被認為是成功的資優生；反之，學業上低成就者不符合這些期望。

(三) 同儕影響

教室中同儕的相互影響也是關係到成就的重要因素。低成就的學生傾向於有較多對學習持負面態度的同儕，如果同儕不積極參與學習活動，覺得學習很無趣，則他們很難在學習上有傑出的表現。資優學生如果受到同儕的壓力或挪揄，意志不堅定者為了取悅同儕，採取能被團體所認同的行為，但這些行為並非資優生所喜歡的，問題就產生，例如不做功課，則很

容易變成低成就者。

資優生常需要在社會接受與表現卓越之間取得平衡。資優男生在一般能力的男生群裡是受歡迎的，但女生則相反，資優女生在一般能力的女生同儕裡，可能必須放棄或隱藏其優異表現，在追求卓越與表現女性行為間造成角色衝突，最後可能會採用同儕的行為標準，以便獲得社會接受，形成低成就現象。

(四) 學校整體環境

除老師、同儕之外，學校的整體環境也會影響學生的成就表現。惠特摩爾（Whitmore, 1989b）甚至認為低成就的學校（underachieving schools）造就低成就的學生，她認為與其責備學生或其家庭為不佳的學業表現負責，不如檢討學校是否為不同需求的學生創造適當的學習環境，並且視學生的不適應（例如不遵從規則、背叛例行工作、表現平庸等，這些可能反應在與同儕或老師的互動行為）為一種克服教室情境中情緒衝突的必然結果。

此外，學校所提供的課程缺乏挑戰、教材或教法缺乏彈性、老師漠不關心或具有敵意、學校不重視學業成就只重視對外表現、師生關係不佳、諮商輔導不專業等，都可能是造成低成就的學校因素。

◎ 三、家庭因素

(一) 父母因素

家庭因素影響孩子的成就，大部分是因為該因素造成孩子社會與情緒困擾，因此影響學業表現，這些因素包括家庭經濟壓力、家庭瓦解或變

化、父母失業、沮喪、不當的教養行為、父母對學校的態度、父母對資優的態度等。某項因素可能單獨影響孩子，但也可能是因素與因素間相互牽連的結果，例如因父親失業造成家庭經濟壓力，或因家庭瓦解、沮喪，對孩子的教養失當。孩子受到這些家庭環境因素的影響而形成低的自尊、沮喪，或低的自我期望，造成學業成就低落。

(二) 家庭紛爭

有些因家庭紛爭造成父母關係的緊張、沮喪，雖然父母雙方仍維持表面的平靜，但高能力學生的高度敏感性，使得他失去人際的安全感，師生或同儕關係不佳，也失去對學業的興趣，形成低成就。

(三) 父母壓力

部分父母或許會將他們此生未完成的夢想寄望在孩子身上，或者有些高能力的母親，為了家庭而放棄其生涯或渴望，希望孩子幫其圓夢，對孩子有不當的壓力。或者因為父母或社會價值觀，希望孩子放棄其真正的興趣，而屈就他們或一般人所謂的「高價值」的生涯，都可能造成親子關係的緊張、不和諧，而影響真正的成就。

(四) 情緒表達

家庭內表達情緒的方式也會影響孩子的成就。父母的消極攻擊行為，例如言詞尖刻、語帶批評，沒有協商餘地的施行其權力，孩子可能會以閒蕩、生氣、拖延、不反應或攻擊等，來表達其忿恨和孤單無援。家庭無法透過溝通來表達其感覺，常造成情緒的疏離，情緒無法獲得支持造成焦慮，這種極端的反應常干擾其在學校的努力。

(五) 家庭學校互動

有些研究者將家庭因素與學校因素視為一個複雜、反覆來回的互動系統，父母、老師、孩子／學生所反應的行為相互影響。學校本身、老師的言行、教室內的氣氛、友伴群體、家庭本身、父母的言行等，這當中有複雜的人際互動，相互牽連，而不能單獨歸因於某一行為或事件。有經驗的治療人員會抽絲剝繭地分析成就低落的原因，找出其源頭。例如父母有意無意地批評老師的教學，孩子接收到此訊息，因而不喜歡這位老師，甚至頂撞老師，不願或草草完成這位老師所指定的作業，這孩子也可能因此在友伴群體中變成不受歡迎，形成孤立現象，所以低成就的源頭是父母對老師的不信任。

低成就可能出現在所有學科領域，但也可能出現在特定學科或學習領域。低成就的程度也許是輕微的、中度的，或嚴重的；可能出現在小學階段、中學階段，甚至大學階段；可能是連續性，但也可能是暫時性、階段性或情況特殊的現象。在彼德森（Peterson, 2000）的研究中，曾經在高中階段的低成就者，有八成多的學生上了大學，而且有將近半數到了大學成績都有所改善。如果以現在的低成就來預測未來的低成就與否，是過於武斷的。

參、資優低成就鑑定的問題

資優低成就涉及到「資優」和「成就」兩個面向。當一個「資優生」的「預期的成就表現」不如理想時，就是「資優低成就」。鑑定資優低成就通常從實務面出發，也就是從教育與心理輔導層面去考量如何幫助低成

就者；研究者則會從資優低成就的「危險群」（at risk），研究造成這種現象的原因，例如家庭和學校因素、人格特質、同儕影響等，以便找出克服低成就的策略。

在學校資優班的情境裡，不論是級任或科任老師，由於長期與資優生相處，最了解學生真正的能力與實際表現，所以詢問老師哪些學生為低成就者是最好的方式。如果老師對於「資優低成就」的概念有起碼的了解，則老師的評斷是非常可信的。下列五個步驟可以增進老師對於資優低成就概念的認識（Bulter-Por, 1993; 引自 Peters et al., 2000）：

1. 在形成問題與假設的「認知能力」，和「一般的學校表現」如指定作業、家課、評量等之間的差異的認定。

2. 從在家中廣泛閱讀所得的「一般常識」，和「像專家般的知識」之間的差異的認定，或者無法完成在學校所指定的閱讀的認定。

3. 比較學生「在學校外的廣泛興趣」，和他「在學校內所投入的最起碼的努力」之間的差異的認定。也就是學生是否只專注於校外活動，而忽略校內／教室內應有的努力。

4. 結合學生和老師對於學業上的優勢和弱勢的評估，學業上個人興趣的選擇與在不同學科所投入的努力。

5. 詢問父母、之前的老師和學校專業人員，以了解學生的學習習慣和社會行為，如果學業成就持續低落兩年，這學生就是低成就。

老師的任務是協助學生學習，改善他們的學習狀況。可用來決定學生是否為低成就的學校資料尚包括：參與學習的狀況（出席情形）、動作是否遲緩、課程選擇的偏好、是否缺乏對於工作的熱誠、對於細節的注意等。

對於智力測驗分數，不要只注意到整體分數，也要特別留意獲得較高分數的分測驗，或許那些分測驗是學生的優勢部分。在考量測驗分數時，

不管是智力測驗或成就測驗，要注意到學生測試焦慮的問題，是否背負他人高度期望的問題，是否曾因不成功經驗而有害怕失敗的問題，這些都會影響測驗結果。所以，測驗過程的觀察紀錄是重要的，觀察紀錄有助於判讀測驗結果。當然，測驗本身若有一些不合邏輯的謬誤，例如信度和效度問題，也會直接影響測驗結果，在使用和解釋上不得不慎。

至於哪些人比較值得注意，可能是資優低成就的高危險群呢？研究者（引自 Peters et al., 2000）提到下列十種：

1. **地理的／生態的因素**：居住在較少挑戰的地理或生態的地區。
2. **種族因素**：由於意識型態或宗教理由而受到差別待遇的人民。
3. **經濟因素**：生活貧苦、缺乏財力以發展能力的人。
4. **性別因素**：雖然研究顯示男生較多低成就，但在某些情況下，女生處於比較不利的地位，例如較低的社會期望或較高的社會壓力。
5. **教育剝奪**：學校提供較少的發展機會。
6. **次文化因素**：生長於受到主流文化支配的次文化環境，文化價值和信念不同而影響表現。
7. **生理或心理因素**：生理或心理疾病如身體病弱或聽覺障礙等。
8. **家庭因素**：親子關係的困擾，父母離婚或分居。
9. **違反社會常態**：例如參與犯罪組織的活動。
10. **高創造力**：這類學生可能會受到遵從一致性的壓力，影響學業的求成欲。

雖然這些因素可能是造成低成就的高危險群，但在鑑定時不能受到月暈效應的影響，直覺地認定他們會有低成就的問題，長期觀察和標準化測驗是必要的。

肆、資優低成就的處理

資優低成就學生對其本身、父母、老師而言都是一種挫折。造成低成就的原因很多，有個人因素，也有環境因素，環境因素包括家庭和學校；當然，也可能是因素與因素之間的連動關係所造成。若能找出低成就的原因加以排除，低成就的現象是可以改善的。惠特摩爾（Whitmore, 1986）相信，低成就不是孩子一個人的問題，而是與社會的環境、智力的環境，和學習機會互動的結果。對於資優低成就者的協助，包括支持策略、實質策略和治療策略，分述如下（Whitmore, 1980）：

1. 支持策略是指在教室環境中，來自視覺和口頭上的訊息傳達，讓學生感覺他是被接納的、有歸屬的、有價值的、受尊重的、可以成為他想要的自己的，也就是可以知道他的潛能並且發展他的才能。這個策略包括營造支持的教室氣氛、促進老師和同儕的善意互動，以及規劃有組織的課程等。

2. 實質策略是指提供日常經驗以改變學生自我的知覺，認為自己是有能力的、可以成功的、被接受的、受尊重的、能不斷成長的。這個策略是讓學生覺得：只要自己努力，未來是可以掌握的。實質策略的目的也在透過自我的發現，以增進自我意識，改善自我導向的能力；提供有刺激的課程和適當的教學模式，以發展實質的成就動機。

3. 治療策略是指在個別學生有困難的學習領域，改善他的學業成就。這個有困難的學習領域是他曾經經歷過失敗的感覺，對於從事該學習沒有動機。治療策略是在讓低成就學生克服其低成就的障礙因素，重新獲得學習的動力，以提升成就。

　　瑞姆（Rimm, 2003）認為，低成就學生的特定行為是學得的；因此，新的行為、習慣和態度也可以學習，包括學生本身、父母和老師，都可以透過學習而扭轉低成就的現象。她指出一些重要策略，包括能力和技巧的評量；父母和老師之間的溝通；改變重要他人的期望；改變在家或學校的增強方式；修正技巧的不足；對於成功或失敗不要過分反應，以便讓孩子有努力空間以平衡成功與失敗；協助孩子處理競爭。在老師方面，要提供既競爭又合作的學習環境、接受批評、激勵動機、形成老師與學生的同盟夥伴關係、提供能集中注意的技巧與策略、擱置爭論就事論事、幫助學生獲得聽眾、克服測試焦慮、教導設定目標和組織技巧、運用多元教學／學習風格，以及處理學生因障礙所引起的學習問題。

　　資優卻是低成就，的確讓許多人挫折、困惑與不解，因此許多研究者或實務工作者努力尋找各種「反敗為勝」的方法，甚至有人（如Ritchotte, Rubensterin, & Murry, 2015）提出借用在特殊教育和普通教育使用有效的功能性行為分析（Functional Behavioral Analysis, FBA）方法，以減少問題行為，增加期望行為如對學習參與的興趣。FBA 有七個步驟：

1. **確認問題的存在與嚴重程度**：可以透過檢核表，留意和低成就有關的因素，老師應特別關心潛在表現與實際表現之間有差距的部分。

2. **建立團隊並定義問題行為**：導致低成就的行為的定義必須是可觀察、可測量，可客觀描述的，以便做資料蒐集。而團隊可能包括老師、父母、支持人員等重要他人，而且要有一、兩位主要負責人，以便組織和分享資訊。團隊要定出有問題的行為和可以取代的目標行為。

3. **蒐集行為的資訊**：團隊成員要閱覽過去的資料，如診斷紀錄、心理資訊、教育評量、軼事紀錄、特殊報告、個人學習計畫；此外要確認之前的學習策略、動機、興趣評量等，甚至晤談當事人或同儕、

父母等，這些都有助於團隊成員避免忽略導致該學習低成就所可能的因素。

4. **假設和證實其功能**：一旦團隊成員蒐集了綜合性資訊，他們比較能夠做出這些行為功能的假設。例如某種行為的發生可能是學生為了獲得或避免某些事情，例如注意、實際的東西或活動、或感官需求等。

5. **發展和執行功能本位的介入計畫**：一旦資料蒐集齊備之後，團隊成員要一起討論，以確認學生行為的目的，然後發展功能本位的替代行為介入執行計畫。例如學生可能為了避免不愉快的工作經驗，和在同儕面前出現資優的身分，因為該工作指派沒有挑戰，這時團隊會建議老師在學生獨立工作時，特別注意學生的學業需求，增加挑戰性。在教學策略上積極增強個人依其能力所完成的任務，或者鼓勵有同樣興趣的小團體完成課外指定作業。

6. **執行時忠實評估介入效果**：執行介入計畫時，要明確定義「誰」要在「何時」執行「哪一項計畫」，且「執行多久」？執行時「發生什麼事」？要「蒐集什麼資料」？由「誰」蒐集？這些都是介入計畫的一部分。

7. **必要時做些修正**：一段時間之後，團隊要再集會共同檢視、討論執行成效，若發現效果良好則繼續，若發現成效有疑慮，則要共同討論修正的必要性和方向。

以下依個人、學校、家庭三方面，分別說明輔導資優低成就的其他方法。

◉ 一、個人方面

(一) 學習風格的適應

資優低成就者比較傾向於喜歡整體的、具明確概念的學習任務，較不喜歡分析的、非固定程序的任務（Redding, 1990）。所以處理資優低成就者所需的學習技巧，包括固定程序的學習、細節分析、聚斂性的問題解決，以便獲得學習的成就。至於分析的、非固定程序的、擴散性思考等學習習慣、學習風格的適應，也宜安排於適當的學習任務當中。

(二) 第三類型充實活動

有些研究者（如 Baum, Renzulli, & Hebert, 1995）主張運用阮儒里的第三類型充實活動，也就是「對真實問題的探討」於資優低成就者的輔導，讓資優低成就者對真實問題做系統化的調查。研究者發現，第三類型充實活動所使用的教學活動、教學策略，能使學生獲得積極的成就和學習行為。當然，這些教學活動、教學策略須針對低成就學生的需要，例如協助他系統化地釐清問題、計畫性地蒐集資料、有效的時間管理、規劃研究的進程、協助尋找聽眾以便發表結果等。

(三) 校外學習活動

有些研究者處理低成就的特殊方式是不結合父母或老師，這些特殊的低成就學生通常有很強烈的「校外的」智慧和創造的興趣，而且持續維持很長一段時間。這些特殊教師的重要特質是關照並且喜歡學生、能像同儕一樣與學生工作和溝通、很熱心且有豐富的主題知識、使用變化的教學策略、視學生參與為最高優先、給學生高但合理的期望。第二個成功的因素

是學生的興趣，這活動提供學生暫時「逃離」學校情境、支持他們自我價值感和成就感、提供一個喜歡學習的環境、挑戰其興趣需求、連結其興趣領域與學校成就。艾莫瑞克（Emerick, 1992）建議不要刻意強調孩子不佳的學校表現，然後將他們的興趣與活動導入學校的支持行動中。

(四) 早期鑑定與處理

早期鑑定、早期處理比事後的治療或矯正有效。一般相信早期鑑定與處理孩子的特殊需要，孩子將有較多的機會發展潛能。惠特摩爾（Whitmore, 1986）認為幼小的資優兒童容易成為低成就，主要有三個因素：(1)特殊社會化的需求導致疏離感和孤立；(2)完美主義的人格、超級敏感、內在動機和獨立，導致孩子的需求和學校期望間的情緒衝突；(3)缺少獎勵和嚴格的學校環境，與孩子的學習需求和學習風格相衝突。在入學的第一年提供重要機會防止低成就，例如塑造孩子對於學習的正面知覺和參與的動機，培養自我觀念和行為模式，這些支持一旦形成，低成就的現象是可以避免的。

◎ 二、學校方面

(一) 協助學生發掘其興趣

在教室裡，學生需要有強化其學習動機的刺激，因此，學習情境應能協助學生發掘自己的興趣。學習動機增加、能做自己有興趣的工作，將有助於發展學習的技巧，例如自我規劃技巧，這是預防或克服低成就的重要因素。

(二) 設定有效的學習目標

資優低成就者，不管是全面或部分學科的低落，要求他與其他同學達成相同目標是不切實際的，只會更增加其挫折感。因此，應設定逐步的進程目標、避免競爭的活動、強調學習過程的參與，發展學習的喜樂，以建立其信心。透過師生積極面對、彈性分組、於課程中共同設定目標和決定活動的方式，以創造一個良善的學習環境。

(三) 適當的課程與教學

資優班課程大多要求學生學得多、學得廣而且學得快，但對於某些低成就者，適異性課程、有組織的課程更重要。課程的改變包括學習內容、過程、結果和環境。老師的教學也要具有彈性，不要求每位學生有同樣的進度、同樣的成果表現，以符合學生的學習特質、學習風格。知道學生已經學會什麼、不會什麼，在學習上提供智力和心理的安全感很重要。老師認識、接受和調整低成就兒童在課程與教學上的特殊需求，可以克服孩子的低成就。

(四) 老師的人格特質

老師積極的人格特質會影響低成就的學生，例如主動、溫暖地關懷學生。費德休森（Feldhusen, 1997）所提出的資優班老師應具備的特質（見第十二章），對於資優低成就者同樣重要，特別是良好的教學組織、自信、彈性、能鼓勵學生、從學生的觀點看事情、有責任感、認知個別差異的存在、有高度的教學熱誠、友善與真誠等。此外，資優班老師要能協助低成就學生看出努力與結果之間的關係，給予努力應有的回饋，以鼓勵努力的結果，並增強那些很少被獎勵的行為。

◎ 三、家庭方面

(一) 接受孩子的狀況

為人父母者很難想像自己的孩子是資優但卻被鑑定是低成就者。如果孩子已經被認定有低成就現象，對父母的衝擊可想而知；父母不應責罵孩子，甚至認為是孩子不努力；最好的辦法就是接受，同時鼓勵孩子參加克服低成就的學習方案。父母的角色是站在孩子這一邊，給他溫暖與支持，協助孩子克服低潮，增進孩子的自尊與自信。

(二) 與學校密切合作

父母應該開始發展家庭與學校間的合作關係，參與孩子的「復健」方案，和老師討論以了解學校如何幫助孩子，以便幫助孩子成為更有效能的學習者。學校要協助父母建立強而有力的處理問題的計畫，學校和家庭密切合作，共同協助／監測孩子的進步，必要時共同改變計畫。父母和老師要轉移對於孩子功能不佳行為的注意，強調孩子的優勢，讓此優勢重新導正孩子的行為，建立孩子學習的信心。

(三) 改善家庭動力

如果資優低成就的原因是家庭因素所引起，系統導向的治療師可以將焦點放在家庭動力的改善，例如改善家庭溝通的方式、協助釐清家庭成員的角色與責任、創造適當的家庭階層組織、溝通與調和父母及孩子的需求、強化父母的婚姻、幫助家庭調適因各種原因（例如經濟壓力）所引起的改變、協助父母藉由認識孩子而認識他們自己。只有當父母的能力被肯定，才能肯定孩子的能力；只有提升父母家庭動力的知覺，才有助於獲得

對自己態度的覺知。

　　很顯然的，處理資優低成就的策略是多樣化的，也是很複雜的、花時間的過程，也不是一項簡單的工作。低成就的問題在個別兒童是很特殊的，所以處理和治療策略也需個別發展與執行。資優低成就並非不能解決，但需有耐心地全盤了解原因，或許是孩子，或許是學校，或許是家庭，但也可能是個人與環境的互動關係。惟有了解原因，才能對症下藥。

第十七章

八大工業國組織及
芬蘭的資優教育

長得高高的城城看起來不像是五年級的學生，但他的確只是一個剛從四年級升上來，身高 160 公分的「大」孩子。

　　城城的媽媽在他很小的時候就很捨得買書，像巧連智、芝麻街、大鳥 ABC 等，後來發現孩子在天文、自然科學方面有興趣，就常買這方面的書，像小牛頓之類的。

　　城城的哥哥也是資優生，不過成績沒弟弟那麼出色，在學校也常犯錯，但是父母與老師有非常好的聯繫，常常注意孩子在校的表現，共同注意矯正其行為，以免將來在社會上犯錯，造成難以挽回的結果。城城則表現得比哥哥好，會自動自發看書，做事也比較謹慎。

　　父母倆雖然對孩子有所期待，但也害怕帶給孩子太大的壓力。他們鼓勵孩子多讀課外書，通常在晚飯後，父母做完家事就關掉電視，全家看書直到就寢。就寢前允許孩子書本隔天再收，因為這樣有助睡眠。只要孩子想看什麼書，父母都會盡量滿足他們，所以家中的藏書很多。

　　城城的媽媽認為家庭對孩子心理的影響非常重要，她認為家庭教育影響孩子一生。不論是家長或老師都要灌輸孩子一個觀念：要有個人追求的目標，但須是良性競爭，不要把競爭對手當成敵人。眼光要放遠，在全球化的今天，未來競爭的對手可是全球性的喔！

我國推動資優教育已有三、四十年歷史，有關資優教育的實施，由於法令上的規範還算完備，舉凡資優生的定義、資優生的鑑定、資優教育的實施方式、資優教育的課程與教學、評量、升學等，不論是中央所訂的母法、相關子法，或地方所訂的各種辦法，對於資優教育的穩定實施有相當的助益（見本書第十五章）。雖然在實施的過程中或有一些爭論，也有一點改變，但基於為國家培育人才和發展個人潛能的目的，資優教育應在穩定中繼續追求發展。至於世界各國資優教育的發展如何，特別是八大工業國組織（Group of Eight, G8），他們的教育／資優教育如何？有無可供借鏡的地方？這是本章所關心的議題。

八大工業國組織包括美國、加拿大、日本、英國、法國、德國、俄羅斯和義大利。1975 年，法國、美國、英國、德國、日本和義大利（G6）在法國召開，討論經濟和政治議題。加拿大於 1976 年加入，1977 年會議在英國召開時，正式確定為七大工業國（G7）。1991 年蘇俄參與會後的對話，1994 年開始參加每次的高峰會議，1998 年正式變成八大工業國組織（G8），2006 年會議在俄羅斯召開，完成成為正式會員的程序。近來也有一些國家申請加入，所以近些年開會實際已不只八國。本章除了談論 2006 年止初始的八大工業國外，還加入芬蘭這個在各項國際教育評比都很優秀的國家。

G8 領袖會議處理巨觀的經濟管理、國際貿易，以及和發展中國家的關係。最近對於東西方經濟關係、能源和恐怖主義也很關心，其他像微經濟問題如僱用、資訊公路，超國界問題如環境危機、藥物，政治安全問題如人權、區域安全和武器控制等也都有討論。G8 也發展與支持部長會議，每年於高峰會議後，包括財政部、外交部、環境部的部長會定期集會，繼續高峰會後的工作。高峰會領袖的決定常常創造並建立國際政治系統，以處理新的國際挑戰，催生、復甦和改革存在的國際機構。這個會議也成為非

政府組織、公民社會組織表達他們所關心議題的地方；1998 年開始每年都
會有反全球化的示威運動，2001 年後示威運動轉趨暴力。

壹、美洲國家

一、美國

　　美國的資優教育有明確的教育政策支持，對於具社會價值的領域有卓
越潛能或傑出表現的學生，教育需要給予支持性措施，以符合他們的需
要，發展他們的才能，以便為國家、社會所用。這樣的政策除了早期馬蘭
（Marland, 1972）對國會的報告予以定調外，之後許多研究者（如 Passow,
1993）或相關報告〔如 Ross, 1993 的《國家的卓越》（*National Excel-
lence*）〕，也都加以確認或加強。這些有特殊需求的學生包括一般智力、
創造能力、藝術才能、領導才能，或特殊學術領域。

　　近十年來，美國資優教育對於少數群體的關心有增加的趨勢，包括：
(1)女性資優：過去西方文化比較偏向於支持以白人男性為主的社會，這被
認為是女性發展的障礙；最近一些方案提供資優／才能女性發展的機會。
(2)身心障礙：除了資優兼肢體、視聽覺障礙外，對於資優兼學習障礙、自
閉症〔特別是亞斯伯格症（Asperger syndrome）〕的研究增多。(3)資優低
成就：過去的研究著重那些缺乏動機、低的自我觀念的原因，最近則比較
重視個別的評量、家庭的溝通、適當的角色楷模，以及矯正學業技巧的不
足。(4)文化差異的資優：對於不同族裔、不同種族、不同社經背景群體的
能力和成就差異的研究，使用不同於傳統智力測驗的各種方式、多元指標
如檔案評量，試圖找出隱藏於社會不同角落的資優。如果希望資優學生達

到預期的發展水準，除了重視才能項目外，也應特別注意其社會和情緒發展，包括自我觀念、人際智能和情緒反應等。

在美國所出版的報告《國家的卓越》（Ross, 1993）中指出，教育系統對於資優與才能學生做得不夠好的地方，包括：(1)一般學校的課程對於資優與才能學生缺乏挑戰。(2)多數學業優異學生已經精熟半數以上學校所提供的課程。(3)班級老師很少對資優學生的學習需求做調整。(4)大多數特殊方案一星期只提供少數幾個小時。(5)很少給予藝術才能學生挑戰機會。中學的情形是：(1)提供給資優和才能學生的機會是散亂、不對等的。(2)高中的時間表不符合才能學生的需要。(3)大學預備課程對於資優和才能學生不需太過努力。(4)小鎮和郊區學校資源有限，無法提供進階課程和特殊學習機會。(5)特殊學校、磁石（Magnet）方案，和密集暑期方案只提供少數中學生機會。報告中指出這可能導致「寧靜危機」，與其他工業化國家的頂尖學生相較，美國學生在國際競試上表現不佳，因為學校提供較少挑戰的課程、閱讀較少指定課程、較少家庭功課、對於進入職場或中學後的教育準備不足。

這份報告引起美國教師對於學生卓越的注意。美國教育向來強調學生的公平性，教育的公平性重視提供經濟不利、少數群體學生能有較好的表現機會。支持教育公平機會的人，特別關心少數群體學生在為資優學生所設的「資優方案」的低代表性，他們也發現少數群體學生在為障礙學生所設的「身心障礙班級」的高代表性，所以，融合教育主張至少將這類學生放在相同的主流教育環境中。這個教育哲學也影響了資優教育，傾向於在普通教室中教導資優學生，但因應方式就是有諮詢教師的協助或能力分組。但家長認為這樣的公共教育對於資優學生沒有幫助，所以發展出許多替代環境：

1. 特許學校（charter schools）：這類學校較不受到當局對於一般學

校的規範，但仍有相同的教育責任。資優學生的家長對於這類學校方案嘗試獲得較多的決定權。

2. 磁石學校（magnet schools）：有些學校在特定的教育領域，如數學、藝術，或創造性寫作有進階課程，吸引學生的興趣，學區附近的學生可以在星期中的特定日到該校接受教育。

3. 在家教育（home schooling）：家長可以在家裡自行協助孩子學習並精熟必要的技巧，尤其美國家庭的電腦普及率更助長此趨勢。一些家長同時給予孩子在一般學校所沒有的宗教的定向和背景，家長可以讓孩子避免被學校不適當的課程或學習環境綁住，而以自己孩子的能力進行學習的進度。

　　美國教育最堅持的改革運動是績效責任（accountability）──學校達成他們所設定的教學目標了嗎？這個一般教育的績效責任運動，有助於資優學生的老師決定他們的特殊服務有積極效果嗎？葛拉格（Gallagher, 2000）認為答案恐怕未必，因為：(1)這個為平均學生所設的標準評量，資優學生的表現都是在頂端，顯然是他們已精熟這些測驗內容，但這些測驗並沒有測到他們較深、較廣的知識。(2)資優學生的適異性課程，例如古埃及史或太空探索等主題並不在標準測驗之內，我們怎樣知道他們的表現如何？(3)多數的標準測驗強調事實知識和其簡單連結，並未測得學科思考的精緻或理解的深入，顯然低估資優學生對主題的精熟。所以，對資優學生的評量應使用「真正的／可靠的評量」（authentic assessment）和表現評量（performance assessment），前者如以論文寫作評量寫作技巧，後者如以科學實驗產品評量自然科學。

　　對於智力觀點的改變，例如多元智能，以及好的公共教育該如何，不可避免地影響我們該提供資優生什麼樣的特殊服務，例如在哪裡教？教些什麼？以及期望他們精熟哪些技巧？有些州為高能力的中學生設立特殊的

住宿學校，如科學、數學和藝術，這些學校提供大學程度的進階課程給資優學生。數學早熟青少年研究（Study of Mathematically Precocious Youth, SMPY），提供數學優異青少年夏日方案，這是數學的加速機會。愈來愈多的老師相信，有別於標準課程的資優課程，對於資優學生是有效的教育方式，而這些標準課程的改變包括課程的加速、課程的充實、課程的複雜和課程的新奇（Gallagher & Gallagher, 1994）。強調創造思考教學是資優教育的另一個重點，教導學生發現問題和解決問題的能力，而教導學生問題解決技巧或創造思考策略應該要有豐富的學科內容做基礎。其他像問題本位的學習（problem-based learning, PBL），以非結構化的問題做起始，學生是掌握問題並做決定的人，老師扮演後設認知教練的角色，藉著協助組織訊息引導學生發現並獲得知識。阮儒里的三合充實模式也是常被提到的教學方式。

最近，美國資優教育也重視下列主題：(1)智力和情緒的連結，以及智力的執行／實用功能；(2)資優幼兒潛能開發；(3)來自文化差異環境的隱藏性資優；(4)資優女性；(5)改變基本課程；(6)包括心理學家、諮商員和特殊教師的支持性服務；(7)強調公平的同時也強調卓越。

◉ 二、加拿大

加拿大的教育事務是由各省或特別行政區負責。十多年以前，有許多由各省支持的資優教育，但由於一些教育改革者支持經濟和科技的發展成為當前的主要目標，加上「融合教育」和「最少限制的環境」的哲學，為資優學生所提供的支持性服務就變得比較少；在師資培育方面，針對資優和才能學生的師資訓練也變少。

加拿大的教育政策是提供所有學生相同的教育機會，公平性也就成為

指導原則。為資優和才能學生所提供的方案和服務，包含於普通教室中；因為沒有一致性的法律要求或支持其他服務，是否建立或執行資優方案的調查研究也不會是各省教育廳的計畫，如果有任何資優生的特殊方案或服務所需人員，都由每一學區的地方教育當局負責經費支持，而這種經費支持也是選擇性地針對高能力學生。資優學生所需的師資職前教育或專業訓練，各省也無法令要求，所以就沒有所謂資優或才能學生的合格教師的問題，但是鼓勵修習一般特殊教育課程，也有學區的專業在職訓練。至於對未來資優教育的計畫，經各省受調查人員反映，認為應：(1)發展課程；(2)發展師資訓練模式，並強調阮儒里的三合充實模式；(3)為在職教師辦理工作坊和專業發展。

在針對各省共七十八個學區的調查（Leroux, 2000）中，大約有80%的學區提供各種形式的學校方案給資優和才能學生，這些服務包括全時或部分時間的充實方案、獨立研究方案、中學的進階安置、學科加速、抽離式方案、社區和大學的良師典範、普通教室的充實，以及其他不同方案；有將近七成的學區偶爾提供年級的加速。此外，有些省也有社區性質的活動如科學展覽、音樂演奏會和當地大學所提供的迷你課程充實方案；有些省也提供優異的中學生到大學修課以取得大學學分。

多數的學校董事會對於提供智能優異、有學習動機的優異學生充實學習的機會表示支持。1993年以前，幾個較大的省分在許多市中心學校設有同質性的資優和才能班級，雖然稱為實驗班級，但在家長以及教師的支持下也運作了超過十五年。1993年以後，由於特殊需求學生快速成長，社會要求財政的績效責任增加，教育、健康和福利資源減少，對於高能力學生的服務逐漸縮減，集中式的資優和才能班級取消，但支持的家長和教師仍保留聯盟，希望當前和未來仍有資優生的集中式班級。

整個加拿大沒有一致性的資優教育政策，部分理由是學校董事會應依

據地區需要，主動規劃並執行學校方案；然而調查指出，75%的學區並沒有訂定書面的資優教育政策。

至於資優生的鑑定程序，有三個重要的評量包括：(1)老師選擇；(2)個別心理測驗；(3)團體學業成就測驗。而對於資優學生的服務方案始於九至十歲，極少有資優幼兒的充實班級。一般而言，普通教室教師期望能知道學生的需要而提供充實課程，但除了亞伯達省和安大略省有發行課程指引和特殊資源教材，可幫助老師協助資優兒童外，大多數的學校董事會也表示已經發展自己的支持性教材。

在新一波的經濟效益衝擊加拿大教育系統之前，經常有跨學區的諮詢人員提供老師資源上的支持，包括教師訓練、充實教材、教學策略、閱讀資源等，但現在這些諮詢人員回到普通班去教學，或被指派為障礙學生的老師的工作夥伴。另一方面，有超過六成的學校董事會特別指派教師負責部分時間的資優方案，並教導被鑑定出來的資優生。不過，許多學校系統始終認為符合高能力學生的需求是個別教師的責任。

貳、歐洲國家

◎ 一、德國

德國的資優教育可以回溯至十六世紀，由貴族或教會所設的學校，例如馬丁路德教會主張最高能力的兒童都應該接受義務教育，以便成為教師、宣教士或社會領導者。四百年後，這種義務教育觀念成為全民的義務教育。今日，德國對於資優者的各種教育和支持活動，隨著資優的研究而有多樣化的轉變。根據聯邦法律，十六個聯邦（states）對於教育的立法和

管理有自己的裁量權，因此各邦教育或有不同，但大同小異。例如多數的邦以三至六歲為學前或幼兒園，六至十一歲為初等教育，主要是基礎的語文和數學；之後的中等教育，語文和數學加深，再加上科學領域。中等學校根據學生的表現分為三等：主幹學校（Hauptschule）、中間學校〔Mittelschule（Realschule）〕、完全中學（Gymnasium）。大約前三分之一進入 Gymnasium，也就是大學預科學校。

　　近代德國對於資優的研究，部分是延續德國心理學家史坦恩（William Stern）的差異心理學（differential psychology），另一方面根據量化、統計回歸的社會研究，特殊教育定位於鐘型曲線上端和下端的部分。不過，德國的特殊教育植基於補救／治療的教育，是針對發展有障礙（鐘型曲線下端）的人，不包括資優學生。近代德國的特殊教育理論不再強調醫學模式，這也讓資優教育有發展的機會。德國對於資優的大型研究有幾個：一個是以普通智力作為資優的基準，類似推孟（Terman）的研究，分析資優和高度成就的個人因素，包括環境、人格因素、社會情境和興趣等。另一項稱為慕尼黑才能模式（Munich Talent Model）的研究，針對四個領域：(1)才能因素，如智力、創造力、社會能力、實用智力、藝術能力、音樂能力、心理動作技巧。(2)非認知人格特質，如克服壓力、成就動機等。(3)環境特質，如家庭氣氛／環境、教室氣氛／環境等。(4)特殊領域表現，如數學、自然科學、科技、藝術、運動、社會關係等。另一項最近的研究反應德國心理學的一般趨勢和德國社會學，稱為資優的行動拓樸模式（Actiotope Model of Giftedness）（Ziegler, 2005; 引自 Ziegler & Stoeger, 2007）。這個模式包括個人（person）、行動（action）與環境（environment）的互動，換句話說，資優或特殊才能包括個人內在特質、行動計畫和環境因素，模式的核心價值是行動。這些研究也多少反映德國資優教育努力的方向，也重新定調資優教育的價值。

　　德國的教育基本上由各邦負責，法律保障每個人都有受教權，而且要反映每個人的才能、興趣和特殊傾向。新的德意志聯邦相關學校法令承襲前西德法令，學校是支持資優教育的，包括重視內在差異、一年級的彈性入學、跳級、使用符合特殊傾向的課程、自由選課，以及提供各式各樣的課外活動等。前東德的二十六個促進資優生的特殊學校目前也屬於新聯邦，也有了新的資助者，有的是專注於數學與自然科學，有些是藝術與音樂，有些是現代語言、運動和特殊智力的資優。此外，學校裡的特殊班級如加速方案、加速和充實混合方案、音樂和運動（特別是體操）也很普遍。

　　對資優生的促進，各邦也不同，經費也都是由各邦支持的教育基金獎助，通常是以獎學金的方式，資助資優和特殊才能的高中生和大學生。有些邦為資優學生設立特殊的高中，以及其他促進方式如跳級。資優高中生的入學，全德國沒有標準模式，主要是認知能力測驗、學校成績報告、問卷（如動機與學習行為）、與父母和學生的晤談等，以作為決定的參考。

　　德國資優教育很重要的一個起步，是在 1995 年開始採用的「Jugenddorf Hannover」，一個為幼兒園和國民小學高能力兒童所設的規定。當兒童離開幼兒園進入國民小學，小學承接幼兒園而發展了一個方案。雖然兒童是在一個混合能力的環境下學習，但學校會考慮資優兒童的特殊需求，小心地監督與支持。對於父母和資優兒童，有關鑑定及相關支持也提供諮詢服務。此外，許多大學如漢堡大學、慕尼黑大學、杜賓根大學的心理學院，也提供更多的諮商服務。第一個為資優兒童所設的諮商中心設於漢堡大學，其後是慕尼黑大學，主要是針對父母、老師和資優兒童的個別諮商，並對學校提供建議。

　　課外的支持包括一些地區性和各邦的競賽、函授網絡、專家營隊、藝術工作室、暑期學校和夏令營等；一些為資優和才能學生的自然科學比賽如青少年研究／學生實驗，更特殊的是德意志聯邦環境競賽。也有為國際

奧林匹亞所做的全國性選拔，如數學、物理、化學、生物等。其他比賽林林總總，如語言、政治教育、德國和當代歷史、音樂、修辭學、創造性寫作、歌唱、戲劇、影片或影像製作、作曲等。

　　另外一種針對高能力青少年的特殊方式是支持他們追求校外領域的興趣，例如受到聯邦教育科學部支持，為高能力學生提供的假日方案；隨後德國國會於 1993 年通過，並經 1994 年的一項文化會議中確定，由永久性的聯邦預算支持資優和才能教育。

　　在一些大學也提供資優教育師資訓練，發展一些特殊計畫，例如在慕尼黑大學有一項名為「心理卓越」的研究計畫，那是有關資優教育與研究的計畫。另有一些有關資優與特殊才能的組織或協會，這些組織或協會也提供資優兒童和他們的父母個別的評量與諮商；有些是由父母團體所組成，成員龐大，除了提供一些課程給資優生外，也與大學合作，在大學安排特殊的研究日、辦理公眾的活動、資優兒童家庭活動等。

◉ 二、法國

　　法國對於資優存在著不一致的認知，所以也沒有特殊政策的執行。不過，法國的學校系統有些是著重社會、自然科學和經濟，這些學校即所謂的 Grande Ecoles，被認為是菁英學校，足以符合特殊學生的需要（Persson, Joswig, & Balogh, 2000）。

　　一般學校也提供資優兒童的學習，例如提早入學，不但沒有最低年齡的限制，也不需地方教育當局的認可，只要學校認可孩子，他（她）就可以入學。在家教育在政府的管制下也是可以的。在小學和十二歲入學的初級學院（college），跳級一個年級也是一種選擇，或將四年縮短為三年。

　　在法國也有一些私立學校是依據學生的成就入學的，這些學校的學費

是很昂貴的，通常要視父母的財力狀況決定是否允許入學。在尼斯（Nice）有一所私立學校大約只有 150 位學生，但全部都是智能優異的學生，年齡從八到十六歲。有十三所初級學院也提供特殊課程給十一到十五歲的智能優異學生，在巴黎也有學校提供給音樂和運動特殊才能學生。

有一些經常性舉辦的競賽，例如運動、音樂、棋弈等，這些競賽通常會在電視或電臺做廣告。此外，也有一些協會舉辦數學或科學競賽，例如物理、化學、數學奧林匹亞競賽。在法國一個非常活躍的組織 Association Française pour les Enfants Précoces（AFEP）（Persson et al., 2000），非常希望能改變法國的學校系統，提供一個對資優兒童有益的教育方式。他們也提供教師訓練、資優兒童父母諮詢，或舉辦會議讓一些科學家、教師、父母可以在一起討論支持與培育資優和特殊才能學生的各種方式。

◉ 三、英國

英國傳統社會長久以來在一般教育專業中，對於資優和才能兒童的教育缺乏興趣，學校系統鮮能滿足資優和才能兒童的需求，這種情形至少可以回溯三十年。教學專業和地方教育當局對於資優和才能兒童的教育缺乏熱中的態度，一方面是他們對於如何挑戰這些兒童的需求缺乏信心，另方面是其他學生的行為管理與教學已經夠忙、夠具挑戰了，迎合資優和才能兒童的需求就變得不那麼重要（Eyre, 1997; 引自 Campbell & Eyre, 2007）。

英國傳統社會也認為，對於資優和才能兒童提供特殊的服務，會造成菁英主義。他們認為這些已經是優勢的階層，在進入高知名度的大學入學競爭上更增強其優勢。事實上，英國社會存在著非常明顯的階級意識，社會對於差異的學校系統是可以理解的，例如英國有名的住宿學校，對於菁英的訓練有很長久的傳統，但這種對高能力者的興趣常常與階級綁在一

起；然而，全國的學校系統卻很少注意到一般資優教育的需要，對於資優教育的研究也始終不多。

英國資優教育政策在二十世紀末迅速改變。過去支持平等主義者開始接受資優與才能學生是不均等的分布在社會各階層；再者，父母對於主流學校所提供的教育產生焦慮，希望能提高要求水準，這些在私立的學校或選擇性的中等學校教育是做得到的。父母的焦慮不是沒來由的，即使是中產階級，那些高能力的學生很少能進入選擇性的學校。在一項全國教育研究基金會的報告中，學者也指出在不同的學校系統，影響成就表現的是智力因素。然而，父母的焦慮不只在學校的成就表現，他們也關心孩子能否在未來進入有聲望的大學。

最近由於新勞工黨政府的社會融合作為，以及準官方的一些調查、研究，加上政府改善都市地區的教育品質，包括財政上支持資優和才能學生的教育，使得英國的資優教育有戲劇性的改變。此外，在一份綠皮書「獲得成就的學校」（Schools: Achieving Success）中，「教育和技術部」有一些做法，包括在所有學校教育策略中支持資優和才能學生。這個政策改變的平臺已經在英國下議院（House of Commons）的特別委員會（Select Committee）建立起來。這個委員會對於高能力兒童的政策與實務有統一的建議，包括：(1)支持資優兒童的教育經費必須編入一般的學校經費中。(2)所有由國家啟動的教育與文化作為都要併入資優和才能元素，清楚而明確。(3)教育標準辦公室對於學校和地方教育當局的調查應包括資優和才能教育，並對 1992 年的調查做第二次的追蹤。(4)對於資優和才能學生的教育應優先開始師資訓練。(5)所有學校須指定專人作為資優和才能教育的協調人。這個委員會也建議對普通課程的充實與延伸、在學校與其他機構如大學間建立夥伴關係、提供校外的充實等，以改善教與學的有效性，這個委員會因此奠下明確的政策基礎。

英國資優教育模式於 1999 年著手規劃，2002 年開始有效執行。模式的基本特質是希望能將資優和才能兒童教育納入主流學校系統，提供所有資優和才能兒童所需的教育，而不是只有高文化水平和經濟條件的家庭才能享有。

英國政府也在華威大學（Warwick University）設立「全國資優與才能青少年學會」（National Academy for Gifted and Talent Youth, NAGTY），這個學會的設立也提供全國教育系統領導、傳遞和支持資優教育政策，學會本身統合三個向度的工作：對於學生的服務、對於老師的服務，以及研究工作。這個學會受到政府「教育與技術部」的「資優和才能小組」（Gifted and Talented Unit）的支持，並向它負責。NAGTY 的主席對於英國資優教育模式所提出的理論基礎和價值指出，英國傳統的資優教育是與一般的教育系統分離的；然而，如果一個國家的教育系統希望提供所有兒童適當的教育，那麼資優教育只被視為整體的一部分，對於資優兒童將只提供全國一致性的做法。然而，應該有一些超越教育政策的理由建議，一個國家應該給予資優教育更核心的地位。今日的資優學生是明日社會智慧經濟（intellectual economic）和文化的領導者，他們的發展不能只靠機會。如果受到最好的教育，他們的成就會更高（Eyre, 2004; 引自 Campbell & Eyre, 2007）。

英國資優教育政策，與英國政府在一般的公共服務所主張的個別化政策是一致的，在實務上有五種做法：

(一) 統合

所謂統合有兩種方式：(1)資優教育是一般教育政策的一部分；(2)盡可能將資優生融合於同年齡的同儕。以這種方式建立一般教育，而不是將資優教育置於一般教育結構之外。但統合的教育並非建議為資優學生所提供

的所有服務都在普通教室或普通學校實施。

(二) 基本系統的品質

　　資優教育的核心是希望每天都能提供特殊的服務，但對五到十一歲的資優兒童來說，希望他們能花大部分的時間融入一般學校群體。因此，學校就要彈性安排資優兒童符合他們能力進程的課程。當年紀漸長，在某些領域也更提升，這時就可以安排在一般教室、跨學校，和校外活動間混合學習。十四到十九歲，整個教育系統應更強調個人的進路方向，學校是主要的教育提供者，但要與其他提供者做連結，以確保需求和機會間有最大的契合。老師是決定誰是資優的主要角色，各學校要鑑定他們的資優學生，並將符合他們需求的方式明確化。

(三) 提供的多樣化

　　英國資優教育模式試圖建立一般大眾對資優和才能學生多樣化需求的認知，這種多樣化的供給包括：(1)學校內的多樣化，有系統的發展特色，以滿足不同性向和興趣的學生。(2)個別化的學習路徑，學生能表達他們的個別需求，學校也能滿足他們這些需求，逐漸形成並影響他們自己的路程。(3)擴大學校教育，除了學校部分外，應尋求更廣闊的學習機會，這種學習機會的供給應根據學習者的需求。學習者在運用這種系統時應成為共同生產者，而不只是消費者。

(四) 機會的平等

　　這個模式試圖平衡平等主義與英才教育，因此也特別關心少數團體接受教育的平等機會。為達成這樣的目的，除了在學校系統方面要改善一般教育的供給外，每一學校要運用資料從少數團體中鑑定個別的資優學生，並提供他們接受高品質教育的機會，包括成為 NAGTY 的會員，支持、協

助他們了解自己的潛能。

(五) 二十一世紀的全球觀點

這個模式關心的是，英國若要在全球化的今天有所成就，就必須在知識經濟方面產生一些既能競爭又能合作的領導者。其實，這個觀念不限於資優與才能教育，教育的投資不僅只在追求其為個人的實質價值，也在追求國家經濟成就的未來價值，因此各方面都要一起合作，共同支持教育，共同支持資優教育。

英國資優教育模式運用當代理論於其政策與實務中，他們採用廣泛的能力觀念，包括認知能力，以及態度特質如工作的能力和動機等。這些能力的觀念提供多元模式的能力評量，而非單一向度的評量，包括測驗資料、父母老師和同儕的推薦、成就的檔案，以及其他證據，這些過程都在強調潛能以及實質的成就。

◉ 四、義大利

義大利社會雖然對於高能力或具特殊才能者有興趣，但教育政策是不支持資優教育的，因為他們對於菁英主義存有懷疑，認為那是不民主的教育。因此，對於設立特殊學校或設計特殊課程的建議雖然有興趣，但始終未採取行動；因此，對高能力兒童的教育策略始終是有限的。

有一些私立的資優學前學校和為上階層兒童所設的學校，但不是很成功；也有一些由羅馬天主教堂支持的私立學校，和少數過去是基於財力和智力選擇學生的大學，也因此可能產生一些社會菁英，這些學校有點類似英國教育傳統中有名的住宿學校。現在，義大利當局禁止這種選擇式的教育方式，使得教育和研究傾向於一般而不是特殊；教育當局支持能力的發

展，希望能找出促進卓越發展的可能性，避免發展的障礙。一些大學的研究朝向資優者的社會和道德上的學習與動機，但他們不需要分開的教育環境（Persson et al., 2000）。

像其他歐洲國家一樣，義大利也有一些數學、科學和藝術（包括繪畫、寫作和影片製作）的比賽，不過這些都是由私人所贊助的活動。

◉ 五、芬蘭

芬蘭至 2006 年止雖未列入八大工業國組織，但提到芬蘭，很難不讓人聯想到 Nokia 手機和聖誕老公公。芬蘭是北歐國家，有「千島之國」、「千湖之國」之稱，是歐洲第八大國家，但人口只有 550 萬左右。根據經濟合作暨發展組織 （Organisation for Economic Co-operation and Development, OECD, 2004, 2011）和國際學生能力評量計畫（Program for International Student Assessment, PISA, 2011），芬蘭學生在科學、數學和閱讀總是居於歐洲的前三名（引自 Tirri & Kuusisto, 2013）。這樣的成就引起世界各國的好奇，紛紛探究其原因。

有很多對芬蘭教育的研究認為，芬蘭為所有學生提供「公平」和「高品質」的教育機會是主要的原因。其次是政府對教育的經費投資、重視閱讀和終身學習、培養碩士級的優良師資，而且他們挑選的，是擁有正確的人格、具備良好的社交技巧、具有正確的倫理道德，以及願意將教育視為終身志業的人（李明洋譯，2016）。芬蘭教師的社會地位是很崇高的，芬蘭人認為教育是培養國力的基礎，這是社會的普遍共識，教育要培養社會、國家的「共生」、「共榮」與「共好」，而不是強調彼此競爭。芬蘭教育在 1970 到 1990 年代是教育改革非常重要的時期，學校執行中央制訂的教育規範，所有學生普遍上九年義務的綜合學校，這是偏向學術的普通

教育，到十年級才有職業分軌。1990 年以後才慢慢趨向地方分權（林淑華、張芬芬，2015），鼓勵學校發展個別化的課程。不過在 2014 年，芬蘭也發展了新的課程總綱，主要目的在培養學生的七種能力：(1)思考與學習的能力；(2)文化識讀、互動與表述能力；(3)自我照顧、日常生活技能與保護自身安全的能力；(4)多元識讀（multi-literacy）；(5)數位能力；(6)工作生活能力與創業精神；(7)參與、影響，並為可持續的未來負責。這七種能力涵蓋知識、技能、價值、態度。課程總綱可以看出來在培養學生的「現實感」、「未來感」與「責任感」（蕭富元，2015）。

芬蘭的特殊教育主要是協助學習有困難的學生，花時間在「把慢的人教會」，所以相關研究都是這些學生的特殊需求，但並不包括資優學生。芬蘭教育在思想上和實務上就是強調教育的公平性，教育是國家人力資本的投資，但並不重視菁英教育，因為他們認為這樣有違教育的公平性。二十一世紀初受到 1998 年《基本教育法》的影響，更重視個別化、多樣化的教育，接受學生個別的獨特性及需求性，這對資優學生是有利的，例如學生父母可以選擇要不要加速；另一種加速是在不分年級的學校，學生可以有自己彈性的進度表。雖然如此，芬蘭的法律是不特別提到資優的，但在教師專業訓練裡則強調個別化的教育訓練，重視個別學生的發展與需求，這也給了資優教育發展的空間。

二十一世紀初開始有一些關於資優學生的特質、自我觀念、學習潛能、多元智能、道德敏感等相關研究，也有教師在職訓練及互動式的網路論壇，討論資優教育（Tirri, 2011; Tirri & Kuusisto, 2013）。這也是受到國家政策所影響，也就是重視個別性和自由選擇，尊重學生的教育權，父母有權選擇孩子受教的學校，例如重視外語教學、音樂才能教學、數學思考技巧、方案導向的教學、電腦和藝術等，這種特殊的學校有增加的趨勢。最近這幾年，在數學和物理也和大學合作，有些學生會參加開放大學的夏

日課程，如線性幾何和物理，而且可以獲得大學學分，這些方案是受到教育部和工業方面的資助。有些在數學方面有才能的學生，他們參與Päivölä課程，用兩年的時間完成三年的課程（類似濃縮課程），然後繼續大學教育；畢業後約有10%直接受雇於Nokia，但Nokia並不參與課程的執行，只提供這些有才能的青少年相關訓練和典範良師指導，他們可以探索新的科技和創造新的發明。

值得一提的是芬蘭的「LUMA科學教育中心和千禧年青少年營」，這個組織是2004年開始，他們與大學、學校和商業部門合作，以促進各教育階段自然科學、數學、電腦科學和科技的提升。2010年開始，這個青少年營隊已經開放給全世界十六到十九歲在科學方面有才能的資優生，到2012年已經有一百個國家、1,400位申請者爭取只有三十個名額的機會（Tirri & Kuusisto, 2013）。這個營隊主要目的之一是提供參與者教育可能性的資訊和在芬蘭的生涯選擇，並提供與一群有相同心智青少年工作的人際網絡和享受在一起工作的感覺。

基本上，芬蘭還是強調所有學生教育的公平性，所以照顧學習有困難或障礙者是他們的主要認知，是受到法律的保障的。傳統上並不承認資優教育有其必要性；芬蘭教師比較關心資優學生在普通班以外特殊安排的負面效果，他們比較希望資優學生能在班上協助學習比較弱勢的學生（陳之華，2013）。但隨著教育改革，逐漸認為個別化和選擇的自由，資優學生的需求也因此受到注意，芬蘭政府也認知到培養才能和創造力為國家的教育目標。但在可預見的未來，還是不太可能有為資優生設立的特殊方案／學校。不過，學者呼籲應該對資優學生和特殊才能者有更多的討論，師資培育和在職訓練應該對資優和個別化教學有更多的支持，以及資優學生社會和情緒及道德需求。

參、亞洲國家

◉ 一、俄羅斯

從前蘇聯到現在的俄羅斯，出現許多國際著名的藝術家、運動員和科學家，這些高度成就者是俄羅斯的驕傲。的確，全俄國在繪畫、芭蕾和音樂方面有才能的兒童會被送到莫斯科和聖彼得堡的學校去接受訓練。然而，如果說俄羅斯也有悠久的「資優教育」傳統，例如科學和數學，那是一種錯誤的迷思（Grigorenko, 2000）。

俄羅斯政府在政治目的上會重視高能力者，但是沒有特殊的條款或規定要發展哪一學科或特殊領域。在俄羅斯，對於資賦優異和特殊才能的訓練會避免「資優」這樣的字眼，例如有很多政府的和一些私立的學校都有充實方案（在俄國稱為加深方案），但不稱為「資優方案」。

有些特殊學校和特殊班級分別強調數學、自然科學和科技、語言技巧、音樂、藝術、運動、職業技術等，最近也有發展領導才能、商業和管理。在俄國郊區也有一些為數學優異兒童設立的住宿學校，這些兒童也可能參加由莫斯科國立大學所主持的函授課程。良師方案（mentorship）也存在，但不是特別的規劃，而是自然地出現。有些學校也有輔導員制度（tutoring），這些輔導員通常是該校畢業生，回到學校與一群學生工作的專家；一方面是傳承優良的智力和文化傳統給下一代的優異學生，另一方面是協助他們從學校轉換至大學。

一些延伸的課外活動通常與大學合作，高能力學生可以在此找到與他們興趣相符、具挑戰的刺激，包括演講、工作坊、研究計畫（project）、

實務工作（fieldwork），以及學校傳統學科的合作學習，或者其他特殊學科，如動物行為研究、天文學、建築學、宇宙論、古生物學、民俗學、插花、神祕論等。此外，也有許多的夏日學校或夏日方案。

高能力者的教育在俄國有其傳統，不過，後共黨時代的改革正在產生一些改變，他們關心資優者的個別需求，他們的才能不應被浪費，資優教育更是一種國家的投資。

俄國的「資優教育」大約在 1980 年代晚期有較大的改變。一般而言，在此之前的「資優教育」追求三個目標，依其重要性分別是：(1)為整體社會的好（社會的需要）；(2)促進科技和社會的進步；(3)個人發展。為了國家的智慧資源和蘇維埃社會的名聲，教育系統／才能教育的設計建立在競爭上——從入學的鑑定，之後學校、地區、全國到國際，特別是國際奧林匹亞競賽。每一競賽者被賦予不同的任務，而且排定時程。這種競賽的主要功能在發現與發展社會所需要的才能，並證明蘇維埃的成就。第二個傳統目標是解決現實的問題，特別是數學、物理、機械領域，有些學校是大學的分支，這些學校大多數的老師是大學教授，許多學生也都與大學教授一起做研究。第三個傳統目標最少被注意到，學生也很少受到社會和情緒上的支持。父母在資優教育的角色不受到重視，許多青少年被安置於住宿學校，遠離家庭。不過比起其他同儕，資優學生上較好的學校，有較好的老師，以後可以上較好的大學，獲得更期望的工作。

1980 年代晚期和 1990 年代初期，俄國的資優教育有戲劇性的改變，主要的特徵是民主化，開始探索不同的方案和教育方式，有許多不同形式的學校和革新的教育方案。區分不同的能力和不同的社經背景，也注意到個別化的教育過程。不過，這種差異性也多少違背聯邦憲法對於均等教育的要求。

第二個主要趨勢就是在普通教育中增加人文、藝術和社會科學，減少

數學和科學教育。以前像是「積分」、「牛頓定律」等困難問題，現在不是減少就是放棄。新的學校教育系統比較重視廣泛科學領域的邏輯，例如科學或人文，主要目的在發展特殊的思考技巧。

　　第三個主要特徵就是缺少聯邦政府的財力支持。教育部所屬的學校、高等教育機構或學校教育服務等，都缺乏足夠的經費補充器材、設備、辦理活動、修補、供餐等。最後，父母的角色也改變了；過去，父母雖然可參與學生紀律的討論，但由於父母實在太熟悉學校教育環境了，而且一代傳一代沒什麼改變，父母也不覺得有什麼需要參與討論的。但現在學校環境改變實在太大了，父母覺得有必要增加參與；同時由於聯邦政府的支持減少，也鼓勵父母參與，提供基本的物質和服務。但父母參與也帶來一些複雜的問題，例如親師之間意見的不一致，父母會認為老師應教什麼或如何教（Grigorenko, 2000）。

　　這些當代的教育系統也影響到資優教育，首先是學校的民主化逐漸重塑資優教育。1980 年代中期，蘇維埃政府開始在財政上支持資優的特教中心，例如「國家創造力資優兒童與青少年鑑定、教育與陶冶方案」，建議資優教育的方案應遍及全國機構，希望能發展特殊的學校，或在普通學校設立特殊方案。不過，財政的吃緊也反應轉變，從特殊化的學校到更融合、更廣泛基礎的資優教學；也就是從支持高能力資優的特殊學校，到支持資優和才能兒童的新方案。不過，榮景不長，1990 年代初期，聯邦政府也開始從特殊方案撤除所有的財政支持，父母和大學的參與增加，但捐贈、學費和大學支持也無法補足聯邦預算上的刪除。今日，聯邦支持的資優教育是在一項名為「資優兒童」的聯邦計畫下執行，但預算非常少。

　　俄羅斯的教育追求兩個新的方式：(1)繼續傳統上在特殊學科標準課程上的改變、充實和加速。在加速方面，高能力學生除了學習一般學校的課程外，可以根據他們的能力跳級，並早一點從高中畢業。(2)重新定義資優

教育的目的與內容，這個架構假定資優學生不僅知道特定學科領域，而且在思考和行動上有所不同；所以，他們不僅需要發展豐富的知識，而且也需發展他們的智力和情緒，重視高層思考。

俄羅斯的資優教育也存在著一些挑戰，包括：(1)政府經費的支持減少；(2)教師的再訓練（包括資優兒童的心理學和教學法）；(3)資優教育應建立在堅實的理論基礎上。

◉ 二、日本

日本的資優教育在官方是不存在的，不過，有一些機會給資優學生，賦予資優教育實質存在。在最近的教育改革中，「尊重個別性」是常被提到的，但「發展學生的資優教育和才能」仍然未被公開討論。

由於資優教育不是存在於公共教育的，所以對於「資優」和「資優教育」的定義也沒有一致性的看法。學生在學校通常不做智力測驗，智力本身也不被認為像學業成就那麼重要。日本人非常敬重科技發明或精於傳統技藝的人，這些人被視為具有卓越才能，稱為「Sainou」。在學業上優異，經過高度競爭，畢業於最優秀大學的人，通常有利於他們以後在中央政府或公司取得高級地位，或成為大學教授、律師或醫生。精研佛法的僧侶在日本也是受到敬重的。

在當今日本社會，仍然是反對資優教育——特別是選擇某些學生並給予他們特殊學習機會。資優教育不被認為是特殊教育的一部分，他們堅持平等主義，喜歡在群體中做相同的事。學生在成就上的個別差異被認為是勤勞與努力的結果，而不是能力上的差異；因此，環境經驗比遺傳或先天能力重要。不過，日本人也認為一個孩子在學業成就、藝術或運動上顯示天分，部分來自父母遺傳上的卓越，影響孩子的成功。

　　最近日本教育與心理學界逐漸出版一些有關資優教育研究的書籍，例如有關智力、創造力的研究，也介紹美國的資優教育觀念，甚至雙重特殊的資優兒童（twice-exceptional gifted children），這些都主張資優兒童的心理需求應獲得特殊的支持。日本國內也逐漸有一些對於高 IQ 兒童、學業成就和創造力的研究。

　　在多項有關教育成就的國際性調查研究顯示，例如 2003 年針對四十六個國家的八年級學生（每四年一次）的科學和數學研究，以及針對四十一個國家十五歲學生（每三年一次）的數學、科學、問題解決和閱讀研究，日本學生在八年級的數學與科學，以及十五歲的閱讀有下降趨勢（Matsumura, 2007）。一些專家學者認為，日本學生缺乏自己學習與思考的學業能力，看電視的時間太長（平均一天 2.7 小時），做功課的時間太短（平均一天一小時）。2002 年日本政府在一項改善「基本知識和技巧」、「渴望學習」、「思考」、「表達」、「學習方式」、「發現與解決問題」的行動計畫中，希望每一個學校能做到「可理解的班級」（understandable classes），例如個別化教學，以及培養所謂的 Gakuryoku（即認知能力、評估客觀知識與觀念的技能，以及重視學科內容的科學系統等能力）（Matsumura, 2007）。

　　日本有一些排名很高的私立初、高中聯合學校（六年），或者有名的私立大學附屬中學，學生在這些學校可以學習到比他們的年級水準更進階的課程，也作為參加著名大學入學考試的準備，這或可視為加速學習。在每一所學校，他們形成相當同質團體，教材是由同年級或同學科的教師團隊所編，不只是主要學科，甚至包括俱樂部或學校活動，有些學生在國際性競賽中也獲得極佳的成果。這些學校成功地發展學生各種優異的資質和學業上的資優。

　　在正式的上學時間外，無數的日本學生（大約 30%的國小學生、80%

的中學生）會在週末或假期參加課後的私立學校，稱為 juku（類似補習教育），他們提供學校功課的補充或加強，但多數是參加競爭的入學考試，為進入排名較佳的學校做準備。這些學校根據學生能力做分組教學，這裡是個別化學習最務實的地方。不過日本人也擔心，父母社經地位愈高的愈有機會進入 juku，而獲得較高的成就，未來將形成 M 型社會。

　　有些高中生沒考上理想的高競爭性大學，就進入預備學校，學校會根據他們所選擇的大學需要，做能力分組教學。

　　函授教育是為在家學習的學生而設的教育服務，學習內容依據學生的需要，從年級水準的補充教材到加速學習都有。私人家教在日本也很普遍，不過花費較高。另外，除了主要學科的 juku 外，其他發展特殊才能的特殊學校，如藝術、鋼琴、小提琴、繪畫、芭蕾、運動、游泳、足球、棒球、韻律體操、空手道、柔道等也很普遍，著名的（小提琴）鈴木教學法（Suzuki method）就是其中之一。一些兒童持續維持他們的興趣且不斷訓練，之後顯現不錯的才能，這些都扮演著校外非官方的資優教育角色。

　　於 1997 年修訂的《學校教育法》（School Education Law），允許在數學、工程和物理等領域有特別優異表現的十一年級學生，可以經由官方特殊的評量而提早進入大學。這是加速的第一個例子，但避免使用「資優教育」，而是發展個別化的需要，每一年只有少數幾個名額。

　　日本政府在教育上的確在改變當中，前面提到的改善 Gakuryoku 行動計畫中，除了允許學習的彈性分組／能力分組外，尚有由大學提供充實課程給高中學生的高中—大學合作方案。一些有名的公、私立高中提供學科本位的科學、數學或英語充實課程方案給小組或個別學生，他們與大學和研究機構合作，從事研究和發展創新課程。2002 年開始也指定一些超級科學高中（Super Science High School），強調科學、科技和數學教學；超級英語高中（Super English Language High School），強調英語教學，以快速

改善學生的英語溝通能力，這些都受到一些老師和父母的歡迎。

肆、資優教育的挑戰

在一項利用德懷術（Delphi techniques）的國際研究中，帕克等人（Parker, Ninomiya, & Cogan, 1999）發現，本世紀面臨的最大挑戰是：(1)富裕與貧窮國家的經濟差距拉大；(2)資訊科技的可及性不平均，並逐漸增大其差異的懸殊性；(3)已開發國家和開發中國家的興趣衝突增加。盧德尼斯基（Rudnitski, 2000）建議要應付這些挑戰，學生應有一些教育經驗，以發展下列各項能力：

1. 能看出問題、接近問題的全球社會的成員。
2. 在社會上能與人合作並為自己的角色責任負責。
3. 能了解、接受、欣賞、容忍文化的差異。
4. 能以批判和系統化的方式思考。
5. 能以非暴力的方式解決衝突。
6. 願意且有能力參與地區、國家和國際政治活動。
7. 願意改變自己的生活方式和消費習慣以保護環境。
8. 能關心人權問題並保衛人權。

同樣的，資優教育面臨這些挑戰。八大工業國組織的資優教育各有其國家的傳統價值與考量，雖然有些國家表面上不強調所謂的「資優教育」，但對於人才的培育，不管是傳統或現代都相當重視，逐漸在追求平等的理念上重視發展卓越的需要，而且都將高能力學生／資賦優異與才能學生視為國家甚至是全球的重要資產──不但要解決國家的問題，也要貢獻其才智解決全球的問題。

第十八章

資優學生父母
親職教育

婷婷和姊姊渝渝是雙胞胎，婷婷出生時體重比姊姊重，後來發現姊姊有心臟血管過於狹窄的問題，開了一次刀。在照顧這樣一對雙胞胎時，父母都非常用心，閱讀許多有關兒童發展的書，入睡前播放柔和的古典音樂，到了幼兒園階段改放一些童話故事，有時候帶她們到處玩，體會大自然。據父母的觀察，婷婷的發展大概比一般兒童快一年左右。後來婷婷考進了資優班，渝渝則念普通班，但都在同一所學校。

　　婷婷在資優班功課多，不過大多能在晚上七點半左右完成，包括吃飯、洗澡等，課業不必父母太操心，需要協助的是幫她準備、蒐集一些額外的資料。她在班上大多維持前三名，很有榮譽心、責任感，也很好勝。

　　由於婷婷的表現比較突出，父母會特別注意姊姊的情緒反應。媽媽會告訴她們，雖然你們的表現有些不一樣，但都是我的好女兒，我都一樣愛你們，希望你們也要彼此幫忙，不要太過於計較。兩姊妹所學的才藝都一樣，例如鋼琴、書法、繪畫，和口才訓練。

　　夫妻倆對於孩子的教養非常注意，看了許多親職教育的書，他們覺得應該看孩子的興趣在哪裡，讓孩子適性發展，多提供她們書籍閱讀，多讓她們接觸、涉獵不同的領域，相信孩子會慢慢走出自己的路，父母只是扮演協助者的角色。

家有資優的孩子，對父母而言多數是喜悅的，至少在課業或某些方面的學習上不必太傷腦筋。雖然也有一些資優的孩子在學習上會有一些問題，例如低成就，然而，對多數家有資優孩子的父母而言，如何認識與養育這樣的孩子、如何幫助孩子快樂又充滿自信地學習、了解孩子心裡的想法、如何與孩子相處、關心孩子的情緒問題等，可能是他們較大的挑戰。

從小時候開始，父母就是孩子的主要照顧者，對資優孩子身心的發展有很大的影響。父母也扮演師傅、讚美者、紀律維持者、玩伴、老師，和最好的朋友等角色。因此，如何成為一個稱職的資優孩子的父母，是本章所關心的。作為一個資優班的老師，或校內有資優班的學校，資優學生父母的親職教育也絕對是他們關心的重點。學校和班級老師與家長有良好的聯繫與互動，對於學校和班級經營以及學生的學習是一種助力。

壹、親職教育的重要性與內涵

◎ 一、父母角色

家庭基本上是由父母和子女所組成，每一個孩子都是父母心中的寶，父母則是孩子的守護神，家庭是一個避風港，也是孩子的第一個教育場所。

父母若能在家庭中善盡做父母的責任，了解與滿足子女身心的發展與需求，協助子女有效成長與發展，讓家庭成為穩定社會的力量，就是一個稱職的父母。因此，親職教育就是在增強父母養育子女的技巧與能力，使之成為有效能的父母（effective parents）的歷程（黃德祥，1997）。

稱職的父母甚至在孩子未出生之前就開始重視胎教的問題；母親保持

愉悅的心情準備迎接寶貝的誕生，每天注意飲食的均衡與衛生，自己則欣賞一些美的事物，也讓胎兒聽柔美的音樂。在孩子出生之後，就開始計畫著如何教育自己的孩子，買一些有關兒童發展、兒童教養的書來閱讀，或者詢問有經驗的長輩、親戚、朋友、同事等；也會買一些童書來讀給他聽或開始教他識字、閱讀，孩子即在這樣的呵護之下平安成長。這是大多數現代父母的寫照。

孩子像是一顆種子、一塊空白的蠟板、一個高貴的野人、一個小的成人（Jensen & Kingston, 1986）。從懷胎開始，這顆種子就潛藏無限的可能，孩子的行為、人格、感覺、欲求、價值觀等，無一不受大人的影響。所以父母就像一個陶工（potter），他們必須很小心地提供經驗來建構與引導孩子的成長，回答孩子的問題，糾正錯誤的行為，教導孩子正確的原則。父母也像一名園丁（gardener），他們必須了解孩子不同的發展時期，提供各時期的發展環境，接納孩子的獨特性，讓他們依自己的興趣自由探索，但為了孩子的安全與健康，必要時需設定一些限制。父母也像一位名師（maestro），小心地規劃與設計家庭環境以符合孩子成長的目的，當孩子準備妥當，也應賦予該有的責任。父母同時也是一個顧問（consultant），隨時接受孩子的諮詢，不管是小時候的功課、交友，或長大後的升學、事業、婚姻等。父母角色的重要性可見一斑，因此父母教育（parent education）或稱親職教育（parenting education）就相對重要。

◎ 二、親職教育的內涵

父母在子女成長的歷程是不能缺席的，尤其要培育一個身體健康、人格健全、對社會有貢獻的子女，父母的角色與學校老師同樣重要。要成為一個稱職的父母，基本上要有下列認知，而這也是親職教育所重視的內涵

（黃德祥，1997）：

1. **父母角色的認同**：誠如前文所言，家庭是由父母與子女所組成，養育子女是父母的天職，是義務也是責任。父母從「生養」與「教育」成功的子女獲得成就感，父母在這過程所扮演的角色是無可取代的。

2. **了解孩子不同的發展**：孩子的發展可以分成許多不同的時期，每個時期有不同的特徵與發展任務。艾力克森（Erikson）將人的心理社會發展區分成八個重要且關鍵的時期，每一時期是發展的危機也是轉機（引自 Newman & Newman, 1995; Berk, 1994）。發展期間特別重要的是在嬰幼兒、兒童與青少年時期。

3. **適當運用管教方法**：管教子女在使孩子遵守家庭與社會規範，成為一個有教養的人，特別是在民主社會，尊重自己也尊重別人，其養成就從家庭開始。在家裡要遵守的規範如準時完成作業、養成閱讀習慣、共同做家事等；在社會要遵守的規範如守法、守時、排隊、維護環境整潔等。

4. **配合學校教育**：孩子長大之後進入學校開始接受正規教育，學校教育占去孩子發展歷程相當長的時間，以每天大約八小時計，占一天的三分之一；從小學到大學共十六年，約占一生的五分之一。這段期間雖在學校但並未脫離家庭教育，兩者是相輔相成的。

5. **孕育幸福家庭**：家庭中夫妻和諧、父慈子孝、兄友弟恭，是維持幸福和諧家庭的基礎，特別是夫妻之間的和諧最重要，「夫妻同心，其利斷金」，再從這當中發展教養子女的共同方法。家庭幸福和諧是家庭成員各種發展力量的來源。

6. **運用社會資源**：社會環境中有許多資源可以協助孩子成長，適當地運用有助於家庭教育的不足。例如社教館、文化中心、圖書館等，

這些資源可以提供子女知識的成長，也有許多書籍或演講提供父母教養子女的方法。其他像「張老師」也可以在必要時提供個人或家庭諮詢。

除此之外，在養育孩子的過程當中，父母（或老師和其他成人）要成為孩子最可信賴的人，讓孩子達成最大成就和最好的社會化，下面一些建議也可供參考（Strip & Hirsch, 2000）：

1. **養成專注的習慣**：父母總希望孩子做任何事都要專注；相反的，若孩子與你討論事情時，即使你再忙，也要保持一顆專注的心，傾聽孩子說話，孩子覺得受到尊重，父母也做了最佳示範。

2. **提供與孩子溝通的管道**：即使父母無法經常在孩子身邊，孩子需要告訴你事情或與你討論時，可以隨時讓你知道他的需求。使用記事本、貼紙或白板寫下，在你最可能的時間回應其問題或需求。

3. **確保言行一致**：資優的孩子是非常敏於察言觀色的，當與孩子對話時，確保你是認真的，對孩子有所承諾時，必定是說到做到。即使是生氣，也必須讓孩子了解，你所傳達的訊息也是認真的，沒有模糊。

4. **尊重孩子的隱私**：孩子從小喜歡有自己的祕密基地，留給他空間吧！即使他的記事本、抽屜，他都視為其祕密基地。有些父母視孩子為自己的延伸，所以凡事都要搞清楚孩子在做什麼，這是不太好的。但有例外，如果父母懷疑孩子正從事非法或危險行為，為了孩子免於受到傷害，應將你的懷疑用適當方式明朗化。

5. **堅持孩子遵守你的底線**：尊重是相互的，給孩子適度的發展空間有助於他的創造力。然而，有些事情該遵守的還是要堅持，例如躲到房間講電話不停，或窩在沙發上看電視過久又一邊吃零食，或房間東西一團亂，養成良好行為的規則或限制是父母該說清楚的。

6. **即使要限制孩子行為，也應理解其感受**：有些資優孩子無法等待，或者無法忍受戲弄，父母應以同理心看待這些事情。教孩子學會等待、如何看待戲弄，是一種修為，也是一種藝術。

7. **尊重孩子的自信**：資優的孩子為了證明自己可以完成某件事情，希望父母不要管太多或介入太多。除非你有充分的安全或健康顧慮，否則應尊重孩子自主、自律的能力。

8. **決策時納入孩子的意見**：家裡有任何事情要決定，聽聽孩子的意見，分析合不合理、公不公平、有用或沒用，有助於孩子未來遇到事情時，能做冷靜的處理和批判性的思考。

9. **對孩子信實**：資優的孩子會問很多問題，甚至是真的難題，有的父母不見得都能回答。最好的方式是信實以對，「我真的不知道，讓我們一起來找找看答案！」這也可以養成孩子尋找資源、解決問題的能力。

　　林家興（1997）從社區心理衛生預防的觀點，提出親職教育的內容：初級預防包括關於兩性與婚姻的課程、親子關係與子女管教的課程、經營家庭生活的課程。次級預防的課程包括為人父母良好的溝通能力、問題解決能力、正確的管教態度、情緒自我控制能力、了解子女的能力、有效管教的方法、自我覺察的能力等。三級預防通常是對有嚴重親子問題，例如親子衝突、家庭暴力，或子女問題如心理疾病、犯罪坐牢等家庭所做的處理，通常是個別化的服務，以重建父母效能和家庭功能為目的。

貳、資優學生父母的親職教育

　　不論是一般的孩子或特殊的孩子，為人父母者都不能在其發展中缺席。當父母發現自己的孩子在各方面的表現超前其他兒童，例如身體的發

展、語言的發展、認知的發展、知覺動作的協調性等，通常一開始會覺得很高興：我的小孩應該是不錯的，對孩子的潛能表示樂觀。大多數的父母會很想知道孩子是不是資優，希望能有人幫孩子鑑定。而且他們會想到，我該如何幫助孩子發展他的特殊能力，以免浪費人才。當孩子到達上學年齡，他們會關心要上什麼學校，學校有哪些方案對孩子有利、對其特殊才能具有挑戰性。他們關心孩子成就的問題、社會和情緒需求的問題。

　　作為資優孩子的父母，要如何在其成長的歷程中協助其發展呢？

◎ 一、重視早期發展的契機

　　每一個孩子的早期發展都是重要的，專家們都提醒父母早期良好的環境對孩子的語言和認知發展的重要性。例如，和孩子有意義的對話、傾聽孩子的說話，有助於增進孩子的溝通能力和注意技巧；對孩子閱讀、鼓勵孩子閱讀，有助於提升孩子的語彙能力和思考技巧；陪孩子玩玩具，特別是建構式的玩具，有助於發展大小肌肉的協調性、空間能力、專注力、遵守規範和合作意願，也會鼓勵獨立思考和問題解決。

　　對於資優兒童，從小養成專注習慣、喜歡閱讀、獨立思考和問題解決是很重要的，也是以後成功學習的基礎。

　　戴維斯和瑞姆（Davis & Rimm, 1994）建議家有學前資優兒童的父母以下幾件事：(1)看電視應該有所選擇並加以限制，電視看得過多會減少閱讀的時間與興趣。(2)跟孩子說話時不要一直都是父母在講，或者經常嘮嘮叨叨，孩子會覺得很無聊，會失去聽話的耐性與注意廣度，孩子可能變得不愛講話，失去溝通的興趣。(3)給孩子一些單獨的時間可以自己玩，有助於發展孩子獨立行為、想像和創造。(4)對於孩子的問題，父母本身要保有一些彈性並能容忍曖昧不明，有助於發展孩子創造的想像。(5)在孩子閱讀

的同時可以發展一些寫字技巧，但不要太多，也不要給孩子壓力，以免孩子寫字姿勢不對。

◉ 二、了解資優兒童與資優教育

提到所謂「資優兒童」，一般人或許很容易聯想到高智商。現今一般智能優異班級的認定標準是智商130以上；但除了以一般智商作為考量外，也有「學術性向優異」，也就是孩子可能在單一科目或兩科表現超前，其他普通，例如數學或語文優異。有的孩子是以藝術才能見長，例如音樂、美術、舞蹈；在我國《特殊教育法》還有所謂領導才能、創造能力或其他特殊才能。葛德納（Gardner, 1983）的多元智能和泰勒（Taylor, 1988）的多元才能觀點（見本書第一章），提醒父母不應以單一觀點來認定所謂的「資賦優異」，也就是在人類值得努力的領域有潛能或良好表現的，都值得我們去關心他的發展。

如果是資賦優異兒童，經過篩選、鑑定後接受資優教育，目前我國所提供給資優兒童的教育以一般智能、學術性向和藝術才能（音樂、美術、舞蹈）為主，領導才能和創造力沒有成班，只有零星的方案或短期的營隊活動或融合在課程中。資優教育除了學科、術科按部就班的學習外，充實教學是主要強調的重點，加速學習、跳級也是一種選項（見本書第四、五章）。父母不要對資優教育存有「就是升學保證班」的迷思，而對老師或學校有不當的要求，這對於孩子、老師、學校都是一種壓力，對資優教育也是一種傷害。父母要讓資優教育回歸正常本質，也就是開發孩子無限可能的多元潛力，讓孩子具有創新的思維，有正常的人格與品行，所學能為人類社會所用。

◉ 三、賦予孩子積極的期望

　　對於任何孩子，積極、正向且適當的期望是導致他成功的必要力量。賦予期望傳達孩子一項訊息：「我是在意的。」對於孩子的學業與行為同樣重要。父母的在意，孩子就會注意並內化於心，對於學業的成就和良好的行為就會有積極的態度；如果父母不在意，除非孩子本身主動積極，否則要有好的成就或行為有如緣木求魚。

　　對於資優的孩子，期望可以比一般孩子高，但也不能過高到超乎他的負荷；過於理想化，超乎現實，只會造成孩子的挫折和壓力。父母不宜期待孩子來完成自己未完成的心願，或者過於受到一般社會價值觀所影響，左右孩子的興趣發展。孩子如果朝著自己的興趣去發展，就如同魚兒，自由自在地悠游於水中；如同鳥兒，自由自在地飛翔於山林間，多麼快活。所以要尊重孩子的興趣，給他最大的發展空間做「自己」（蔡典謨，1996）。

　　鼓勵孩子在學業上達成高成就，但避免養成孩子競爭的心態，尤其是在同儕之間的競爭，那會造成孩子無謂的壓力且破壞同儕之間的和諧。競爭是要跟自己比，今天的自己要超越昨天的自己，明天的自己要超越今天的自己。當然，成就包含卓越，但不要被孩子解讀為凡事都要贏，如果「卓越」和「贏」被視為凡事都要爭第一，那孩子就冒著失敗的高風險，一旦失敗，難免造成挫折感，甚至放棄追求卓越。所以，父母賦予孩子追求卓越應著眼於未來，而不是眼前的第一。

　　成就是需要努力的，不是因為資優就會成功，「不經一番寒徹骨，哪得梅花撲鼻香」是最好的說明，在努力的過程當中，犧牲及訓練是必需的。因努力而成功不表示你不夠聰明，讓你的孩子相信：他自己必須盡可

能花費較多時間，才能得到感到自豪的成果。「做你需要做的，並為你的所作所為感到自豪」（引自吳道愉譯，2000）。讚美孩子因「努力」而成功，而不是因「資優」而成功。切勿貶損一時的失敗，讓孩子失去再努力的動力。

因此，協助孩子設定可行的生涯目標是很重要的，Lindbom-Cho（2013）提出 SMART 的概念：S（simply-written and specific），是指目標很重要而且可達成明確的結果；M（meaningful），是指目標對孩子未來是有意義的；A（achievable and action-oriented），是指目標是可一步一步達成的，且是行動導向的；R（realistic and reviewable），是指目標是很實際的，而且可以看出其進步的歷程；T（time-sensitive），是指達成目標的步驟是明確的，但必要時可微調，可是不會偏離正確的目標。計畫愈明確，達成目標的機會愈大。

◎ 四、與孩子一起成長

資優孩子學習快速，學得的多且廣，記得的也多。父母有時候因為工作忙碌，可能會忘了要精進自己。然而，時代不斷在進步，知識也不斷在累積，其增加的速度實在驚人。經驗可以累積成長，但若停止學習，很快就會與時代脫節。孩子不斷在進步，父母若是進步得慢或停止進步，很快就會與孩子產生鴻溝，在與孩子溝通上就容易有落差。所以父母要與孩子一起成長。

父母所學的或許與孩子的功課有關，然而父母那一代所學的與孩子這一代所學的會有一些差異，與孩子一起成長就是要了解孩子現在都在學些什麼。此外，父母要學的不只這些，因為資優教育強調廣博的學習，所以凡是能有益知識成長的都要廣泛閱讀，或者多參加演講會，多多向專家、

學者、同事請益（蔡典謨，1996）。

　　與孩子一起成長最好的方法是親子共讀。有資優孩子的家庭通常會買許多的書，包括文學、藝術、科學、歷史、哲學等，孩子的興趣很廣，所以這些書籍的種類也很廣。有些書甚至父母以前都沒有機會閱讀，若能藉此機會與孩子一起閱讀，除了可以了解孩子閱讀的內容外，更可以利用機會與孩子一起討論，增進閱讀的興趣。一起閱讀除了促進知性外，也可以增進感性，有益於親子關係；若能從中討論人生哲理或資優生常會有的情緒問題、壓力問題、挫折問題或衝突問題等，這是親子共讀最大的收穫。

◎ 五、與老師、學校合作

　　資優班老師對於孩子的學習負有很大的責任，他們通常會在開學之初規劃好學期甚至學年的課程，然後召開家長座談會，說明課程架構以及將如何進行，有時候某些課程的執行需要家長的配合或協助。這樣的座談會或說明會，家長一定要參加，除了了解課程的架構和目的外，家長若有任何看法也可以在此時提出，並與老師做良性的溝通和討論，取得共識後就依照計畫執行。家長可以提出建議，但盡可能避免干預太多，畢竟老師站在專業的角度，思考的是資優教育課程的縱橫連貫，或是與普通課程的合作或區別，考量的是全班同學的最大利益。在課程進行當中，家長配合老師，協助孩子學習的指導是必要的。親師有良好的溝通與合作，對孩子的成長幫助很大。

　　親師溝通可以是正式的，如會議；可以是非正式的，如參與學校活動。親師溝通要有效能，有幾個重點是必須注意的（Strip & Hirsch, 2000）：(1)先傾聽，良好的溝通先從傾聽開始；(2)眼神的接觸，眼神的接觸可建立對雙方有興趣和被接受的氣氛；(3)反應之前先等待，也就是先確

認自己所聽到的是正確的；(4)釋義，主要是澄清對話的原意沒有被誤解；(5)強調「我們」而不是「你」，「我們」是正向的，「你」有點指責的味道；(6)顯示禮貌，當父母或老師一方聽到負向訊息，討論的重點應該是問題而不是感覺，否則很容易情緒化；(7)感謝對方願意花時間會面，因為雙方都有自己的事要做；(8)控制你的情緒，在生氣或沮喪的情況下是不容易解決問題的；(9)保持開放的心，彼此學習、增長；(10)寫張謝卡給老師，感謝老師所提到的重點及其所做的努力；(11)必要時讓老師了解你需要其他的會晤，例如有關孩子學業、社會、情緒問題等。

學校辦理資優教育有其所欲達成的目標，所以會辦理一些活動，例如資優教育說明會、資優教育親職講座、獨立研究成果或教學成果發表會、班親會等。父母對這些活動的參與度愈高，愈能了解該校資優教育的理念與做法，也較有機會了解該校資優教育以及自己孩子的學習效果。

如果家長對學校或資優班有任何意見相左的地方，不要在孩子面前批評學校或老師，因為這樣會讓孩子對學校或老師產生懷疑，會對學校或老師產生不信任感，甚至影響所及，孩子會不喜歡這個學校、這位老師，或這個科目，這實在是非常不適當的做法。最好的做法是找學校負責人或老師談一談你的看法，也了解學校或老師的看法。家長與學校或老師雙向且善意的溝通是促進合作的第一步，對孩子的學習才有幫助。

◎ 六、處理手足關係

家裡同時有資優和非資優孩子，父母在處理手足關係時要特別留心。首先要注意的是避免手足之間的比較，尤其是負面性的比較（盧雪梅譯，1994），甚至肢體語言如眼神。例如在學業成就、校內外比賽成績、完成功課的質與量等。非資優的手足在成就表現上或許會低於資優的手足，如

果以此來說非資優手足的不是，不但不公平，也傷了非資優手足的心；如果因而助長了資優手足的氣焰，傷了手足和氣，那可真是得不償失。

　　其次，在分擔家庭工作的分配上，資優與非資優手足應一視同仁，不論是工作的量或是工作的性質，應該沒有差別待遇。父母如果因為孩子是資優而呵護備至，或者體諒其功課繁重而免除家庭雜役，對孩子只是一種傷害而不是愛護。對於非資優的手足，若是因而要承擔較多工作，等於是對「不夠聰明」的一種懲罰，不但不公平，也會傷了孩子的心，影響手足關係。

　　其他如對孩子的獎懲，也應公平對待。資優的孩子或許有較多的機會獲得校內外的獎勵，非資優的孩子可能機會較少；父母對孩子的獎勵是因為「努力」而不是因為「聰不聰明」。努力是成功的關鍵，能力佳（例如聰明）但不夠努力也是枉然，能力不好（例如不夠聰明）但努力夠，也會有成功的一天。父母不能因能力而對孩子有差別待遇，做錯事情的懲罰亦然。

　　所以，在處理資優和非資優手足關係時，父母要謹記在心的是，對於各個孩子的長處和能力同樣尊重、幫助孩子認識並欣賞自己獨特的優點與限制、提供每個孩子學習與他的能力和興趣相符合的東西的機會、不要讓資優的標記在家裡造成孩子的優越感，或其他手足的劣等感（Matthews & Foster, 2005）。

◎ 七、善用社會資源

　　資優教育的場所除了學校外，有很多時候需善用社會資源；社會資源包括人力資源和事物資源等。人力資源如典範良師，典範良師有如古時候的師傅制度，當資優學生的興趣、專長無法在學校獲得指導時，學校或家

長應協助其尋找典範良師，資優生跟著典範良師學習一段時間，從中學習典範良師的知識、技能，甚至人際關係、人格的陶冶、生涯的選擇與規劃等。有些時候，資優生的獨立研究需要的人力資源是在大學、公家機關或研究機構，父母或老師應協助他們聯絡這些人士，幫助他們完成獨立研究。

事物資源如一些具有教育功能的場所或活動，存在於生活的周遭。劇場、音樂廳、圖書館、社會教育館／生活美學館、文學館、文化中心、古蹟、自然景觀等，豐富的文物內容就是相當好的學習材料，有些地方還會有專業人士的導覽、解說。此外，這些地方還會經常性地舉辦音樂會、戲劇表演、展覽和演講會等。有一些具地方特色的傳統活動，例如臺南的「做十六歲」、大甲的「媽祖回鑾」、原住民部落的「豐年祭」、平溪的「放天燈」等；地方特色產業，如美濃的「油紙傘」、鶯歌的「陶瓷」、三義的「木雕」、嘉義的「交趾陶」等。社會上到處存在的資源，其豐富的內容足以啟發孩子的多元智能，就看父母如何去引導，如何帶領孩子去探索、去學習。

◉ 八、善盡社會責任

資優孩子資質佳、發展性強、可預期性高，他們由父母、學校、國家共同培養，是社會的共同資產，對於社會、國家甚至全人類負有一份可期待的責任。在養育的過程，父母固然期待孩子個人能有最佳的發展，能為個人和家庭帶來幸福與榮耀；但是，社會還是期待他們能為人類社會做出貢獻。培養孩子全球觀，是學校的任務，也是父母的挑戰。培養全球觀是教育哲學的層次，教育的重點放在四個C：(1)創造力和發明（creativity and innovation）；(2)批判思考和問題解決（critical thinking and problem solv-

ing）；(3)溝通（communication）；(4)合作（collaboration）。這是二十一
世紀應重視的夥伴關係技巧，學校和父母應共同合作，培養孩子的這四項
能力（Phelps & Fogarty, 2011）。

　　父母和老師甚至可以協助孩子發展出類如甘地、馬丁路德、德蕾莎修
女一般，對有意義事情的敏感度和堅持的作為，服務學習是最好的開始。
積極主動的參與服務學習，可以跳脫以自己為考量的狹隘思考，關心可以
讓世界更不一樣的做法，發展出更自信、更慈悲的胸懷。美國喬治‧布希
總統在 1990 年，簽署了第一個服務學習法案，比爾‧柯林頓總統更簽署法
案，可以成立全國及社區服務社團法人（Terry, 2012）。學生可以從班級、
學校、社區開始，發展對問題與需求的敏感。前面我們提到阮儒里的認知
—情意交織特質，將它結合課程是一個很好的做法。服務學習可以讓資優
生展現創造性的問題解決、責任心、自我覺知、自主思考與行動，甚至自
我實現。所以，親師生可以相互討論具體做法，但學生是行動的主導者，
老師和父母是旁邊的引導者、行動的支持者與堅強的後盾，讓學生展現可
以改變世界的信心與力量。

　　要能為人類社會做出貢獻而不是危害，在養育的過程就要注重孩子責
任心的培養、人格與情緒的陶冶。例如從小就要養成對自己的事負責，及
幫忙做家事的習慣；在家要尊敬長上、友愛兄弟姊妹；在學校要尊敬老
師、友愛同學，並做好自己分內的事。父母也可以帶領或鼓勵孩子做一些
義務性的工作，例如慈善團體或公益團體的活動；或者有些孩子為籌募弱
勢兒童扶助基金，主動籌劃義演活動，從工作中體會服務的意義和付出的
樂趣。

　　對於社會的責任心固然可以從學校課程的安排而增進，但父母帶著孩
子去做，父母本身就是最好的示範。

◉ 九、尋求專業協助

在資優孩子的成長歷程中，父母除了了解孩子的生理發展特質並給予必要的協助外，對於孩子心理的發展更應注意。多數資優兒童的生理發展、健康狀況是優於一般兒童的，父母需要操心的比較少。但由於資優兒童的認知發展比一般兒童超前，在心理方面就比一般兒童要複雜得多，也比較難處理，需要父母多用一點心，特別是需要心理的建設、心理的輔導或諮商時。

資優孩子或許會有的心理問題，例如：如何與人互動、如何處理壓力、如何處理衝突、如何看待批評、如何管理情緒、如何看待他人期望、如何解讀他人感覺、如何分析理想與現實，其他如完美主義、低成就、過度敏感／過度激動等（見本書第十章），都需要父母好好處理。簡單的問題、不太嚴重的問題或許父母就可處理，給孩子一個正常的成長環境，例如民主的、關懷的、付出的家庭，通常都可培育一個健全的孩子。但是當孩子有問題時，父母除了從書本上獲得一些專業知識外，尋求專家的協助也是必要的。

可以從哪些地方獲得協助呢？與資優學生相處有豐富經驗的資優班老師是最先可以請教的對象；他們大多修習過資優教育的相關學分，具有學士或碩士學位，對於資優學生的心理與教育知道甚多。其次，同樣有資優孩子的父母親，他們的育兒經驗也很有參考價值。再來是各大學特殊教育學系或心理輔導學系的相關專長教授或心理諮商人員，他們或許可從學理或研究實務上的結果提供父母一些建議。對於非常特殊的個案，心理諮商師或心理治療醫生可以提供專業的評估並做治療。

◉ 十、參與資優兒童父母團體

高品質的資優教育存在有資優兒童父母團體的地方（G. Nance；引自
Willis, 2012）。資優孩子在學校、學區都是少數，資優學生父母也是少
數，在教養孩子當中，有時會覺得有些力不從心，甚至不知如何是好。參
與父母團體，例如資優兒童家長協會是不錯的方法。在此父母團體中，可
以找到一群志同道合或有相同問題的父母，大家彼此關心的或許是學校教
育的問題、孩子管教的問題、文化成長的問題。透過互相討論或聘請專家
來演講，可以有效增進父母效能。

父母團體對學校教育也可以扮演支持的角色、促進的角色，但不要掣
肘學校教育。父母團體幫助老師、幫助學校，無形中也在促進老師和學校
的專業發展，共同建構一個豐富的、多向度的、合作的學習環境。資優班
的父母專業非常多元，可能包括商業、工業、媒體、醫學、法律、農業技
術、生物科技、電腦科技等，善加利用將有助於擴展班上學生的多元觸
角，受益的是所有學生。老師也不要視家長團體為一種威脅，要傾聽並且
尊重家長的意見。父母、老師、學生和行政人員的合作，會創造一個較好
的學校文化。父母對資優教育需求的聲音，甚至也可透過父母團體，比較
容易讓行政決策者及立法者聽到。

父母團體可以協助教育個別的父母，也可以在需要時提供老師協助。
個別的父母可以提供充實的活動給全體學生，例如利用星期六、假日、寒
暑假提供迷你課程或作為典範良師，教導孩子特別的藝術、音樂、數學或
電腦等，這就是學校與社區的連結，對於資優兒童做出最佳的服務與支持
實務。

　　父母是孩子的第一個老師，有優質的父母才能教養出優質的孩子。家有資優的孩子，父母所要付出的心力是很大的。為了資優孩子順利的成長與發展，父母的親職教育需要學校、社會、父母本身共同協力合作才能克竟全功。

參考文獻

◎ 中文部分

毛連塭（1980）。教育部辦理資優兒童教育研究實驗計畫簡介。載於國立臺灣師範大學特殊教育中心（主編），**國民中小學資賦優異學生教育研究第二階段實驗輔導會議實錄**（頁 25-29）。

毛連塭（1986）。端正資優教育加速制的觀念。**資優教育季刊，21**，1。

毛連塭（1996）。**資優教育：課程與教學**。臺北：五南。

王文科（1994）。**教育研究法**。臺北：五南。

王琡棻、盧台華（2013）。國小資優生認知—情意交織特質量表之發展研究。**測驗統計年刊，21**（2），25-55。

吉靜嫻（1987）。朝陽又一年：記七十六年暑期朝陽夏令營活動。**資優教育季刊，24**，3-10。

何華國（1990）。**特殊兒童心理與教育**。臺北：五南。

吳昆壽（1987）。**資賦優異與智能不足兒童家庭與社區生活調查**。國立彰化師範大學特殊教育研究所碩士論文，未出版，彰化市。

吳昆壽（1992a）。**特殊教育的想法與作法**。高雄：復文書局。

吳昆壽（1992b）。發展障礙兒童的特殊才能。**特教園丁季刊，8**（1），22-26。

吳昆壽（1993）。**國小資優生與普通生認知風格、學習策略與學業成就關係之研究**。國立臺南師範學院特教叢書，17。

吳昆壽（1996）。*Teachers' perspective for developing programming for the gifted handicapped.* Unpublished dissertation, Ohio State University, OH.

吳昆壽（1997）。普通班級中資優兒童的適性教育。**特教之友，8**，4-10。

吳昆壽（1998）。搭起資優教育研究與教室實務的橋樑——參加一次學術盛會記實。**特教之友，9**，2-7。

吳昆壽（1999）。資優殘障學生教育現況與問題調查研究。**特殊教育與復健學報，7**，1-32。

吳昆壽（2001）。教授序言。載於陳玉蟬（著），**情意教學魔法書**。臺南：翰林。

吳武典（1986）。重視資優的殘障者之教育。**資優教育季刊，21**，1。

吳武典（1997）。教育改革與資優教育。**資優教育季刊，63**，1-7。

吳武典（1998）。情意智能與情意教育。載於中華資優教育學會主辦「**多元智能與成功智能的理論與實務**」研討會會議手冊。臺北：國立臺灣師範大學。

吳武典（2003）。三十年來的臺灣資優教育。**資優教育季刊，88**，1-5。

吳武典（2005，10月29日）。**亞太地區資優教育的展望**。論文發表於「亞太資優教育發展」學術研討會。臺北：國立臺灣師範大學。

吳武典（2006）。我國資優教育的發展與展望。載於「**2006 年特殊教育研討會手冊**」。臺南：國立臺南大學特殊教育中心。

吳武典（2013）。臺灣資優教育四十年（一）：回首前塵。**資優教育季刊，126**，1-11。

吳武典、林寶貴（1992）。特殊兒童綜合輔導手冊：第二次全國特殊兒童普查結果之應用。載於**特殊兒童輔導手冊（一）**，教育部第二次全國特殊兒童普查工作執行小組。

吳武典、陳美芳、蔡崇建（1985）。國中資優班學生的個人特質、學習環境與教育效果之探討。**特殊教育研究學刊，1**，277-312。

吳道愉（譯）（2000）。J. R. Campell 著。**教出資優孩子的秘訣**（Secrets of productive parents）。臺北：心理。

李約翰（譯）（1994）。W. Cohen 著。**領導藝術家：怎樣做一位成功的領導人**（The art of the leader）。臺北：遠流。

李翠玲（1990）。**傑出肢體障礙人士生涯歷程及其影響因素之探討**。國立臺灣師範大學碩士論文，未出版，臺北市。

李德高（1996）。**資賦優異兒童課程設計**。臺北：五南。

李明洋（譯）（2016）。**為什麼不會出現「為芬蘭而教」？**取自天下雜誌網站 http://opinion.cw.com.tw/blog/profile/364/article/3848

李乙明（2008）。數理資優學生社會資本之發展系列研究（Ⅰ）──千鳥格經緯系統的建構及其內涵向度之發展。載於國立臺灣師範大學（主編），**97 年度數理特殊教育學門專題研究計畫成果集**（頁 20-25）。編者。

林幸台（1997）。資優學生鑑定與安置問題之檢討與改進芻議。載於中華民國特殊教育學會（主編），**資優教育的革新與展望**（頁 211-247）。臺北：心理。

林家興（1997）。**親職教育的原理與實務**。臺北：心理。

林淑華、張芬芬（2015）。評析芬蘭教育制度的觀念取向：以共好取代競爭。**臺灣教育評論月刊，4**（3），112-131。

邱上真（1991）。學習策略教學的理論與實際。**特殊教育與復健學報，1**，1-49。

邱連煌（1998）。啟發兒童的智能：多元智能理論在教學上的應用。載於中華資優教育學會主辦「**多元智能與成功智能的理論與實務**」研討會會議手冊。臺北：國立臺灣師範大學。

姚瓊儀（1993）。朝陽夏令營成果報告：畢業生營。**資優教育季刊，49**，3-6。

洪有義（1982）。國中智能不足與資賦優異學生心理特質之比較研究。**教育心理學報，15**，167-194。

洪儷瑜（1984）。淺談領導才能訓練之理論。**資優教育季刊，14**，3-7。

特殊教育法（1997）。

特殊教育法（2014）。

張玉成（1988）。**開發腦中金礦的教學策略**。臺北：心理。

張春興（1980）。**心理學**。臺北：東華書局。

張春興（1997）。**教育心理學：三化取向的理論與實踐**。臺北：東華書局。

張蓓莉（1997）。「身心障礙及資賦優異學生鑑定原則，鑑定基準」修訂草案總報告。臺北：國立臺灣師範大學特殊教育學系。

教育部（2013）。**身心障礙及資賦優異學生鑑定辦法**。

教育部（2014）。**特殊教育學生調整入學年齡及修業年限實施辦法**。

梁仲容、蘇麗雲、吳昆壽（2005）。資優行為觀察量表之編製與常模建立研究。**特殊教育與復健學報，14**，121-148。

許信枝（1978）。**資賦優異兒童教育**。臺北：臺灣開明書店。

連寬寬（1981）。創造性思考教學。**資優教育季刊，4**，24-28。

郭有遹（1973）。**創造心理學**。臺北：正中書局。

郭為藩（1979）。資賦優異兒童生活適應（自我觀念）之評鑑。載於教育部國民教育司（主編），**資賦優異兒童教育研究實驗叢書，5**，14-29。

郭為藩（1996）。全國資優教育會議開幕詞。載於**全國資優教育會議實錄**。高雄：國立高雄師範大學特殊教育中心。

郭靜姿（1986）。跳級制度面面觀。**資優教育季刊，21**，3-6。

郭靜姿（1997a）。資賦優異學生的鑑定問題，載於中華民國特殊教育學會（主編），**資優教育的革新與展望**（頁 225-248）。臺北：心理。

郭靜姿（1997b）。資優生鑑定效度研究的省思：再談測驗在資優鑑定的運用。載於中華民國特殊教育學會（主編），**資優教育的革新與展望**（頁 249-269）。臺北：心理。

郭靜姿、蔡尚芳（1997）。**跳級資優生之追蹤研究報告**。國科會專題研究計畫成果報告（NSC-86-2511-S-003-042）。臺北：國立臺灣師範大學特殊教育學系。

陳之華（2013）。**沒有資優班，珍視每個孩子的芬蘭教育**。臺北：木馬文化。

陳英豪、吳鐵雄、簡真真（1980）。**創造思考與情意的教學**。高雄：復文書局。

陳龍安（1986）。批判思考的自我訓練。**資優教育季刊，21**，35-39。

黃光雄（1989）。**教育評鑑的模式**。臺北：師大書苑。

黃政傑（1997）。**教學原理**。臺北：師大書苑。

黃堅厚（1983）。我國資優兒童的身心發展研究。載於中華民國特殊教育學會（主編），**瞭解與支持特殊兒童**（頁 38-55）。

黃瑞珍（1987）。資優的聽覺障礙學生。**資優教育季刊，22**，16-19。

黃德祥（1997）。**親職教育（二版）**。臺北：偉華書局。

賈馥茗（1979）。**英才教育**。臺北：臺灣開明書店。

劉麗真（譯）（1993）。Heim、Chapman 著。**領袖非天生：學習做個領導**（Learning to lead）。臺北：麥田。

歐用生（1982）。**資賦優異兒童課程設計**。高雄：復文書局。

蔡典謨（1996）。**協助孩子出類拔萃**。臺北：心理。

蔡春美（1985）。**國小資賦優異兒童獨立研究能力之指導**。臺中：臺灣省政府教育廳。

蔡崇建（1997）。資優教育與教師角色。載於中華民國特殊教育學會（主編），**資優教育的革新與展望**（頁 451-461）。臺北：心理。

盧台華（1984）。如何訓練資優學生的領導才能。**資優教育季刊，14**，8-11。

盧台華（1995）。殘障資優學生身心特質研究。**特殊教育研究學刊，13**，203-219。

盧雪梅（譯）（1994）。J. T. Webb 等著。**資優兒童親職教育**（Guiding the gifted

child）。臺北：心理。

蕭富元（2015）。芬蘭發動課程改革——培養孩子7種「橫向能力」。取天下雜誌網站 http://www.cw.com.tw/article/article.action? id=5068473

簡茂發、蔡崇建、陳玉珍（1997）。資優概念探析。載於中華民國特殊教育學會（主編），資優教育的革新與展望（頁3-19）。臺北：心理。

譚家瑜（譯）（1993）。J. W. Gardner 著。新領導力（On leadership）。臺北：天下文化。

釋證嚴（2003）。靜思小語。臺北：慈濟文化。

◉ 西文部分

Albert, R. S. (1975). Toward a behavioral definition of genius. *American Psychologist, 30*, 140-151.

American School Councilor Association，ASCA (2016). Retrieved from http://www.schoolcounselor.org

Bain, S. K., Choate, S. M., & Bliss, S. L. (2006). Perceptions of developmental, social, and emotional issues in giftedness: "Are They Realistic?" *Roeper Review, 29*(1), 41-48.

Banbury, M. M., & Wellington, B. (1989). Designing and using peer nomination forms. *Gifted Child Quarterly, 33*, 161-164.

Barbour, N. B. (1992). Early childhood gifted education: A collaborative perspective. *Journal for the Education of the Gifted, 15*(2), 145-162.

Barron, F., & Harrington, D. M. (1981). Creativity, intelligence, and personality. *Annual Review of Psychology, 32*, 439-476.

Baum, S. M., Renzulli, J. S., & Hebert, T. P. (1995). Reversing underachievement: Creative productivity as a systematic intervention. *Gifted Children Quarterly, 39*, 224-235.

Beane, J. A. (1990). *Affect in the curriculum: Toward democracy, dignity, diversity.* New York, NY: Teachers College, Columbia University.

Bennis, W. (1991). Learning some basic truisms about leadership. *The Phi Kappa Journal, 71*(1), 12-15.

Berk, L. E. (1994). *Child development* (3rd ed.). Boston, MA: Allyn and Bacon.

Bernal, E. M. (1982). Identifying minority gifted students: Special problems and procedures. In D. N. Smith (Ed.), *Identifying and educating the disadvantaged gifted talented* (pp. 51-61). Los Angeles, CA: The National State Leadership Training Institute on the Gifted and the Talented.

Betts, G. T. (1985). *Autonomous learner model for the gifted and talented*. Greeley, CO: Autonomous Learning Publication and Specialists.

Betts, G. T., & Kercher, J. K. (1999). *Autonomous learner model optimizing ability*. Greeley, CO: Autonomous Learning Publication and Specialists.

Betts, G. T., & Neihart, M. (2004). Profiles of the gifted and talented. In R. J. Sternberg (Ed.), *Definitions and conceptions of giftedness* (pp. 97-106). Thousand Oaks, CA: Corwin Press.

Bireley, M., & Genshaft, J. (1991). Adolescence and giftedness: A look at the issues. In M. Bireley & J. Genshaft (Eds.), *Understanding the gifted adolescent: Educational, developmental, and multicultural issues*. New York: Teachers College Press.

Blaas, S. (2014). The relationship between social-emotional difficulties and underachievement of gifted students. *Australian Journal of Guidance and Counselling, 24*(2), 243-255.

Borba, M. (2001). *Building moral intelligence: The seven essential virtues that teach kids to do the right things*. San Francisco, CA: Jossey-Bass.

Brody, L. E., & Benbow, C. P. (1987). Accelerative strategies: How effective are they for the gifted? *Gifted Child Quarterly, 31*, 105-110.

Brody, N. (1992). Childhood IQs as predictors of adult: Educational and occupational status. *Science, 197*, 482-483.

Burn, J. M., Mathews, F. N., & Mason, A. (1990). Essential steps in screening and identifying preschool gifted children. *Gifted Child Quarterly, 34*(3), 102-107.

Burns, F. D. (1993). Independent study: Panacea or palliative? In C. J. Maker (Ed.), *Critical issues in gifted education: Programs for the gifted in regular classrooms* (Volume II), (pp. 381-399). Austin, TX: Pro-ed.

Callahan, C. M. (2006). Developing a plan for evaluating a program in gifted education. In J. H. Purcell & R. D. Eckert (Eds.), *Designing services and programs for high-ability learners* (pp. 195-206). Thousand Oaks, CA: Corwin Press.

Campbell, J., & Eyre, D. (2007). The English model of gifted and talented education: Policy, context and challenges. In S. N. Phillipson & M. McCann (Eds.), *Conceptions of giftedness: Social-cultural perspectives* (pp.459-475). Mahwah, NJ: Lawrence Erlbaum Associates.

Carnine, D. (1989). Teaching complex context to learning disabled students: The role of technology. *Exceptional Children, 55*(6), 524-533.

Chan, D. W. (2007). Leadership competencies among Chinese gifted students in Hong Kong: The connection with emotional intelligence and successful intelligence. *Roeper Review, 29*(3), 183-189.

Clark, B. (1992). *Growing up gifted* (4th ed.). New York: Macmillan.

Colangelo, N. (1991). Counseling gifted students. In N. Colangelo & G. A. Davis (Eds.), *Handbook of gifted education* (pp. 273-284). Needham Heights, MA: Allyn and Bacon.

Colangelo, N., & Kelly, K. R. (1983). A study of student, parent, and teacher attitudes toward gifted programs and gifted students. *Gifted Child Quarterly, 27*, 107-110.

Colangelo, N., Kerr, B., Christensen, P., & Maxey, J. (1993). A comparison of gifted underachievers and gifted high achievers. *Gifted Child Quarterly, 37*, 155-160.

Corn, A. L., & Bishop, V. E. (1983). Educating teachers of the gifted-handicapped: A survey of teacher education programs. *Journal for the Education of the Gifted, 7*(2), 137-145.

Cornell, D. G., Callahan, C. M., Basin, L. E., & Ramsay, S. G. (1991). Affective development in accelerated students. In W. T. Southern & E. D. Jones (Eds.), *The academic acceleration of gifted children* (pp. 74-101). New York: Teachers College Press.

Davidson, J. E., & Sternberg, R. J. (1984). The role of insight in intellectual giftedness. *Gifted Child Quarterly, 28*, 58-64.

Davis, G. A. (1992). *Creativity is forever* (3rd ed.). Dubuque, IA: Kendall/Hunt.

Davis, G. A., & Rimm, S. B. (1994). *Education of the gifted and Talented* (3rd ed.). Boston, MA: Allyn and Bacon.

Delisle, J. R. (1986). Death with honors: Suicide and the gifted adolescent. *Journal of Counseling and Development, 64*, 558-560.

Delisle, J. R. (1992). *Guiding the social and emotional development of gifted youth*. New York: Longman.

Delisle, J. R. (2001). Affective education and character development: Understanding self and serving others through instructional adaptations. In F. A. Karnes & S. M. Bean (Eds.), *Methods and materials for teaching the gifted and talented*. Waco, TX: Prufrock Press.

Delisle, J., & Galbraith, J. (2002). *When gifted kids don't have all the answers: How to meet their social and emotional needs*. Minneapolis, MN: Free Spirit Publishing.

Edlind, E. P., & Haensly, P. A. (1985). Gifts of mentorships. *Gifted Child Quarterly, 29*, 55-60.

Emerick, L. J. (1992). Academic underachievement among the gifted: Students' perceptions of factors that reverse the pattern. *Gifted Child Quarterly, 36*, 140-146.

Farmer, R., Floyd, R. G., Reynolds, M. R., & Kranzler, J. H. (2014). IQs are very strong but imperfect indicators of psychometric "g": Results from joint confirmatory factor analysis. *Psychology in the Schools, 51*(8), 801-813.

Feldhusen, J. F. (1992). Talent identification and development in education. *Gifted Child Quarterly, 36*, 123.

Feldhusen, J. F. (1997). Educating teachers for work with talented youth. In N. Colangelo & G. A. Davis (Eds.), *Handbook of gifted education* (pp. 457-552). Boston, MA: Allyn and Bacon.

Feldhusen, J. F., & Hoover, S. M. (1986). A conception of giftedness: Intelligence, self-concept and motivation. *Roeper Review, 8*(3), 140-142.

Feldhusen, J. F., & Kennedy, D. M. (1988). Preparing gifted youth for leadership roles in a rapidly changing society. *Roeper Review, 10*(4), 226-230.

Feldhusen, J., & Kolloff, P. B. (1986). The Purdue three-stage enrichment model for gifted education at the elementary level. In R. S. Renzulli (Ed.), *Systems and models for developing programs for the gifted and talented* (pp. 127-152). Mansfield Center, CT:

Creative Learning Press.

Feldhusen, J., & Moon, S. (1997). *Reaching the heights of excellence: The super Saturday program*. Purdue University: Gifted Education Resource Institute.

Feldman, D. H. (1986). *Nature's gambit: Child prodigies and the development of human potential*. New York: Basic Books.

Frasier, M. M., Martin, D., García, J. H., Finley, V. S., Frank, E., Krisel, S., & King, L. L. (1995). *A new window for looking at gifted children* (RM95222). Storrs, CT: University of Connecticut, The National Research Center on the Gifted and Talented.

French, L. R., Walker, C. L., & Shore. B. M. (2011). Do gifted students really prefer to work alone? *Roeper Review, 33*, 145-159.

Friedrichs, T. P. (1990). *Gifted handicapped students: The way forward*. Richmond, VA: State Department of Education (ERIC Document Service ED 332460).

Gallagher, J. J. (1982). *Leadership unit: The use of teacher-scholar teams to develop units for the gifted*. New York: Trillium Press.

Gallagher, J. J. (1991). Personal patterns of underachievement. *Journal for the Education of the Gifted, 14*, 221-233.

Gallagher, J. J. (2000). Changing paradigms for gifted education in the United States. In K. A. Heller, F. J. Monks, R. J. Sternberg, & R. F. Subotnik (Eds.), *International handbook of gifted and talent* (2nd ed.) (pp. 681-693). Kidlington, Oxford: Elsevier Science.

Gallagher, J. J., & Gallagher, S. A. (1994). *Teaching the gifted child* (4th ed.). Boston, MA: Allyn and Bacon.

Gardner, H. (1983). *Frames of mind: The theory of multiple intelligences*. New York: Basic Books.

Geary, D. C., & Burlingham-Dubree, M. (1989). External validation of the strategy choice model for addition. *Journal of Experimental Child Psychology, 47*, 175-192.

Gersten, R., Carnine, D., & Woodward , J. (1987). Direct instruction research: The third decade. *Remedial and Special Education, 8*(6), 48-56.

Glutting, J. J., Oakland, T., & McDermott, P. A. (1989). Observing child behavior during testing: Constructs, validity, and situational generality. *Journal of School Psychology, 27*,

155-164.

Goleman, D. (1998). *Working with emotional intelligence*. New York: Bantam Books.

Greeno, J. (1989). A perspective on thinking. *American Psychologist, 44*, 105-111.

Grigorenko, E. L. (2000). Russia gifted education in technical disciplnes: Tradition and transformation. In K. A. Heller, F. J. Monks, R. J. Sternberg, & R. F. Subotnik (Eds.), *International handbook of gifted and talent* (2nd ed.) (pp. 735-742). Kidlington, Oxford: Elsevier Science.

Gubbins, E. J., Callahan, C. M., Renzulli, J. S. (2014). Contributions to the impact of the Javits Act by the National Research Center on the Gifted and the Talented. *Journal of Advanced Academics, 25*(4), 422-444.

Hall, E. G. (1993). Educating preschool gifted children. *Gifted Child Today, 16*(3), 24-27.

Hansford, S. J. (2003). Underachieving gifted children. In J. F. Smutny (Ed.), *Underserved gifted populations* (pp. 293-306). Cresskill, NJ: Hampton Press.

Harrison, G. E., & Van Haneghan, J. P. (2011). The gifted and the shadow of the night: Dabrowski's overexcitabilities and their correlation to insomnia, death anxiety, and fear of the unknown. *Journal for the Education of the Gifted, 34*(4), 669-697.

Hart, P. W. (2009). Winged to fly. In J. F. Smutny & S. E. Fremd (Eds.), *Igniting creativity in gifted learners, K-6* (pp. 294-304). Thousand Oaks, CA: Corwin Press.

Hegeman, K. T. (1999). The moral development of young gifted children. In S. Cline & K. T. Hegeman (Eds.), *Gifted education in the twenty-first century*. Delray Beach, FL: Winslow Press.

House, E. R. (1993). *Professional evaluation*. Newbury Park, CA: Sage.

Isaksen, S. G., & Treffinger, D. J. (2004). Celebrating 50 years of reflective practice: Versions of creative problem solving. *Journal of Creative Behavior, 38*(2), 75-101.

Jackson, J. B., Crandell, L., & Menhennett, L. (1997). Future problem solving: Connecting the present to the future. *Conference on Education*. Beijing, China, July 9-13.

Jacobs, L. M. (1983). The deaf: Handicapped by public ignorance. In L. Jones (Ed.), *Reflections on growing up disabled*. Reston, VA: Council for Exceptional Children.

Jensen, L. C., & Kingston, M. (1986). *Parenting*. Orlando, FL: Holt, Rinehart and Winston.

Johnsen, S. K. (2008). Professional standards for teachers of students with gifted and talents. In M. Kitano, D. Montgomery, J. VanTassel-Baska, & S. K. Johnsen (Eds.), *Using the national gifted education standards for Prek-12 professional development* (pp. 7-22). Thousand Oaks, CA: Corwin Press.

Johnsen, S. K., & Corn, A. L. (1989). The past, present and future of education for gifted children with sensory and/or physical disabilities. *Roeper Review, 12*(1), 13-23.

Johnson, D. W., & Johnson, R. T. (1984). Classroom learning structure and attitudes toward handicapped students in mainstream settings: A theoretical model and research evidence. In R. L. Jones (Ed.), *Attitudes and attitude change in special education: Theory and practice.* Reston, VA: Council for Exceptional Children.

Johnson, K. S. (2000). Affective component in the education of the gifted. *Gifted Child Today, 23*(4), 36-40.

Johnson, K. S. (2002). Integrating an affective component in the curriculum for gifted and talented students. *Gifted Child Today, 24*(4), 14-19.

Kane, M. (2013). Constancy and change in progressive education. In D. Ambrose, B. Sriraman, & T. L. Cross (Eds.), *The Roeper school: A model for holistic development of high ability* (pp. 21-41). Potterdam, The Netherlands: Sense Publishers.

Karnes, M. B. (1984). A demonstration/outreach model for young gifted/talented handicapped. *Roeper Review, 7*(1), 23-26.

Karnes, F. A., & Chauvin, J. C. (1986). *Fostering the forgotten dimension of giftedness: The leadership skills. G/C/T*, (May/June), 22-23.

Karnes, F. A., & D'Ilio, V. R. (1990). Correlations between personality and leadership concepts and skills as measured by the High School Personality Questionnaire and the Leadership Skills Inventory. *Psychological Reports, 66*, 851-856.

Karnes, M. B., & Johnson, L. J. (1991). Gifted handicapped. In N. Colangelo & G. A. Davis (Eds.), *Handbook of gifted education* (pp. 428-437). Boston, MA: Allyn and Bacon.

Karnes, M. B., Shwedel, A. H., & Kemp, P. B. (1985). Preschool: Programming for the young gifted child. *Roeper Review, 7*(4), 204-209.

Karnes, M. B., Shwedel, A. M., & Lewis, G. F. (1983). Long-term effects of early programming for the gifted/talented handicapped. *Journal for the Education of the Gifted, 6*(4), 266-278.

Kaufmann, F. (1981). Recognizing creative behavior. In B. S. Miller & M. Price (Eds.), *The gifted child, the family and the community*. New York: Walker & Company.

Keating, D. P. (1980). Four faces of creativity: The continuing plight of the intellectually underserved. *Gifted Child Quarterly, 24*, 56-61.

Khatena, J. (2000). *Enhancing creativity of gifted children: A guide for parents and teachers*. Cresskill, NJ: Hampton Press.

Landrum, M. S. (1987). Guidelines for implementing a guidance counseling program for gifted and talented students. *Roeper Review, 10*, 103-107.

Leroux, J. A. (2000). A study of education for high ability students in Canada: Policy, programs and student needs. In K. A. Heller, F. J. Monks, R. J. Sternberg, & R. F. Subotnik (Eds.), *International handbook of gifted and talent* (2nd ed.) (pp. 695-702). Kidlington, Oxford: Elsevier Science.

Leshnower, S. (2008). Teaching leadership. *Gifted Child Today, 31*(2), 29-35.

Levy, N. (2009). Creativity and critical thinking. In J. F. Smutny & S. E. Fremd (Eds.), *Igniting creativity in gifted learners, K-6* (pp. 29-37). Thousand Oaks, CA: Corwin Press.

Lindbom-Cho, D. R. (2013). "What should I be when I grow up?" Helping gifted children set lifelong goals. *Parenting for High Potential, 2*(4), 10-13.

Lloyd, J., Epstein, M. H., Cullinan, D. (1981). Direct teaching for learning disabilities. In J. Gottlieb & S. S. Strichart (Eds.), *Developmental theory and research in learning disabilities*. Baltimore, MD: University Park Press.

Loeb, R. C., & Jay, G. (1987). Self-concept in gifted children: Differential impact in boys and girls. *Gifted Child Quarterly, 31*(1), 9-14.

Mackinnon, D. W. (1978). Educating for creativity: A modern myth? In G. A. Davis & J. A. Scott (Eds.), *Training creative thinking*. Huntington, NY: Krieger.

Maker, C. J. (1977). *Providing programs for the gifted handicapped*. Reston, VA: The Council for Exceptional Children.

Maker, C. J., Redden, M. R., Tonelson, S., & Howell, R. M. (1978) *The self-perceptions of successful handicapped scientists*. Albuquerque, NM: University of New Mexico, The Department of Special Education.

Marland, S. (1972). *Education of the gifted and talented*. Report to the Congress of the United States by the U.S. Government Printing Office.

Martin, B. L., & Reigeluth, C. M. (1999). Affective education and the affective domain: Implications for instructional-design theories and models. In C. M. Reigeluth (Ed.) *Instructional-design theories and models: A new paradigm of instructional theory* (Vol. II) (pp. 485-509). Mahwah, NJ: Lawrence Erlbaum Associates.

Matsumura, N. (2007). Giftedness in the culture of Japan. In S. N. Phillipson & M. McCann (Eds.), *Conceptions of giftedness: Social-cultural perspectives* (pp. 349-376). Mahwah, NJ: Lawrence Erlbaum Associates.

Matthews, D. J., & Foster, J. F. (2005). *Being smart about gifted children: A guidebook for parents and educators*. Scottsdale, AZ: Great Potential Press.

Matthews, M. S. (2004). Leadership education for gifted and talented youth: A review of the literature. *Journal for the Education of the Gifted, 28*(1), 77-113.

Matthews, M. S., & McBee, M. T. (2007). School factors and the underachievement of gifted students in a talent search summer program. *Gifted Child Quarterly, 51*(2), 167-181.

Mauser, A. J. (1981). Programming strategies for pupils with disabilities who are gifted. *Rehabilitation Literature, 42*(9-10), 270-275.

McCall, R. B. (1977). Childhood IQs as predictors of adult educational and occupational status. *Science, 197*, 482-483.

Milam, C. P., & Schwartz, B. (1992). The mentorship connection. *Gifted Child Today, 15*(3), 9-13.

Muammar, O. M. (2015). The differences between intellectually gifted and average students on a set of leadership competencies. *Gifted Education International, 31*(2), 142-153.

Myers, M. R., Slavin, M. J., & Southern, W. T. (1990). Emergence and maintenance of leadership among gifted students in group problem solving. *Roeper Review, 12*(4), 256-261.

National Association for Gifted Education, NAGC (2013). Retrieved from http://www.nagc. org/sites/default/files/standards/NAGC- % 20CEC % 20CAEP % 20standards % 20%

282013%20final%29.pdf.

Newman, B. M., & Newman, P. R. (1995). *Development through life: A psychosocial approach*. Pacific Grove, CA: Brooks/Cole Publishing Company.

Ogurlu, Ü., & Serap, E. (2014). Effects of a leadership development program on gifted and non-gifted students' leadership skills. *Eurasian Journal of Educational Research*, n55 223-242.

Olenchak, F. R. (1998). Research skills. In S. M. Baum, S. M. Reis, & L. R. Maxfield (Eds.), *Nurturing the gifts and talents of primary grade students*. Mansfield Center, CT: Creative Learning Press.

Olenchak, F. R., & Renzulli, J. S. (2004). The effectiveness of the school-wide enrichment model on selected aspects of elementary school change. In C. A. Tomlinson (Ed.), *Differentiation for gifted and talented students* (pp. 17-37). Thousand Oaks, CA: Corwin Press.

Olthouse, J. M. (2015). Improving rural teachers' attitudes towards acceleration. *Gifted Education International, 31*(2), 154-161.

Orsini, A., Pezzuti, L., & Hulbert, S. (2015). Beyond the floor effect on the Wechsler Intelligence Scale for Children (4th ed.) (WISC-IV): Calculating IQ and indexes of subjects presenting a floored pattern of results. *Journal of Intellectual Disability Research, 59* (5), 468-473.

Parker, J. P. (1983). *The leadership training model. G/C/T, 29*, 8-13.

Parker, W. C., Ninomiya, A., & Cogan, J. (1999). Educating world citizens: Toward multinational curriculum development. *American Educational Research Journal, 36*(2), 117-147.

Parnes, S. J. (1981). *The magic of your mind*. Buffalo, NY: Creative Education Foundation.

Passow, A. H. (1993). National/state policies on the gifted and talented. In K. A. Heller, A. G. Passow (Eds.), *Handbook of research on gifted and talent* (pp. 29-46). Oxford: Pergamon Press.

Passow, A. H. (2004). The nature of gifted and talent. In R. J. Sternberg (Ed.), *Definitions and conceptions of giftedness* (pp. 1-12). Thousand Oaks, CA: Corwin Press.

Pendarvis, E. D. (1990). *The abilities of gifted children*. Englewood Cliffs, NJ: Prentice-Hall.

Pereles, D. A., Omdal, S., & Baldwin, L. (2009). Response to intervention and twice- exceptional learners: A promising fit. *Gifted Child Today, 32*(3), 40-51.

Persson, R. S., Joswig, H., & Balogh, L. (2000). Gifted education in Europe: Programs, practices, and current research. In K. A. Heller, F. J. Monks, R. J. Sternberg, & R. F. Subotnik (Eds.), *International handbook of gifted and talent* (2nd ed.) (pp. 703-734). Kidlington, Oxford: Elsevier Science.

Peters, W. A. M., Grager-Loidl, H., & Supplee, P. (2000). Underachievement in gifted children and adolescents: Theory and practice. In K. A. Heller, F. J. Mönks, R. J. Sternberg, & R. F. Subotnik (Eds.), *International handbook of giftedness and talent* (2nd.). Kidlington, Oxford: Elsevier Science.

Peterson, J. S. (2000). One group of achievers and underachievers four years after high school graduation. *Roeper Review, 22*, 217-224.

Peterson, J. S. (2003). Underachievers: Students who don't perform. In J. F. Smutny (Ed.), *Underserved gifted populations* (pp. 307- 332). Cresskill, NJ: Hampton Press.

Phelps, C., & Fogarty, E. (2011). A parent's philosophy of gifted education and mission statement, Part 2. *Parenting for High Potential, 1*(2), 10-12.

Piirto, J. (1992). *Understanding those who create*. Dayton, OH: Ohio Psychology Press.

Piirto, J. (1994). *Talented children and adults: Their development and education*. New York: Macmillan College Publishing Company.

Pledgie, T. K. (1982). Giftedness among handicapped children: Identification and programming. *The Journal of Special Education, 16*(2), 221-227.

Porter, R. M. (1982). The gifted handicapped: A status report. *Roeper Review, 4*(3), 24-25.

Powers, E. A. (2008). The use of independent study as a viable of differentiate technique for gifted learners in regular classroom. *Gifted Child Today, 31*(3), 57-65.

Redding, R. E. (1990). Learning preferences and skill patterns among underachieving adolescents. *Gifted Children Quarterly, 34*, 72-75.

Reilly, J. (1992). When does a student really need a professional mentor? *Gifted Child Today, 15*(3), 2-7.

Reis, S. M. (2004). Series introduction. In S. M. (series Ed.), *Essential readings in gifted education*. Thousand Oaks, CA: Corwin Press.

Reis, S. M. (2006). Comprehensive program design. In J. H. Purcell & R. D. Eckert (Eds.), *Designing services and programs for high-ability learners* (pp. 73-86). Thousand Oaks, CA: Corwin Press.

Renzulli, J. S. (1978). What makes giftedness? Reexamining the definition. *Phi Delta Kanppan, 60*(3), 180-184, 261.

Renzulli, J. S. (1983). *Rating the behavioral characteristics of superior students. G/C/T* (September/October), 30-35.

Renzulli, J. S. (1984). The three ring conception of giftedness: A developmental model for creative productivity. Paper presented at the annual meeting of the American Educational Research Association (68th, New Orleans, LA, April 23-27, 1984).

Renzulli, J. S. (1994). *Schools for talent development: A practical plan for total school improvement*. Mansfield Center, CT: Creative Learning Press.

Renzulli, J. S. (2002). Expending the conception of giftedness to include co-cognitive traits and to promote social capital. *Phi Delta Kappan, 84*(1), 33-58.

Renzulli, J. S. (2008). Teach to the top: How to keep high achievers engaged and motivated. *Instructor, 117*(5), 34.

Renzulli, J. S., Callahan, C. M., Gubbins, E. J. (2014). Laying the base for the future: One cornerstone of the Javits Act. *Journal of Advanced Academics, 25*(4), 338-348.

Renzulli, J. S., & D'Souza, S. L. (2014). Intelligences outside the normal curve: Co-Cognitive factors that contribute to the creation of social catital and leadership skills in young people. In J. A. Plucker & C. M. Callahan (Eds.), *Critical issues and practices in gifted education* (pp. 343-361). Waco, TX: Purforck Press.

Renzulli, J. S., Koehler, J. L., & Fogarty, E. A. (2006). Operation houndsooth intervention theory: Social capatial in today's schools. *Gifted Child Today, 29*(1), 15-24.

Renzulli, J. S., & Pets, S. (2002). What is school wide enrichment. *Gifted Child Today, 25*(4), 18-26.

Renzulli, J. S., & Purcell, J. H. (1995). A school-wide enrichment model. *Education Digest,*

61(4), 14.

Renzulli, J. S., & Reis, S. M. (1986). The enrichment triad/revolving door model: A school-wide plane for the development of creative productivity. In R. S. Renzulli (Ed.), *Systems and models for developing programs for the gifted and talented* (pp. 216-266). Storrs, CT: Creative Learning Press.

Richardson, W. B., & Feldhusen, J. F. (1988). *Leadership education: Developing skills for youth*. New York: Trillium Press.

Richert, E., Alvino, J., & McDonnel, R. (1982). *The national report on identification: Assessment and recommendations for comprehensive identification of gifted and talented youth*. Sewell, NJ: Educational Improvement Center-South.

Rimm, S. (1986). *The underachievement syndrome*. Apple Valley, WI: Apple Valley Press.

Rimm, S. (2003). Underachievement: A continuing dilemma. In J. F. Smutny (Ed.), *Underserved gifted populations* (pp. 333-344). Cresskill, NJ: Hampton Press.

Rinn, A. N., Plucker, R. A., & Stocking, V. B. (2010). Fostering gifted students' affective development: A look at the impact of academic self-concept. *TEACHING Exceptional Children Plus, 6*(4), 1-13.

Ritchotte, J., Rubensterin, L., & Murry, F. (2015). Reversing the underachievement of gifted middle school students: Lessons from another field. *Gifted Child Today, 38*(2), 103-113.

Robertson, J. (1985). Adults incurring severe disabilities. In J. R. Whitmore & C. J. Maker (Eds.), *Intellectual giftedness in disabled persons*. Rockville, MD: Aspen.

Robinson, A., Cotabish, A., Wood, B. K., & O'Tuel, F. S. (2014). The effects of statewide evaluation initiative in gifted education on practitioner knowledge, concerns and program documentation. *Journal of Advanced Academics, 25*(4), 349-383.

Roeper, G., & Roeper, A. (2013). The Roeper philosophy. In D. Ambrose, B. Sriraman, & T. L. Cross (Eds.), *The Roeper school: A model for holistic development of high ability* (pp. 43-50). Potterdam, The Netherlands: Sense Publishers.

Rogers, C. R. (1961). *On becoming a person: A therapist's view of psychotherapy*. Boston, MA: Houghton Mifflin.

Rollins, K., Mursky, C. V., Shah-Coltrane, S., & Johnsen, S. K. (2009). RtI models for gifted children. *Gifted Child Today, 32*(3), 20-30.

Ross, P. (Ed). (1993). *National excellence.* Washington D. C.: US Department of Education.

Rudnitski, R. A. (2000). National/provincial gifted education policies: Present state, future possibilities. In K. A. Heller, F. J. Monks, R. J. Sternberg, & R. F. Subotnik (Eds.), *International handbook of gifted and talent* (2nd ed.) (pp. 673-679). Kidlington, Oxford: Elsevier Science.

Runco, M. A. (1993). *Creativity as an educational objective for disadvantaged students.* Storrs, CT: The University of Connecticut.

Scruggs, T. E., Mastropieri, M. A., Monson, J., & Jorgensen, C. (1985). Maximizing what gifted students can learn: Recent finding of learning strategy research. *Gifted Child Quarterly, 29*(4), 181-185.

Sheldon, K. L. (1994). *Including affective and social education in the integrated curriculum.* ERIC Document Service Number 389703.

Shore, B. M., & Dover, A. C. (2004). Metacognition, intelligence and giftedness. In R, J. Sternberg (Ed.), *Definitions and conceptions of giftedness* (pp. 39-45). Thousand Oaks, CA: Corwin Press.

Shwedel, A. M., & Stoneburner, R. (1983). Identification. In M. B. Karnes (Ed.), *Underserved: Our young gifted children* (pp. 17-39). Reston, VA: Council for Exceptional Children.

Silverman, L. K. (1993a). The gifted individual. In L. K. Silverman (Ed.), *Counseling the gifted and talented* (pp. 3-28). Denver, CO: Love Publishing Company.

Silverman, L. K. (1993b). Techniques for preventive counseling. In L. K. Silverman (Ed.), *Counseling the gifted and talented* (pp. 81-109). Denver, CO: Love Publishing Company.

Silverman, L. K. (1993c). Counseling families. In L. K. Silverman (Ed.), *Counseling the gifted and talented* (pp. 151-178). Denver, CO: Love publishing Company.

Silverman, L. K. (1994). The moral sensitivity of gifted children and the evolution of society. *Roeper Review, 17*(2), 110-115.

Sisk, D. A. (1973). Relationship between self-concept and creativity: Theory into practice.

Gifted Child Quarterly, 16, 229-234.

Sisk, D. A. (1993). Leadership education for the gifted. In K. A. Heller, F. J. Monks, & A. Harry Passow (Eds.), *International handbooks of research and development of gifted and talent* (pp. 491-505). Oxford, England: Pergamon Press.

Sisk, D. A., & Rosselli, H. (1987). *Comprehensive curriculum for gifted learners.* New York: Trillium Press.

Smutny, J. F., & Fremd, S. E. (Eds.). (2009). *Igniting creativity in gifted learners, K-6.* Thousand Oaks, CA: Corwin Press.

Smutny, J F., Walker, S. Y., & Meckstroth, E. A. (2007). *Acceleration for gifted learners, K-5.* Thousand Oaks, CA: Corwin Press.

Snyder, K. E., & Malin J. L. (2014). The message matters: The role of implicit beliefs about giftedness and failure experience in academic self-handicapping. *Journal of Educational Psychology, 106*(1), 230-241.

Stake, R. E. (1995). *The art of case study research.* Thousand Oaks, CA: Sage.

Stanley, J. C., & Benbow, C. P. (1982). Educating mathematically precocious youths: Twelve policy recommendations. *Educational Researcher, 11*(5), 4-9.

Sternberg, R. J. (1982). Who's intelligent? *Psychology Today, 16*(4), 30-39.

Sternberg, R. J. (1985). *Beyond IQ: A triarchic theory of human intelligence.* New York: Cambridge University Press.

Sternberg, R. J. (1996). Investing in creativity. *American Psychologist, 51*(7), 677-688.

Sternberg, R. J. (2004). Wisdom as a form of giftedness. In R. J. Sternberg (Ed.), *Definitions and conceptions of giftedness* (pp. 63-75). Thousand Oaks, CA: Corwin Press.

Sternberg, R. J., Jarvin, L., & Grigorenko, E. L. (2011). What is giftedness? In R. J. Sternberg, L. Jarvin, & E. L. Grigorenko (Eds.), *Explorations in Giftedness* (pp. 1-13). New York: Cambridge University Press.

Sternberg, R. J., & Zhang, L. (2004). What do we mean by giftedness? A pentagonal implicit theory. In R, J. Sternberg (Ed.), *Definitions and conceptions of giftedness* (pp. 13-27). Thousand Oaks, CA: Corwin Press.

Strip, C. A., & Hirsch, G. (2000). *Helping gifted children soar: A practical guide for parents and teachers*. Scottsdale, AZ: Gifted Psychology Press.

Stufflebeam, D. L. (1983). The CIPP model for program evaluation. In G. F. Maduas, M. S. Scriven, & D. L. Stufflebeam (Eds.), *Evaluation models: Viewpoints on educational and human services evaluation*. Boston, MA: Kluwer-Nijhoff Publishing.

Stufflebeam, D. L. (2001). Evaluation models. In G. T. Gary & J. C. Greene (Eds.), *New directions for evaluation* (pp. 7-99). San Francisco, CA: Jossey-Bass.

Swanson, H. L. (1990). Influence of metacognitive: Knowledge and aptitude on problem solving. *Journal of Educational Psychology, 82*, 306-314.

Swartz, R. J., & Parks, S. (1994). *Infusing the teaching of critical and creative thinking into elementary instruction*. Pacific Grove, CA: Critical Thinking Press & Software.

Swassing, R. H. (1985). *Teaching gifted children and adolescents*. Columbus, OH: Charles E. Merrill Publishing Company.

Swiatek, M. A. (1998). Helping gifted adolescents cope with social stigma. *Gifted Child Today, 21*(1), 42-46.

Tannenbaum, A. J. (1983). *Gifted children: Psychological and educational perspective*. New York: Macmillan.

Tannenbaum, A. J. (1986). The enrichment matrix model. In J. S. Renzulli (Ed.), *Systems and models for developing programs for the gifted and talented* (pp. 391-428). Mansfield Center, CT: Creative Learning Press.

Taylor, C. W. (1988). Various approaches to and definitions of creativity. In R. J. Sternberg (Ed.), *The nature of creativity* (pp. 99-121). New York: Cambridge University Press.

Terry, A. W. (2012). How to help your child make a difference in the world through service-learning. *Parenting for High Potential, 1*(4), 4-7.

Tirri, K. (2011). Combining excellence and ethics: Implications for moral education for the gifted. *Roeper Review, 33*, 59-64.

Tirri, K., & Kuusisto, E. (2013). How Finland serves gifted and talented pupils. *Journal for the Education of the Gifted, 36*(1) 84-96.

Torrance, E. P. (1962). *Guiding creative talent*. Englewood Cliffs, NJ: Prentice-Hall.

Torrance, E. P. (1969). Creative positives of disadvantaged children and youth. *Gifted Child*

Quarterly, 13(2), 71-81.

Torrance, E. P. (1993). The nature of creativity as manifest in its testing. In R. J. Sternberg (Ed.), *The nature of creativity*. New York: Cambridge University Press.

Treffinger, D. J. (1981). Guidelines for encouraging independence and self-directed learning among gifted students. In W. B. Barbe & J. S. Renzulli (Eds.), *Psychology and education of the gifted* (3rd ed.) (pp. 232-238). New York: Irvington Publishers.

Treffinger, D. J. (2004). Introduction to creativity and gifted: Three decades of inquiry and development. In D. J. Treffinger (Ed.), *Creativity and giftedness* (pp. xxiii-xxx). Thousand Oaks, CA: Corwin Press.

Treffinger, D. J., Solomon, M., & Woythal, D. (2012). Four decades of creative vision: Insights from an evaluation of the Future Problem Solving Program International (FPSPI). *Journal of Creative Behavior*, v46 n3 p. 209-219.

Udall, A. J. (1985). Chapter reaction (to "Intellectually gifted persons with specific learning disabilities"). In J. R. Whitmore & C. J. Maker (Eds.), *Intellectual giftedness in disabled persons*. Rockville, MD: Aspen.

VanTassel-Baska, J. (1994). *Comprehensive curriculum for gifted learners* (2nd ed.). Boston, MA: Allyn and Bacon.

VanTassel-Baska, J. (2004). The processes in gifted program evaluation. In J. VanTassel-Baska & A. X. Feng (Eds.), *Designing and utilizing evaluation for gifted program improvement* (pp. 23-39). Waco, TX: Prufrock Press.

Vespi, L., & Yewchuk, V. (1992). A phenomendogical study of the social/emotional characteristics of gifted learning disabled child. *Journal for the Education of the Gifted, 16*(1), 55-72.

Viadero, D. (2008). Ideas on creative and practical IQ underlie new tests of giftedness. *Education Week, 27*(38), 1-2.

Walberg, H. J. (1982). Child traits and environmental conditions of highly eminent adults. *Gifted Child Quarterly, 25*, 103-107.

Walberg, H. J., & Herbig, M. P. (1991). Developing talent, creativity, and eminence. In N. Colangelo & G. A. Davis (Eds.), *Handbook of gifted education* (pp. 145-255). Needham Heights, MA: Allyn and Bacon.

Watkins, M., Smith, L., & Reynolds, Cecil R. (2013). Long-term stability of the Wechsler Intelligence Scale for Children − Fourth Edition. *Psychological Assessment, 25*(2), 477-483.

Watkins, M. W. (2010). Structure of the Wechsler Intelligence Scale for Children − Fourth Edition among a national sample of referred students. *Psychological Assessment, 22*(4), 782-787.

Weisberg, R. W. (1993). Problem solving and creativity. In R. J. Sternberg (Ed.), *The nature of creativity*. New York: Cambridge University Press.

Whitmore, J. R. (1980). *Giftedness, conflict, and underachievement*. Boston, MA: Allyn & Bacon.

Whitmore, J. R. (1981). Gifted children with handicapping conditions: A new frontier. *Exceptional Children, 48*(2), 106-113.

Whitmore, J. R. (1986). Preventing severe underachievement and developing achievement motivation. In J. R. Whitmore (Ed.), *Intellectual giftedness in young children: Recognition and development*. New York: Haworth Press.

Whitmore, J. R. (1989a). Four leading advocates for gifted students with disabilities. *Roeper Review, 12*(1), 5-13.

Whitmore, J. R. (1989b). Re-examining the concept of underachievement. *Understanding Our Gifted, 2* (1), 10-12.

Whitmore, J. R., & Maker, C. J. (1985). *Intellectual giftedness in disabled persons*. Rockville, MD: Aspen.

Willard-Holt, C. (2004). *Action research for gifted students*. Paper presented at the 50th Conference of National Association for Gifted Children, November14-16, Indianapolis, Indiana.

Willis, M. (2012). Be proactive with parent advocacy groups. *Parenting for High Potential, 2*(1), 14-15.

Winebrenner, S. (2001). *Teaching gifted kids in the regular classroom: Strategies and techniques every teacher can use to meet the academic needs of the gifted and talented.*

Minneapolis, MN: Free Spirit Publishing.

Winebrenner, S. (2003). Teaching strategies for twice-exceptional students. *Intervention in School and Clinic, 38*(3), 131-137.

Winner, E. (1996). *Gifted children: Myths and realities*. New York: Basic Books.

Woolcott, G. (2013). Giftedness and cultural accumulation: An information processing perspective. *High Ability Studies, 24*(2), 153-170.

Worthen, B. R., Sanders, J. R., & Fitzpatrick, J. L. (1997). *Program evaluation: Alternative approaches and practical guidelines* (2nd ed.). New York: Longman.

Yewchuk , C. R., & Bibby, M. A. (1989). The handicapped gifted child: Problems of identification and programming. *Canadian Journal of Education, 14*(1), 102-108.

Yewchuk, C. R., & Lupart, J. L. (1993). Gifted handicapped: A desultory duality. In K. A. Heller, F. J. Monks, & A. H. Passow (Eds.), *International handbook of research and development of giftedness and talent* (pp. 709-725). Oxford, England: Pergamon Press.

Ziegler, A., & Stoeger, H. (2007). The Germanic view of giftedness. In S. N. Phillipson & M. McCann (Eds.), *Conceptions of giftedness: Social-cultural perspectives* (pp. 65-98). Mahwah, NJ: Lawrence Erlbaum Associates.

附　錄

（資優教育相關法規）

◉ 一、特殊教育法（摘要）

1. 中華民國七十三年十二月十七日總統（73）華總（一）義字第6692號令制定公布全文25條

2. 中華民國八十六年五月十四日總統（86）華總（一）義字第8600112820號令修正公布全文33條；並自公布日施行

3. 中華民國九十年十二月二十六日總統（90）華總一義字第9000254110號令修正發布第2～4、8、9、14～17、19、20、28、31條條文

4. 中華民國九十三年六月二十三日總統華總一義字第09300117551號令增訂公布第31-1條條文

5. 中華民國九十八年十一月十八日總統華總一義字第09800289381號令修正公布全文51條；並自公布日施行

6. 中華民國一百零二年一月二十三日總統華總一義字第10200012441號令修正公布第3、14、23、24、30、33、45條條文；並增訂第30-1條條文

7. 中華民國一百零三年六月四日總統華總一義字第10300085151號令修正公布第24條條文

8. 中華民國一百零三年六月十八日總統華總一義字第10300093311號令修正公布第10、17、32條條文

第　1　條　為使身心障礙及資賦優異之國民，均有接受適性教育之權利，充分發展身心潛能，培養健全人格，增進服務社會能力，特制定本法。

第　4　條　本法所稱資賦優異，指有卓越潛能或傑出表現，經專業評估及鑑定具學習特殊需求，須特殊教育及相關服務措施之協助者；其分類如下：

　　　　　一、一般智能資賦優異。

　　　　　二、學術性向資賦優異。

　　　　　三、藝術才能資賦優異。

　　　　　四、創造能力資賦優異。

　　　　　五、領導能力資賦優異。

　　　　　六、其他特殊才能資賦優異。

第 12 條　為因應特殊教育學生之教育需求，其教育階段、年級安排、教育場所及實施方式，應保持彈性。

特殊教育學生得視實際狀況，調整其入學年齡及修業年限；其降低或提高入學年齡、縮短或延長修業年限及其他相關事項之辦法，由中央主管機關定之。但法律另有規定者，從其規定。

第 16 條　各級主管機關為實施特殊教育，應依鑑定基準辦理身心障礙學生及資賦優異學生之鑑定。

前項學生之鑑定基準、程序、期程、教育需求評估、重新評估程序及其他應遵行事項之辦法，由中央主管機關定之。

第 19 條　特殊教育之課程、教材、教法及評量方式，應保持彈性，適合特殊教育學生身心特性及需求；其辦法，由中央主管機關定之。

第 20 條　為充分發揮特殊教育學生潛能，各級學校對於特殊教育之教學應結合相關資源，並得聘任具特殊專才者協助教學。

前項特殊專才者聘任辦法，由中央主管機關定之。

第 21 條　對學生鑑定、安置及輔導如有爭議，學生或其監護人、法定代理人，得向主管機關提起申訴，主管機關應提供申訴服務。

學生學習、輔導、支持服務及其他學習權益事項受損時，學生或其監護人、法定代理人，得向學校提出申訴，學校應提供申訴服務。

前二項申訴服務事項之辦法，由中央主管機關定之。

第 35 條　學前教育階段及高級中等以下各教育階段學校資賦優異教育之實施，依下列方式辦理：

一、學前教育階段：採特殊教育方案辦理。

二、國民教育階段：採分散式資源班、巡迴輔導班、特殊教育方案辦理。

三、高級中等教育階段：依第十一條第一項及第三項規定方式辦理。

第 36 條　高級中等以下各教育階段學校應以協同教學方式，考量資賦優異學生性向、優勢能力、學習特質及特殊教育需求，訂定資賦優異學生個別輔導計畫，必要時得邀請資賦優異學生家長參與。

第 37 條　高等教育階段資賦優異教育之實施，應考量資賦優異學生之性向及優勢
　　　　　能力，得以特殊教育方案辦理。

第 38 條　資賦優異學生之入學、升學，應依各該教育階段法規所定入學、升學方
　　　　　式辦理；高級中等以上教育階段學校，並得參採資賦優異學生在學表現
　　　　　及潛在優勢能力，以多元入學方式辦理。

第 39 條　資賦優異學生得提早選修較高一級以上教育階段課程，其選修之課程及
　　　　　格者，得於入學後抵免。

第 40 條　高級中等以下各教育階段主管機關，應補助學校辦理多元資優教育方
　　　　　案，並對辦理成效優良者予以獎勵。
　　　　　資賦優異學生具特殊表現者，各級主管機關應給予獎助。
　　　　　前二項之獎補助辦法及自治法規，由各主管機關定之。

第 41 條　各級主管機關及學校對於身心障礙及社經文化地位不利之資賦優異學
　　　　　生，應加強鑑定與輔導，並視需要調整評量工具及程序。

第 51 條　本法自公布日施行。

◉ 二、特殊教育法施行細則（摘要）

1. 中華民國七十六年三月二十五日教育部（76）臺參字第 12619 號令訂定發布全文 30 條
2. 中華民國八十七年五月二十九日教育部（87）臺參字第 87057266 號令修正發布全文 22 條
3. 中華民國八十八年八月十日教育部（88）臺參字第 88097551 號令修正發布第 4 條條文
4. 中華民國九十一年四月十五日教育部（91）臺參字第 91049522 號令修正發布第 21 條條文；並刪除第 2 條條文
5. 中華民國九十二年八月七日教育部臺參字第 0920117583A 號令修正發布第 13 條條文
6. 中華民國一百零一年十一月二十六日教育部臺參字第 1010214785C 號令修正發布全文 17 條；並自發布日施行
7. 中華民國一百零二年七月十二日教育部臺教學（四）字第 1020097264B 號令修正發布第 6、11 條條文

第　4　條　依本法第十一條第一項規定，於高級中等以下各教育階段學校設立之特殊教育班，包括在幼兒（稚）園、國民小學、國民中學及高級中等學校專為身心障礙或資賦優異學生設置之特殊教育班。
　　　　　　依本法第二十五條第一項規定，於高級中等以下各教育階段設立之特殊教育學校，包括幼兒部、國民小學部、國民中學部、高級中學部及高級職業學校部專為身心障礙學生設置之學校。

第　5　條　本法第十一條第一項第一款所定集中式特殊教育班，指學生全部時間於特殊教育班接受特殊教育及相關服務；其經課程設計，部分學科（領域）得實施跨班教學。
　　　　　　本法第十一條第一項第二款所定分散式資源班，指學生在普通班就讀，部分時間接受特殊教育及相關服務。

本法第十一條第一項第三款所定巡迴輔導班，指學生在家庭、機構或學校，由巡迴輔導教師提供部分時間之特殊教育及相關服務。

本法第十一條第三項所定特殊教育方案，必要時，得採跨校方式辦理。

第 13 條　依本法第四十一條對於身心障礙之資賦優異學生或社經文化地位不利之資賦優異學生加強輔導，應依其身心狀況，保持最大彈性，予以特殊設計及支援，並得跨校實施。

◉ 三、特殊教育學生調整入學年齡及修業年限實施辦法（摘要）

1. 中華民國七十七年七月二十七日教育部（77）臺參字第 34713 號令訂定發布全文 27 條

2. 中華民國八十八年二月三日教育部（88）臺參字第 88010951 號令修正發布全文 9 條及名稱（原名稱：特殊教育學生入學年齡修業年限及保送甄試升學辦法）；並自八十八年八月一日起施行

3. 中華民國八十八年六月二十九日教育部（88）臺參字第 88075896 號令修正發布第 6 條條文

4. 中華民國九十三年四月二十九日教育部臺參字第 0930056802A 號令修正發布全文 8 條；並自發布日施行

5. 中華民國一百零一年六月十一日教育部臺參字第 1010100066C 號令修正發布名稱及全文 9 條；並自發布日施行（原名稱：資賦優異學生降低入學年齡縮短修業年限及升學辦法）

6. 中華民國一百零三年四月十四日教育部臺教學（四）字第 1030046490B 號令修正發布第 8、9 條條文；除一百零三年四月十四日修正發布之第 8 條自一百零三年八月一日施行外，自發布日施行

第 2 條　本法第十二條第二項所稱降低或提高入學年齡，指提早或暫緩入國民小學就讀之年齡。

第十二條第二項所稱縮短或延長修業年限，指縮短專長學科（學習領域）學習年限或各教育階段修業年限，或延長各教育階段修業年限。

第 3 條　年滿五歲之資賦優異兒童，得申請提早入國民小學就讀；其申請、鑑定及入學程序如下：

一、法定代理人填具報名表，並檢具戶口名簿、學前兒童提早入學能力檢核表及其他相關文件資料，代為向戶籍所在地直轄市、縣（市）主管機關指定之辦理單位申請。

二、接受直轄市、縣（市）主管機關指定之施測單位進行相關評量及評
　　估。

三、特殊教育學生鑑定及就學輔導會（以下簡稱鑑輔會）依施測單位彙
　　整之評量及評估資料綜合研判，經鑑定通過者，由直轄市、縣
　　（市）主管機關核發提早入學資格證明書。

四、持提早入學資格證明書及戶口名簿，依相關規定至戶籍所屬學區之
　　學校辦理報到入學。

前項資賦優異兒童之鑑定，應符合下列規定：

一、智能評量之結果，在平均數正二個標準差以上或百分等級九十七以
　　上。

二、社會適應行為之評量結果與適齡兒童相當。

第　5　條　高級中等以下學校資賦優異學生得依其身心發展狀況、學習需要及其意
　　　　　　願，向學校申請縮短修業年限；學生未成年者，由其法定代理人代為申
　　　　　　請。

前項縮短修業年限之方式如下：

一、學科成就測驗通過後免修該學科（學習領域）課程。

二、部分學科（學習領域）加速。

三、全部學科（學習領域）同時加速。

四、部分學科（學習領域）跳級。

五、全部學科（學習領域）跳級。

前項第一款至第三款方式，經學校特殊教育推行委員會審議通過後實
施，並報主管機關備查；前項第四款及第五款方式，經報鑑輔會審議通
過及主管機關核定後實施。

第　6　條　依前條規定提前修畢各學科（學習領域）課程者，得向學校申請，經學
　　　　　　校就其社會適應行為之評量結果，認定與該級學校畢業年級學生相當
　　　　　　後，報主管機關認定其畢業資格；學校並應予以追蹤、輔導。

◉ 四、身心障礙及資賦優異學生鑑定辦法（摘要）

1. 中華民國九十一年五月九日教育部（91）臺參字第 91063444 號令訂定發布全文 20 條；並自發布日施行
2. 中華民國九十五年九月二十九日教育部臺參字第 0950141561C 號令修正發布第 2、14～19 條條文
3. 中華民國一百零一年九月二十八日教育部臺參字第 1010173092C 號令修正發布名稱及全文 24 條；並自發布日施行（原名稱：身心障礙及資賦優異學生鑑定標準）
4. 中華民國一百零二年九月二日教育部臺教學（四）字第 1020125519B 號令修正發布第 8～14 條條文；並增訂第 7-1 條條文

第　2　條　身心障礙學生之鑑定，應採多元評量，依學生個別狀況採取標準化評量、直接觀察、晤談、醫學檢查等方式，或參考身心障礙手冊（證明）記載蒐集個案資料，綜合研判之。

　　　　　　資賦優異學生之鑑定，應以標準化評量工具，採多元及多階段評量，除一般智能及學術性向資賦優異學生之鑑定外，其他各類資賦優異學生之鑑定，均不得施以學科（領域）成就測驗。

第 15 條　本法第四條第一款所稱一般智能資賦優異，指在記憶、理解、分析、綜合、推理及評鑑等方面，較同年齡者具有卓越潛能或傑出表現者。

　　　　　　前項所定一般智能資賦優異，其鑑定基準依下列各款規定：

　　　　　　一、個別智力測驗評量結果在平均數正二個標準差或百分等級九十七以上。

　　　　　　二、經專家學者、指導教師或家長觀察推薦，並檢附學習特質與表現卓越或傑出等之具體資料。

第 16 條　本法第四條第二款所稱學術性向資賦優異，指在語文、數學、社會科學或自然科學等學術領域，較同年齡者具有卓越潛能或傑出表現者。

　　　　　　前項所定學術性向資賦優異，其鑑定基準依下列各款規定之一：

　　　　　　一、前項任一領域學術性向或成就測驗得分在平均數正二個標準差或百

　　　　　分等級九十七以上，並經專家學者、指導教師或家長觀察推薦，及
　　　　　檢附專長學科學習特質與表現卓越或傑出等之具體資料。

二、參加政府機關或學術研究機構舉辦之國際性或全國性有關學科競賽
　　或展覽活動表現特別優異，獲前三等獎項。

三、參加學術研究單位長期輔導之有關學科研習活動，成就特別優異，
　　經主辦單位推薦。

四、獨立研究成果優異並刊載於學術性刊物，經專家學者或指導教師推
　　薦，並檢附具體資料。

第 17 條　本法第四條第三款所稱藝術才能資賦優異，指在視覺或表演藝術方面具
　　　　　有卓越潛能或傑出表現者。

　　　　　前項所定藝術才能資賦優異，其鑑定基準依下列各款規定之一：

一、任一領域藝術性向測驗得分在平均數正二個標準差或百分等級九十
　　七以上，或術科測驗表現優異，並經專家學者、指導教師或家長觀
　　察推薦，及檢附藝術才能特質與表現卓越或傑出等之具體資料。

二、參加政府機關或學術研究機構舉辦之國際性或全國性各該類科競賽
　　表現特別優異，獲前三等獎項。

第 18 條　本法第四條第四款所稱創造能力資賦優異，指運用心智能力產生創新及
　　　　　建設性之作品、發明或解決問題，具有卓越潛能或傑出表現者。

　　　　　前項所定創造能力資賦優異，其鑑定基準依下列各款規定之一：

一、創造能力測驗或創造性特質量表得分在平均數正二個標準差或百分
　　等級九十七以上，並經專家學者、指導教師或家長觀察推薦，及檢
　　附創造才能特質與表現卓越或傑出等之具體資料。

二、參加政府機關或學術研究機構舉辦之國際性或全國性創造發明競賽
　　表現特別優異，獲前三等獎項。

第 19 條　本法第四條第五款所稱領導能力資賦優異，指具有優異之計畫、組織、
　　　　　溝通、協調、決策、評鑑等能力，而在處理團體事務上有傑出表現者。

　　　　　前項所定領導能力資賦優異，其鑑定基準依下列各款規定：

一、領導才能測驗或領導特質量表得分在平均數正二個標準差或百分等
　　級九十七以上。

二、經專家學者、指導教師、家長或同儕觀察推薦，並檢附領導才能特質與表現傑出等之具體資料。

第　20　條　本法第四條第六款所稱其他特殊才能資賦優異，指在肢體動作、工具運用、資訊、棋藝、牌藝等能力具有卓越潛能或傑出表現者。

前項所定其他特殊才能資賦優異，其鑑定基準依下列各款規定：

一、參加政府機關或學術研究機構舉辦之國際性或全國性技藝競賽表現特別優異，獲前三等獎項。

二、經專家學者、指導教師或家長觀察推薦，並檢附專長才能特質與表現卓越或傑出等之具體資料。

第　21　條　身心障礙學生及資賦優異學生之鑑定，應依轉介、申請或推薦，蒐集相關資料，實施初步類別研判、教育需求評估及綜合研判後，完成包括教育安置建議及所需相關服務之評估報告。

前項鑑定，各級主管機關特殊教育學生鑑定及就學輔導會（以下簡稱鑑輔會）應於每學年度上、下學期至少召開一次會議辦理，必要時得召開臨時會議。

國民教育階段資賦優異學生之鑑定時程，應採入學後鑑定。但直轄市、縣（市）主管機關因專業考量、資源分配或其他特殊需求而有入學前鑑定之必要者，應經鑑輔會審議通過後，由主管機關核定實施，並報教育部備查。

第　22　條　各類身心障礙學生之教育需求評估，應包括健康狀況、感官功能、知覺動作、生活自理、認知、溝通、情緒、社會行為、學科（領域）學習等。

各類資賦優異學生之教育需求評估，應包括健康狀況、認知、溝通、情緒、社會行為、學科（領域）學習、特殊才能、創造力等。

前二項教育需求評估，應依學生之需求選擇必要之評估項目，並於評估報告中註明優弱勢能力，所需之教育安置、評量、環境調整及轉銜輔導等建議。

第　23　條　經鑑輔會鑑定安置之身心障礙學生或資賦優異學生，遇障礙情形改變、優弱勢能力改變、適應不良或其他特殊需求時，得由教師、家長或學生

本人向學校或主管機關提出重新評估之申請；其鑑定程序，依第二十一條第一項規定辦理。主管機關並得視需要主動辦理重新評估。

前項重新評估，應註明重新評估之原因；身心障礙學生應檢附個別化教育（支持）計畫，資賦優異學生應檢附個別輔導計畫。

五、高級中等以下學校藝術才能班設立標準

1. 中華民國八十八年六月二十二日教育部（88）臺參字第 88070457 號令訂定發布全文 12 條；並自發布日起施行
2. 中華民國九十一年十月三十一日教育部（91）臺參字第 91164749 號令修正發布第 10 條條文
3. 中華民國九十六年二月九日教育部臺參字第 0960018955C 號令修正發布第 3 條條文
4. 中華民國九十七年三月十二日教育部臺參字第 0970034172C 號令修正發布第 4 條條文
5. 中華民國九十九年二月二十五日教育部臺參字第 0990028487C 號令修正發布全文 15 條；並自發布日施行

第 1 條　本標準依藝術教育法第八條第二項規定訂定之。

第 2 條　本標準適用於音樂、美術、舞蹈及經教育部指定增設之其他類別藝術才能班。

第 3 條　國民小學自三年級起，國民中學及高級中等學校自一年級起，得申請設立藝術才能班。

第 4 條　學校應依下列目標設立藝術才能班：
　　　　一、培育具有優異藝術才能之學生，施以專業性藝術教育，輔導其適性發展，以培植多元之藝術專業人才。
　　　　二、增進前款學生具備藝術認知、展演、創作及鑑賞之能力，以涵養學生美感情操，發展其健全人格。

第 5 條　設立藝術才能班之學校，除應符合各級各類公私立學校（班）設立之規定外，應具備可提供各該類科教學之適當空間、設備及經費；其基準，由教育部定之。

第 6 條　學校申請設立藝術才能班時，應提出包括師資、課程、空間、設備及經費等項目之具體設班計畫，報經各主管教育行政機關核准後設立。

各主管教育行政機關於核准學校設立藝術才能班前，應就學校提出之設班計畫，聘請專家學者實地訪視，並審慎評估之。

各主管教育行政機關核准國民小學、國民中學設立當學年度藝術才能班，應分別以其前一學年度國民小學、國民中學藝術才能班總班級數為限。但經專業評估教育資源分配而有增班之必要時，不得超過該直轄市、縣（市）前一學年度國民小學、國民中學各該教育階段總班級數之百分之一點五。

藝術才能班每班學生人數不得超過三十人。

第 7 條　具藝術才能學生，應符合下列各款規定之一：

一、各該藝術類科術科測驗表現優異，並具有藝術才能傑出表現之具體資料。

二、參加政府機關（構）舉辦之國際性或全國性各該藝術類科競賽表現優異，獲前三等獎項。

前項學生之鑑定，於國民小學或國民中學教育階段不得施以學科成就測驗；於高級中等學校之甄選入學，並應依高級中等學校多元入學招生辦法規定辦理。

各主管教育行政機關應組成具藝術才能學生之鑑定小組，辦理學生入班鑑定事項；小組成員中，教育行政人員及學校行政人員代表人數合計不得超過半數，單一性別人數不得少於三分之一。

具藝術才能學生鑑定基準、程序及招生簡章等事宜，由各主管教育行政機關定之。

第 8 條　藝術才能班之教學方式如下：

一、個別教學。

二、分組教學。

三、協同教學。

四、組成專案輔導小組教學。

五、其他教學方式。

第 9 條　藝術才能班之施教重點如下：

一、加強藝術專業之知能。

二、強化藝術表現之技能。

三、增進藝術鑑賞及創作之能力。

四、重視傳統藝術之研習及創新。

第　10　條　藝術才能班每班教師員額編制，在高級中等學校及國民中學每班應置教師至少三人，國民小學每班應置教師至少二人。

學校應遴聘具藝術專長合格教師擔任藝術才能班教師，並得優先聘任兼具資賦優異教育之合格教師。

第　11　條　國民小學及國民中學藝術才能班之藝術與人文領域學習節數，每週以六節至十節為原則，得由國民中小學九年一貫課程綱要所列之領域節數中調整，並得以其他適當時間補足之。

高級中等學校藝術才能班藝術專業課程，每週以六節至十二節為原則，得由高級中等學校課程綱要所列之各類科教學時數中調整，並得以其他適當時間補足之。

第　12　條　各主管教育行政機關得視實際需要聘請藝術教育專家學者，對藝術才能班提供指導及定期評鑑。

前項評鑑成績優良者予以獎勵，未達標準者應予督促改善並追蹤輔導。

第　13　條　藝術才能班之實施未符合本標準規定者，各主管教育行政機關核准國民小學或國民中學下學年度藝術才能班時，應按當學年度該國民小學、國民中學藝術才能班總班級數核減一班，並不得依第六條第三項但書規定增班。

第　14　條　九十八學年度以前已設立之國民小學及國民中學藝術才能班，得依本標準中華民國九十九年二月二十五日修正施行前之規定辦理。

第　15　條　本標準自發布日施行。

◎ 六、特殊教育學校設立變更停辦合併及人員編制標準（摘要）

1. 中華民國七十六年八月十四日教育部（76）臺參字第 37402 號令訂定發布全文 14 條

2. 中華民國八十年十月二十三日教育部（80）臺參字第 56530 號令修正發布第 6、7 條條文

3. 中華民國八十八年三月十七日教育部（88）臺參字第 88025944 號令修正發布名稱及全文 15 條（原名稱：特殊教育設施設置標準）

4. 中華民國八十八年十月十一日教育部（88）臺參字第 88124434 號令修正發布第 9 條條文

5. 中華民國九十二年七月三十日教育部臺參字第 0920112476A 號令修正發布第 1 條條文

6. 中華民國九十三年十一月二十九日教育部臺參字第 0930154503A 號令修正發布第 9 條條文

7. 中華民國九十四年四月二十九日教育部臺參字第 0940053816C 號令修正發布第 9 條條文

8. 中華民國九十五年九月二十九日教育部臺參字第 0950141560C 號令修正發布第 10 條條文

9. 中華民國九十七年二月二十二日教育部臺參字第 0970021477C 號令修正發布第 7、9、15 條條文；其中第 7 條第 1 項、第 9 條第 1 項修正規定自九十七年八月一日施行

10. 中華民國九十八年十二月二十三日教育部臺參字第 0980207301C 號令修正發布第 9、12、15 條條文；除第 9 條及第 12 條施行日期由教育部另定外，自發布日施行
中華民國一百年十一月八日教育部臺特教字第 1000192999B 號令指定
中華民國九十八年十二月二十三日修正發布之「特殊教育設施及人員設置標準」第九條、第十二條修正條文，自一百零一年一月一日施行。

11. 中華民國一百零一年五月三十一日教育部臺參字第 1010093610C 號令修正發布名稱及全文 17 條，自發布日施行（原名稱：特殊教育設施及人員設置標準）

12. 中華民國一百零三年三月十二日教育部臺教授國部字第 1030012118B 號令修正發布第 12 條條文

第 10 條　特殊教育學校員額編制如下：

一、校長：一人。

二、秘書：設二十五班或三學部以上之學校，置秘書一人。

三、主任、組長：各處、室置主任一人；各組置組長一人。

四、教師：幼兒部及國小部，每班置教師二人；國中部、高中部及高職部，每班置教師三人。

五、導師：

（一）幼兒部、國小部及國中部，每班置導師二人，由教師兼任之。

（二）高中部及高職部，每班置導師一人，由教師兼任之。

六、特殊專才者：依各級學校聘任特殊專才者協助教學辦法規定，由校長聘兼之。

七、教師助理員：依身心障礙學生人數，每十五人置一人，未滿十五人者，以十五人計。

八、住宿生管理員：於設有學生宿舍之學校，置四人；其住宿學生人數超過四十人者，依下列規定增置之：

（一）幼兒部及國小部：每增加十人，增置一人。但增加之學生以視覺障礙及多重障礙為主者，每增加八人，增置一人。

（二）國中部：每增加十五人，增置一人。但增加之學生以視覺障礙及多重障礙為主者，每增加八人，增置一人。

（三）高中部及高職部：每增加十五人，增置一人。但增加之學生以視覺障礙及多重障礙為主者，每增加八人，增置一人。

九、特殊教育相關專業人員：依學生需要進用六人至九人。

十、護理師或護士、營養師：除依學校衛生法規定設置外，十五班以上

　　　　或設有分校者，並得增置護理師或護士一人。

十一、幹事、助理員、管理員、書記：按同等級學校一般標準配置。

十二、技士、技佐：設有職業類科之學校，視職業類科之實際需要，置
　　　　技士或技佐一人至三人。

十三、工友、技工、駕駛：

　　　（一）工友：學生以聽覺障礙為主之學校，每四班置工友一人。
　　　　　　　　學生以視覺障礙、智能障礙及肢體障礙為主之學校，十二
　　　　　　　　班以下置工友六人，十三班以上，每四班增置一人。設有
　　　　　　　　學生宿舍者，住宿學生人數在二百人以下，增置四人，超
　　　　　　　　過二百人者，每滿一百人增置一人。

　　　（二）技工、駕駛：視實際需要配置。

十四、專任運動教練：視實際需要配置從事運動團隊之訓練或比賽指
　　　　導。

前項第二款之秘書及第三款之主任、組長，除復健組組長得由專任之特
殊教育相關專業人員兼任，及總務處各組組長為專任外，由校長就教師
聘兼之。

第一項第八款住宿生管理員，應為高中（職）以上學校畢業或具同等學
歷之資格，經各校甄審委員會公開甄選進用，並於到職後一個月內，報
主管機關備查。除職前訓練外，每年並應接受學校或各級主管機關辦理
九小時以上之在職訓練。

第一項第九款特殊教育相關專業人員如下：

一、醫師：具有專科醫師資格之醫師。

二、物理治療師、職能治療師、臨床心理師、諮商心理師、語言治療
　　　師、聽力師及社會工作師等專業人員。

三、職業輔導、定向行動等專業人員。

特殊教育學校設有分校或分部者，另增置主任一人。

七、特殊教育課程教材教法及評量方式實施辦法（摘要）

1. 中華民國七十五年十二月二十四日教育部（75）臺參字第 58772 號令訂定發布全文 16 條
2. 中華民國八十七年十二月二日教育部（87）臺參字第 87138053 號令修正發布名稱及全文 14 條（原名稱：特殊教育課程、教材及教法實施辦法）
3. 中華民國八十八年六月二十九日教育部（88）臺參字第 88075896 號令修正發布第 13 條條文
4. 中華民國九十九年十二月三十一日教育部臺參字第 0990218743C 號令修正發布名稱及全文 14 條；並自發布日施行（原名稱：特殊教育課程教材教法實施辦法）

第　2　條　高級中等以下學校實施特殊教育，應設計適合之課程、教材、教法及評量方式，融入特殊教育學生（以下簡稱學生）個別化教育計畫或個別輔導計畫實施。

特殊教育課程大綱，由中央主管機關視需要訂定，並定期檢討修正。

第　3　條　高級中等以下學校實施特殊教育課程，應考量系統性、銜接性與統整性，以團隊合作方式設計因應學生個別差異之適性課程，促進不同能力、不同需求學生有效學習。

身心障礙教育之適性課程，除學業學習外，包括生活管理、自我效能、社會技巧、情緒管理、學習策略、職業教育、輔助科技應用、動作機能訓練、溝通訓練、定向行動及點字等特殊教育課程。

資賦優異教育之適性課程，除學生專長領域之加深、加廣或加速學習外，應加強培養批判思考、創造思考、問題解決、獨立研究及領導等能力。

第　4　條　高級中等以下學校實施特殊教育課程，應依學生之個別需求，彈性調整課程及學習時數，經學校特殊教育推行委員會審議通過後為之。

前項課程之調整，包括學習內容、歷程、環境及評量方式。

第 6 條　實施特殊教育之教材編選應保持彈性，依據學生特質與需求，考量文化差異，結合學校特性及社區生態，充分運用各項教學設備、科技資訊及社區教學資源，啟發學生多元潛能。

第 7 條　特殊教育之教法，應依下列原則為之：

一、運用各種輔助器材、無障礙設施、相關支持服務與環境佈置等措施，提供最少限制之學習環境。

二、教學目標明確、活動設計多樣，提供學生學習策略與技巧，適時檢視教學效能及學習成果。

三、透過各種教學與班級經營策略，提供學生充分參與機會及成功經驗。

四、進行跨專業、跨專長、跨領域或科目之協同、合作教學或合作諮詢。

前項教法依下列方式實施之：

一、分組方式：

（一）個別指導。

（二）班級內小組教學。

（三）跨班級、年級或學校之分組教學。

二、人力或資源運用方式：

（一）個別指導或師徒制。

（二）協同或合作教學。

（三）同儕教學。

（四）科技及資訊輔具輔助教學。

（五）社區資源運用。

三、其他適合之特殊教育教法。

第 8 條　學校實施多元評量，應考量科目或領域性質、教學目標與內容、學生學習優勢及特殊教育需求。

學校定期評量之調整措施，應參照個別化教育計畫，經學校特殊教育推行委員會審議通過後實施。

第 9 條　特殊教育學校為規劃全校課程方案與架構、發展學校本位課程、審查各年級課程計畫、協調並統整各學習領域之學習活動，應組成課程發展委員會；其組成方式，由學校經校務會議審議通過後定之。

　　　　　前項委員會，其單一性別委員應占委員總數三分之一以上。

第 10 條　各級主管機關應聘請學者專家、教師等，研發各類特殊教育教材、教法及評量方式。

　　　　　前項研發，各級主管機關得視需要訂定獎補助規定，鼓勵研究機構、民間團體、學校或教師為之。

第 11 條　各級主管機關得視實際需要，訂定特殊教育課程、教材、教法及評量方式補充規定，報中央主管機關備查。

第 12 條　各級主管機關及學校應規劃定期辦理課程設計、教材編選、教學與評量策略及教學輔具操作與應用等之教師專業成長活動。

第 13 條　各級主管機關應視實際需要，協助學校、學術研究機構、民間團體等，舉辦特殊教育學生學習輔導活動、研習營、學藝競賽、成果發表會及夏冬令營等活動。

⊙ 八、藝術教育法

1. 中華民國八十六年三月十二日總統（86）華總（一）義字第 8600060070 號令制定公布全文 27 條
2. 中華民國八十九年一月十九日總統（89）華總（一）義字第 8900011870 號令修正公布第 3 條條文
3. 中華民國一百零四年十二月三十日總統華總一義字第 10400151431 號令修正公布第 1、2、5、8 條條文；並增訂第 5-1、14-1、15-1、16-1、24-1 條條文

第一章　總則

第 1 條　藝術教育以培養藝術人才，增進全民藝術涵養、美感素養與創意能力，充實國民精神生活，提昇文化水準為目的。

第 2 條　為提昇全民藝術涵養、美感素養，實施藝術教育，類別如下：
一、表演藝術教育。
二、視覺藝術教育。
三、音像藝術教育。
四、藝術行政教育。
五、其他有關之藝術與美感教育。

第 3 條　藝術教育之主管教育行政機關：在中央為教育部；在直轄市為直轄市政府；在縣（市）為縣（市）政府。

第 4 條　藝術教育之實施分為：
一、學校專業藝術教育。
二、學校一般藝術教育。
三、社會藝術教育。
前項教育依其性質，由學校、社會教育機構、其他有關文教機構及社會團體實施之。

第 5 條　各級主管教育行政機關對從事藝術與美感教育工作成績優異之機構、團體或個人，應予獎助；其辦法由各級主管教育行政機關定之。

學校應宣導並落實尊重藝術教育活動作品之專利權、商標權、著作權或其他智慧財產權。

第 5-1 條　各級主管教育行政機關應督導所轄高級中等以下學校落實藝術教育課程依課程綱要排課及授課，未依相關規定辦理者，應限期改善並追蹤輔導。

第二章　學校專業藝術教育

第 6 條　學校專業藝術教育以傳授藝術理論、技能，指導藝術研究、創作，培養多元的藝術專業人才等為目標。

第 7 條　學校專業藝術教育由左列各級各類學校辦理：

一、大專院校藝術系（所）、科。

二、藝術類科之大專院校、高級中等學校及其附設之國民中、小學部。

三、高級中等學校及國民中、小學藝術才能班。

前項第二款藝術類科之大專院校、高級中等學校為教學需要，得經主管教育行政機關許可後實施一貫制學制。

第 8 條　高級中等以下學校，經報請主管教育行政機關核准後，得設立藝術才能班，就具藝術才能學生之能力、性向及興趣，輔導其適當發展。

前項藝術才能班設立標準，由教育部定之。

學校必要時得成立專業認定審核小組，審查藝術才能班兼任、代課教師資格及鐘點費支給事項。

辦理績效不良之藝術才能班，經主管教育行政機關限期改善未改善者，得令其減班。

第 9 條　各級藝術類科學校、設有藝術系（所）、科之大專院校及設有藝術才能班之學校得辦理推廣教育；其實施辦法，由各級主管教育行政機關定之。

第 10 條　各級藝術類科學校、設有藝術系（所）、科之大專院校及設有藝術才能班之學校，因教學及實習之需要，得於學校分別設立各種實習、展演、研究等單位與場所。

前項單位與場所之設立及管理辦法，由學校擬訂，報請各該級主管教育

行政機關核定；其設立所需經費，得報請其上級主管教育行政機關補助。

第 11 條　各級藝術類科學校、設有藝術系（所）、科之大專院校及設有藝術才能班之學校，其學生之入學資格與修業年限，分別依各該級學校相關法令之規定。但對於具特殊藝術才能之學生，經甄試通過，得降低其入學年齡、放寬入學資格、縮短修業年限。

具特殊藝術才能學生之入學年齡、放寬入學資格、縮短修業年限之辦法與甄試標準，由教育部定之。

第 12 條　藝術類科之高級中等學校附設之國民中、小學部及國民中、小學藝術才能班學生之入學採鑑定方式，由主管教育行政機關辦理，家長申請登記，不受學區之限制。

第 13 條　高級中等以下學校藝術類科（班）學生因故無法繼續就讀或經學校開會認定適應不佳者，得由原就讀學校輔導轉入普通班或轉校就讀。

第 14 條　辦理專業藝術教育及藝術才能班之各級學校，其課程應以專業為重點，有關設備、班級編制、教師聘任資格、員額編制、課程設計等，應配合各該藝術類科之需要，由學校邀請專家學者及家長代表共同商定之。

第 14-1 條　各級主管教育行政機關應編列專款推展各級學校辦理專業藝術教育活動。

第三章　學校一般藝術教育

第 15 條　學校一般藝術教育以培養學生藝術知能，提昇藝術鑑賞能力，陶冶生活情趣並啟發藝術潛能為目標。

第 15-1 條　中央主管教育行政機關應協助直轄市、縣（市）政府以共聘、巡迴輔導或其他方式，充實偏遠及小型學校藝術領域專業教師；必要時，得補助經費。

第 16 條　各級學校應貫徹藝術科目之教學，開設有關藝術課程及有關藝術欣賞課程並強化教材教法。

前項之藝術欣賞課程應列為高級中等以下學校共同必修；並由教育部統一訂定課程標準，使其具一貫性。

第 16-1 條　為配合藝術相關課程之實施，除由各級學校主動徵求外，得由藝術家或專業藝術團體自備相關資歷證明向各校提出駐校申請；其實施範圍、辦理方式、工作內容、補助基準及項目等相關事項之辦法，由各級主管教育行政機關定之。

第 17 條　各級學校應充實藝術教育設施、美化校園環境、辦理各種與生活有關之藝術活動，並鼓勵校內藝術社團之發展。

各級學校應善用地區藝術資源，加強與藝術機構之交流，提昇一般藝術教育品質。

第 18 條　各級主管教育行政機關應編列專款支應各級學校辦理一般藝術教育活動。

第四章　社會藝術教育

第 19 條　社會藝術教育以推廣全民藝術教育活動，增進國民藝術修養，涵泳樂觀、進取之人生觀，達成社會康樂和諧為目標。

第 20 條　社會藝術教育係指學校藝術教育外，對民眾提供之各種藝術教育活動。

第 21 條　各級主管教育、文化行政機關應考量社會需求，培育社會藝術教育人員及傳統藝術教育人才。

第 22 條　為實施社會藝術教育，公立社會教育、文化機構應遴聘特殊藝術專才或技藝人員；其辦法由教育部會同中央文化主管機關定之。

第 23 條　為推廣社會藝術教育，教育部或中央文化主管機關得輔導民間專業團體辦理藝術技能評審與授證；其辦法由教育部會同中央文化主管機關定之。

第 24 條　為提昇社會藝術水準，各級主管教育、文化行政機關應整體規劃及推展社會藝術教育活動，並結合或輔助各公私立機構、學校及社會團體舉辦相關活動。

各級主管教育、文化行政機關、社會教育、文化機構得設或附設展演團體。

第 24-1 條　機關及高級中等以下學校，應鼓勵員工及教師每年參與藝術與美感課程或活動。

前項藝術與美感課程或活動得以相關之演講、討論、網路學習、體驗、實驗（習）、戶外學習、參訪、影片觀賞、實作及其他活動為之。

第 25 條　各級主管教育、文化行政機關應編列專款推展社會藝術教育活動。

各級主管教育、文化行政機關應獎助民間籌設基金，以推行社會藝術教育；其辦法由教育部會同中央文化主管機關定之。

第五章　附則

第 26 條　本法施行細則，由教育部定之。

第 27 條　本法自公布日施行。

國家圖書館出版品預行編目（CIP）資料

資賦優異教育概論／吳昆壽著. --三版-- 新北市：
心理, 2016.09
面；　公分.--（資優教育與潛能發展系列；62039）
ISBN 978-986-191-570-8（平裝）

1. 資優教育

529.61　　　　　　　　　　　　　　105015469

資優教育與潛能發展系列 62039

資賦優異教育概論（第三版）

作　　　者：吳昆壽

執行編輯：林汝穎

總　編　輯：林敬堯

發　行　人：洪有義

出　版　者：心理出版社股份有限公司

地　　　址：231026 新北市新店區光明街 288 號 7 樓

電　　　話：(02) 29150566

傳　　　真：(02) 29152928

郵撥帳號：19293172　心理出版社股份有限公司

網　　　址：https://www.psy.com.tw

電子信箱：psychoco@ms15.hinet.net

排　版　者：辰皓國際出版製作有限公司

印　刷　者：辰皓國際出版製作有限公司

初版一刷：2006 年 9 月

二版一刷：2009 年 10 月

三版一刷：2016 年 9 月

三版五刷：2024 年 9 月

Ｉ Ｓ Ｂ Ｎ：978-986-191-570-8

定　　　價：新台幣 480 元